TROIS ANS

AUX ÉTATS-UNIS

ÉTUDE DES MŒURS ET COUTUMES AMÉRICAINES.

16° P G
9720
Un 2489
S 152939

L'Auteur et l'Éditeur de cet ouvrage se réservent le droit de le traduire ou de le faire traduire en toutes langues. Ils poursuivront, en vertu des lois, décrets et traités internationaux, toutes contrefaçons ou toutes traductions faites au mépris de leurs droits.

Le dépôt légal de ce volume a été fait à Saint-Denis, dans le cours du mois de mars 1857, et toutes les formalités prescrites par les traités ont été remplies dans les divers États avec lesquels la France a conclu des conventions littéraires.

SAINT-DENIS. — TYPOGRAPHIE DE DROUARD.

TROIS ANS

AUX ÉTATS-UNIS

ÉTUDE DES MŒURS ET COUTUMES AMÉRICAINES

PAR

M. OSCAR COMETTANT

PARIS

PAGNERRE, LIBRAIRE-ÉDITEUR

RUE DE SEINE, 18

1857

Droit de traduction et de reproduction réservé.

TROIS ANS

AUX ÉTATS-UNIS

ÉTUDE DES MOEURS ET COUTUMES AMÉRICAINES.

I

L'ÉTRANGER EN AMÉRIQUE.

Le 1er septembre 1852, à midi, le *Humbold*, ce géant des mers, qui deux ans plus tard devait s'abîmer sur les rochers d'Halifax, passait majestueux devant la jetée du Havre, saluant de son artillerie les rives de la France. Sa poupe hardie fendait les ondes rebelles et courait de toute la force de ses huit cents chevaux de vapeur vers les immenses étendues de l'Océan, sa tempétueuse patrie.

Nous étions sur le pont, suivant d'un regard ému les derniers promontoires que, par gradation, l'horizon cachait à nos yeux.

Le lendemain au matin, quand nous nous éveillâmes, la terre avait disparu, la lame était plus forte, et le monstre marin qui nous portait en rugissant, roulait avec effort sur les montagnes liquides qui le soulevaient avec grâce. Nous étions en pleine mer.

La vie à bord des steamers transatlantiques est assurément fort douce pour ceux des passagers de première classe qui n'ont pas le mal de mer. On sert le thé à six heures du matin pour les personnes matinales ; à huit heures on déjeune à la fourchette ; à midi on prend le *lunch ;* à quatre heures on dîne, mais sans vin ni café ; à sept heures on prend le thé ; enfin à minuit on peut se faire servir à souper. Ajoutons que la cuisine est généralement bonne et très-variée. Les dandys trouvent à bord des barbiers américains qui les rasent et les frisent dans toutes les règles de l'art. Un *bar-room* des mieux montés offre aux buveurs des vins et des liqueurs de choix. Enfin, la société est généralement agréable, et l'on passe assez bien ainsi les treize ou quatorze jours qui séparent l'Europe de l'Amérique.

Ce fut le treizième jour de notre départ que nous arrivâmes à New-York. New-York, admirablement situé entre les rivières de l'Est et de l'Hudson, est, on le sait, une des plus grandes, des plus belles et des plus commerçantes villes du monde. Sa population au dernier recensement présentait le chiffre considérable de huit cent mille âmes, sans compter les villes avoisinantes de Brooklin et de Hoboken, à peine séparées de New-York par la largeur des deux rivières, et qui, on peut le dire, ne forment qu'une seule et même ville de près d'un million cinq cent mille habitants.

En débarquant à New-York, le voyageur est vraiment étonné du mouvement considérable que présente le port.

Ce ne sont que bateaux à vapeur d'une forme étrange, à deux ou trois étages, ressemblant plus à de vastes maisons flottantes qu'à des bateaux ordinaires, et qui se croisent en tous sens dans la baie avec des remorqueurs, des yachts, des schooners et des navires de tous tonnages et de toutes nations.

Au premier coup d'œil il est facile de juger du génie actif de ce peuple, laborieux jusqu'à l'excès, qui travaille pour vivre et ne vit que pour travailler, dont le commerce est à la fois le moyen et le but, et ne sait gagner de l'argent que pour en gagner davantage encore.

Au premier coup d'œil aussi, il est aisé de voir dans ce peuple essentiellement démocrate le sentiment inné de la liberté.

L'habit noir est le costume de tous aux États-Unis, et les hommes officieux qui se pressent à bord des navires pour vous offrir des adresses d'hôtels, aussi bien que les charretiers et les cochers qui s'offrent à porter vos bagages, ont pour l'étranger l'apparence de parfaits *gentlemen,* un peu râpés, voilà tout. Quand vous avez opté pour tel ou tel hôtel, un énorme carrosse à douze places, de la forme de nos anciens carrosses français, s'avance lourdement, charge vos malles sur son impériale et vous conduit à destination.

On sait ce que sont les hôtels en Amérique : des maisons immenses, meublées avec le plus grand luxe et desservies par des régiments de nègres et par des bataillons de jeunes Irlandaises, fraîches et accortes, auxquelles échoit le service des chambres. Des milliers de voyageurs qu'emmènent et ramènent de tous les côtés de l'Union les steamboats et les *rail-roads* peuplent ces immenses caravensérails. Partout ailleurs qu'aux Etats-Unis, où l'on voyage avec une surprenante facilité, de pareils hôtels seraient inutiles et ruineux pour leurs propriétaires.

Dans les hôtels américains, si différents de nos hôtels français, tout est prévu pour l'agrément et le comfort des voyageurs. Il n'est pas jusqu'aux nouveaux mariés, qui, moyennant la somme de trois cents francs par jour, ne puissent abriter leur amour vaniteux dans une chambre vraiment royale, désignée sous le nom de la *chambre de la mariée*, et où se confondent avec plus de prodigalité que de bon goût l'or, l'argent, les soies et le velours.

Des télégraphes électriques à l'usage des voyageurs sont établis dans les hôtels et communiquent avec toutes les villes des États, à un prix très-modéré. Il y a aussi, dans les hôtels, des salles de billards, des *bar-rooms*, sortes de buvettes où l'on boit en été les rafraîchissements les meilleurs et les plus variés ; des pharmacies, des chambres de bains, une poste aux lettres, des cadrans qui indiquent d'où vient le vent, des cabinets de lecture remplis de journaux et d'affiches en si grandes quantités qu'on les jette sous les pieds des passants pour attirer leur attention ; enfin, il y a des blanchisseries à la vapeur où le linge est lavé, séché, repassé et plié en deux heures. Ces blanchisseries sont un chef-d'œuvre de mécanique. Mais sous le rapport des machines, le génie des Américains est sans pareil. Quand on pense qu'à Cincinnati ils tuent les porcs à la mécanique ! Le pauvre animal tombe sous une première trappe, où il est égorgé ; de là il passe dans de larges chaudières d'eau bouillante qui lui enlève les poils ;

un autre compartiment de la machine le dépèce, et, d'oubliettes en oubliettes, l'infortuné compagnon de saint Antoine se trouve, au bout de quelques heures de ce rude travail, symétriquement coupé, salé, mis en baril, prêt à se porter sur tous les points où le réclame l'estomac de l'homme. Ces malheureux cochons n'ont pas le temps de s'y reconnaître.

Du reste, les hôtels en Amérique ne sont pas uniquement destinés aux voyageurs. Il n'est pas rare de voir des négociants depuis longtemps établis dans le pays, demeurer avec leur famille dans les hôtels, où, pour le même prix, ils vivent mieux qu'ils ne pourraient le faire chez eux. *New-York hôtel* n'est presque entièrement habité que par des familles recommandables de New-York, pour lesquelles la vie en commun ne semble avoir aucune répugnance.

Les déjeuners dans les hôtels américains commencent à sept heures pour les personnes occupées d'affaires, et l'on peut se faire servir jusqu'à onze heures. Il n'est pas rare de voir d'intrépides voyageuses qui viennent, en compagnie de leurs maris, de leurs frères, de leurs fiancés, ou même toutes seules, pour visiter New-York, se lever à six heures du matin et descendre pour déjeuner à sept, en grande toilette et en manches courtes.

Dans le courant de la journée, on rentre à l'hôtel pour faire le *lunch*, qui permet d'attendre le dîner, d'ordinaire servi à cinq heures.

Le dîner est le repas le plus intéressant, celui qui rassemble le plus grand nombre de convives et qui mérite le plus l'attention du voyageur.

D'immenses tables, parfaitement dressées longtemps à l'avance, attendent les convives. Un effroyable roulement de gong chinois, qui remplit l'hôtel de ses barbares vibrations, avertit les dîneurs de se mettre à table. Quand tout le monde est assis, le commandant des domestiques, un negre ordinairement vieux et laid comme la laideur, fait du coin de son œil jaunâtre un signe au régiment des autres nègres qui se tiennent immobiles, debout derrière les convives. A ce signal, et comme s'ils étaient mus par un ressort invisible, ils avancent d'un pas et découvrent les plats du premier service.

Le dîner, non-seulement à New-York, mais aussi dans toutes les autres villes de l'Union, ne se compose pas de moins de cinquante plats, tant en légumes qu'en viandes, gibiers, poissons, coquillages, entremets et rôtis. A la vérité, ces plats sont loin d'être accommodés généralement avec cet art recherché qui distingue la cuisine française, et ce fut avec une certaine terreur, je dois l'avouer, que, m'étant servi, le premier jour de mon arrivée à New-York, de quelques plats de légumes, je m'aperçus qu'ils avaient été simplement cuits dans l'eau, sans beurre et même sans sel. Si du moins un vin généreux venait mêler sa bienfaisante saveur au goût insipide des légumes cuits à l'eau claire, et de la volaille conservée dans la glace et rôtie au four ! Mais non : la tempérance américaine, qui, des États du Maine, menace l'Amérique entière et s'étend sur les steamers jusqu'au delà des mers, veut qu'un verre d'eau à la glace tienne lieu de Bourgogne ou de Médoc.

Je voudrais bien savoir si Brillat-Savarin, qui a vécu plusieurs années aux États-Unis, s'est, lui aussi, soumis

au régime de l'eau fraîche, et condamné aux légumes
cuits sans assaisonnements.

On ne boit donc que de l'eau dans les dîners américains. Le vin rouge y est presque inconnu, et si quelque
dîneur fait exception à la règle, c'est pour boire au dessert
un verre de Champagne débouché à grand bruit par un
des *waiters*, comme pour appeler l'attention de tous sur
ce fait remarquable.

Il est vrai que les sobres gentlemen, une fois retirés
dans leurs chambres, se réconcilient volontiers avec le
dieu Bacchus, sans que leurs femmes ou leurs sœurs y
apportent le moindre obstacle. Personne ne voit aucun
mal à boire dans de certaines limites des liqueurs ou du
vin ; et d'ailleurs, en Amérique, les péchés cachés sont
plus d'à moitié pardonnés, tandis qu'il n'est point d'excuse
pour le scandale.

Après le dîner, l'étranger, à New-York, choisit entre
une promenade dans Broadway, l'Opéra, quand il y a une
troupe d'opéra, ou bien encore le théâtre américain, ou le
musée Barnum, ou le spectacle des nègres *minstrels ;* à
moins qu'il ne préfère passer la soirée dans le salon de
l'hôtel ouvert à tout le monde, et qui se trouve ordinairement peuplé de femmes élégantes, dont les unes, avec
cette indépendance toute américaine, chantent, jouent du
piano, lisent ou font l'amour, sans s'inquiéter le moindrement des étrangers qui peuvent les entendre ou les voir.
Ces différentes personnes forment d'ailleurs des groupes à
part dans ces salons immenses, et nul ne songe à surprendre la conversation d'autrui, encore moins à critiquer
les actions. Le ridicule, on peut le dire, n'existe pas en

Amérique, et la discrétion est la vertu de tous. Faire et laisser faire, sans entrave et sans contrôle, est la grande loi que chacun observe.

C'est dans les pratiques de la vie, plus encore que dans les lois, qu'on reconnaît si un peuple est réellement libre ou s'il est digne de l'être.

A côté des grands hôtels, on trouve à New-Yok, comme dans toutes les villes des Etats-Unis, des *boarding-houses* qui tiennent le milieu entre les hôtels et les maisons meublées de Paris. Ces *boarding-houses* reçoivent des pensionnaires depuis 5 dollars (25 fr.) jusqu'à 10, 12 et 15 dollars par semaine. On y jouit, à peu de chose près, des mêmes avantages que dans les grands hôtels ; les pensionnaires se réunissent tous les soirs dans les salons communs (*parlors*), et souvent ces dames et ces messieurs improvisent de charmants petits bals où la liberté des femmes n'est pas le moindre attrait pour les Européens.

On ne saurait croire le nombre prodigieux d'étrangers, principalement d'Allemands et d'Irlandais, qui émigrent en Amérique, la terre hospitalière par excellence. Dans la ville de New-York seulement, les paquebots ont apporté dans l'espace d'un seul mois jusqu'à 40,000 Allemands et Irlandais, qui, d'abord installés au *Castle-garden*, se dirigent ensuite vers les différents points de l'Union qui demandent encore des bras [1].

Mais, si hospitalière que soit l'Amérique, elle a pourtant interdit l'entrée de son territoire aux émigrants qui ne

[1] Quant au nombre des voyageurs qui prennent passage sur les steamers, pour venir en Europe, il est considérable aussi. Par cette voie, la plus coûteuse, il a été transporté du nouveau

peuvent justifier de la possession d'une certaine somme d'argent propre à subvenir aux premiers frais de déplacement et d'installation dans les terres. Des émigrants convaincus d'indigence ont été renvoyés dans leur pays par l'intermédiaire de leurs consuls respectifs.

Les émigrants cultivateurs sont asssurément, de tous les étrangers en Amérique, les plus heureux. Ils achètent dans l'ouest des terres excellentes, qui dès les premiers mois font vivre leur famille et rapportent bientôt annuellement au delà du prix d'acquisition.

Les fils des émigrants actuels seront évidemment un jour les propriétaires de l'Amérique entière, dont le vaste territoire pourrait nourrir le monde.

Les ouvriers étrangers qui restent dans les villes sont beaucoup moins heureux que les agriculteurs, et se trouvent exposés à manquer d'ouvrage. Les bureaux du consulat de France, à New-York, sont tous les jours encombrés d'ouvriers français qui, ne trouvant pas à s'employer et ignorant jusqu'où peut s'étendre la protection des con-

monde dans l'ancien, depuis le 1 avril jusqu'au 1er août de l'année 1856 :

A Liverpool.	3,598
A Brême.	821
A Southampton.	136
A Glasgow.	424
Au Havre.	1,294
Total.	6,273

Six mille deux cents soixante-treize passagers pour l'Europe en quatre mois! Plus de quinze cents par mois, près de quatre cents par semaine!

1.

suls français à l'étranger, viennent demander leur passage pour retourner en France.

L'étranger qui veut voyager en Amérique trouve cette immense contrée sillonnée de chemins de fer en tous sens et de bateaux à vapeur qui le transportent vite et à bon marché. Dans l'été, de magnifiques steamboats prennent les voyageurs de New-York à Albany (15 heures) pour 2 fr. 50 c., et même parfois pour 1 fr. 25 c.

Il n'y a dans les bateaux à vapeur, aussi bien que dans les chemins de fer américains, qu'une seule catégorie de places ; chacun choisit celle qui lui convient le mieux.

Il est sérieusement question, en ce moment, de prolonger les chemins de fer américains jusqu'en Californie, par le Texas et le Mexique. On pense qu'il ne faudrait pas moins de treize ou quatorze jours et autant de nuits pour se rendre, par convoi direct, de New-York à San-Francisco. Les auteurs de ce projet ont-ils bien calculé les forces humaines ? Mais rien n'effraye le génie actif, rien n'arrête le courage des Américains. Cet immense parcours à travers des déserts où des peuplades sauvages sont toujours en guerre avec les *visages pâles*, comme ils nomment les blancs, se fera certainement un jour.

Soyez sûr qu'en fait d'entreprises industrielles, ce qui est faisable est déjà fait en Amérique, et que l'infaisable se fera. Le *go a head* des Yankees ne connaît pas d'obstacles, et leur esprit d'envahissement ne trouve de limites que dans les limites du monde. Qu'on découvre le moyen de se diriger dans les airs, et les Américains auront bientôt établi des comptoirs de commerce dans la lune et annexé cette planète à leurs autres États.

II

LES AFFAIRES AUX ÉTATS-UNIS.

Nulle part autant qu'en **Amérique** on n'aime l'argent et on ne fait autant d'efforts pour en gagner. Il n'est point de travail productif si long, si pénible, si repoussant ou si dangereux qu'il puisse être, qui rebute la constante et fébrile activité des Américains. Un homme d'ailleurs n'est rien et ne vaut rien, de l'autre côté de l'Océan, tant qu'il ne représente pas un capital.

— Connaissez-vous monsieur un tel? disent les Américains.

— Oui, il vaut vingt mille piastres.

— Et cet autre, le connaissez-vous?

— Il ne vaut rien.

On ne parle jamais de leur mérite personnel, de leurs vertus, de leurs talents.

Béranger, qui vit à Passy d'une modeste pension, ne vaudrait rien en Amérique.

L'argent, qui fait seul les hommes, est naturellement ce que les hommes aiment le plus dans ce pays où le désir de s'enrichir est la seule passion vivace.

Mais cette fièvre du gain, qui commence à l'enfance et ne finit qu'à la mort, n'a pas, comme en Europe, le repos du travail et le bien-être pour but. On ignore en Amérique l'état négatif de rentier, et personne ne songe à le devenir, ni ne voudrait l'être. On commence d'abord par gagner de l'argent pour vivre, on en gagne ensuite pour entreprendre les affaires, on en gagne après pour les continuer plus grandement; on ne les cesse jamais.

Les fameux *dix mille livres de rente* que M. Scribe a si souvent placés dans la bouche de ses honnêtes marchands, comme la limite de leur ambition et le prix de leurs travaux, ne seraient nullement compris en Amérique, où l'ambition est sans limite.

Les négociants américains sont des joueurs qui ont pour roulette les marchés du monde, et pour enjeu des stocks. Un joueur ne se corrige pas de jouer; quand il a gagné, il veut gagner encore; quand il perd, il veut se rattraper; quand il n'a pas d'argent pour jouer lui-même, il regarde les autres joueurs et fait sur les coups du jeu des paris imaginaires.

Telle est l'irrésistible passion de ce peuple, qui fait les affaires en joueur autant pour se donner les âpres émotions du commerce que pour en récolter les fruits.

Cette passion du trafic, ce bonheur de l'échange, cet amour du tripotage mercantile, exalte les âmes d'une manière si étrange, qu'on verra peut-être naître en Amérique une classe de nouveaux poëtes, entièrement inconnus jusqu'ici : les poëtes marchands.

Qu'on en juge plutôt par ce fait.

Je me trouvais un jour en compagnie d'une jeune lady, belle de cette correcte et angélique beauté des vignettes anglaises. La conversation roulait sur les priviléges dont les femmes jouissent en Amérique, priviléges qui tiennent autant à la protection des lois qu'à une certaine galanterie et à l'extrême tolérance des Américains pour les femmes.

— C'est vrai, me dit-elle, nous sommes généralement

bien heureuses en Amérique ; malgré cela, j'aurais voulu naître homme ?

— C'eût été bien dommage, lui dis-je ; mais pourquoi auriez-vous voulu faire partie de la plus vilaine moitié du genre humain ?

— Pourquoi ? me dit-elle vivement ; et vous me le demandez !

A cet instant, ses traits s'animèrent, ses yeux d'azur prirent sous ses longs cils noirs un air inspiré, sa personne entière parut sous le charme d'une grande et poétique pensée. Je m'attendais à l'entendre dire qu'elle voudrait être homme pour commander une armée, diriger une escadre, briller à la tribune ou à la chaire par l'éloquence de sa parole, ou peut-être même encore pour essayer de faire, à l'instar de queques fameux flibustiers, la conquête du Mexique ou de Cuba. Mais à peine avais-je achevé ces rapides réflexions que, s'approchant de moi, elle me dit d'une voix émue :

— Eh bien ! je voudrais être homme pour devenir un homme d'affaires (*business man*) !

Je n'invente rien. D'ailleurs de pareils traits ne s'inventent pas.

Les Américains, qui aiment l'argent jusqu'à l'adoration, ne sont pourtant pas avares à la manière d'Harpagon. Harpagon aime l'argent pour l'argent : il le garde avec crainte, le cache à tous les yeux, le refuse à tous et à lui-même, et n'a pas, dans son inexplicable folie, de plus grande volupté que de plonger ses mains insensées et ignobles dans des sacs d'or qu'il ne videra jamais. Ces sortes d'avares, dont la race semble dégénérée, ne sont pas non plus communs en Europe. Pourtant il arrive encore de temps à autres que la police trouve dans de misérables taudis, scellées dans des murs ou cachées dans des paillasses, des sommes d'argent plus ou moins fortes, que l'avarice, sous la forme hideuse de riches mendiants, y a péniblement entassées. Mais si les Américains ne sont pas généreux, s'ils tiennent à l'argent, quand il s'agit d'en disposer en faveur d'un autre ou même pour leur propre plaisir, ils le risquent volontiers dans les affaires et avec une hardiesse sans pareille. Le Yankee s'enrichit ou se ruine en fort peu de temps et sans grande émotion. Dans l'un ou dans l'autre cas il continue les affaires, et sa manière de vivre reste à peu près la même.

Voici de quelle manière vivent à New-York les hommes employés dans les affaires, c'est-à-dire la presque totalité des hommes.

L'homme d'affaires, depuis le plus grand armateur jusqu'au plus modeste commis, se lève tous les jours à sept heures du matin, que le thermomètre descende comme en Russie ou qu'il monte comme au Sénégal, qu'il neige comme au mont Saint-Bernard ou qu'il vente comme à l'île Bourbon ; car on a tous ces climats à New-York, et même on les a quelquefois réunis en un jour, ou à peu près.

Le déjeuner attend l'homme d'affaires à sept heures et demie, à huit heures au plus tard. Il se compose invariablement pour tous, millionnaire ou indigent, d'une tasse de café au lait ou de thé [1], et d'une tranche de jambon,

---

[1] On consomme annuellement en Amérique l'immense quantité de 35,200,000 livres de thé.

qu'on remplace quelquefois par des tranches de roast-beef
froid. Ce modeste repas lestement avalé, l'homme d'affaires s'achemine vers le bas de la ville, qui est le côté marchand. A huit heures ou huit heures et demie, chacun
est à son poste, c'est-à-dire à son office. Il se fait alors dans
Wall-Street et dans les rues avoisinantes un travail de
fourmi ; on se croise, on se presse, on se fait des signes de
la main pour ne pas perdre de temps à se parler. Quant
au moral, une seule pensée domine tout le monde : se
garer de la ruse des uns et ruser avec les autres.

Pour l'homme d'affaires, quand il est à son office, il
n'y a plus ni père, ni mère, ni frère, ni sœur, ni ami, ni
maîtresse, ni Dieu, ni diable ; il n'y a que des clients et
des affaires. L'homme le plus délicat, le plus sensible, le
meilleur fils, le père le plus vertueux, l'amant le plus
chaste, le mari le plus fidèle, devient l'être le plus en-
durci de la création quand il discute, à son office, sur une
partie de morue salée dont il veut se défaire, ou sur un
stock de suif Rio-Grande qu'il veut acquérir. Son cœur se
transforme, ou plutôt il n'a plus qu'un dollar à la place
du cœur. Annoncez-lui la perte de tous ses parents, il
vous répondra : « Veuillez m'attendre un instant ; je termine une affaire, je suis à vous tout de suite ; vous savez ?
les affaires avant tout ! »

Nous pourrions citer les noms de personnes fort estimables d'ailleurs, bonnes et sociables hors de leur office, qui,
dans une récente et terrible catastrophe, ayant perdu une
partie de leurs plus proches parents, crurent de leur devoir d'hommes d'affaires de ne pas interrompre le cours
de leurs opérations commerciales. La mort dans l'âme, ils

allèrent le même jour discuter marchandises avec beaucoup de sang-froid, et profitèrent avec désespoir des bonnes occasions qui se présentèrent d'exploiter leurs clients au profit de leur bourse. Le soir, ils auront certainement pleuré, et pleuré du fond du cœur, ces chers parents, sauf à sécher leurs larmes le lendemain à l'heure des affaires. C'est le stoïcisme mercantile poussé jusqu'à l'héroïsme.

J'aime les anecdotes quand elles sont caractéristiques. En voici une que j'ai entendu raconter :

Un jeune homme quitte New-York pour les Indes, où il va tenter la fortune. Il reste dix ans absent. Après ce long laps de temps, et sans prévenir personne, il revient à New-York. Le hasard le fait rencontrer avec son frère comme il venait de débarquer.

— Eh mais ! c'est bien vous ! vous voilà donc des nôtres ! Comment vous portez-vous ?

— Très-bien, et vous ? lui dit en étendant la main l'inattendu voyageur.

— Parfaitement. Je suis très-content de vous voir ; très-content, vraiment.

— Je suis aussi très-content de vous voir.

— Avez-vous fait un bon voyage ?

— Assez bon. Et ici tout va-t-il bien ?

— Assez bien.

— Il n'y a rien de nouveau ?

— Non. C'est-à-dire si : une grande nouvelle...

— Quoi donc ?

— Vous ne savez pas ? Notre père est mort.

Le nouvel arrivant prenant alors un visage sérieux, se mit à siffler lugubrement en filant le son du *forté* jus-

qu'au *smorzando*, ce qui peut se traduire par cette excla-
mation : *Ah ! diable !* Puis, reprenant aussitôt et sur un
ton dégagé :

— Et les cotons, dites-moi, sont-ils fermes en ce moment ?

Un coup de sifflet (tendre et expressif, il est vrai) avait
été la seule oraison funèbre articulée par le fils en l'honneur du père défunt, la fleur jetée pieusement sur sa
tombe à peine fermée, comme disent les croque-morts littéraires à l'enterrement de leurs amis.

Ce trait est caractéristique ; mais il est loin d'être généralement vrai.

Les affaires ont un moment d'intermittence vers deux
heures, qui est l'heure du dîner pour toute la gente commerciale. Les restaurants, très-abondants dans le bas de la
ville, sont, dans ce moment de la journée, remplis de dîneurs silencieux et sobres, qui semblent regretter le temps
qu'ils passent à se nourrir. Leur dîner n'est pas long ; pas
de soupe ; un plat de viande garni de légumes ; un peu de
poisson ; pour dessert un énorme morceau de tarte aux
fruits à demi-cuite, et de l'eau fraîche pour boisson. Après
ce repas, chacun rentre à son office, et les affaires reprennent de plus belle jusqu'à six heures. Dans certains cas,
et quand la besogne commande, le chef de la maison,
seul, dans son noir et triste bureau, travaille jusqu'à neuf
ou dix heures.

La seule différence qui existe entre la manière de vivre
du riche négociant et celle d'un petit commis à dix dollars
par semaine est celle-ci : le riche négociant possède une
magnifique et très-comfortable maison dans le haut de la

ville dont il ne jouit jamais, ou presque jamais, tandis que le commis à dix dollars ne possède aucune maison dans aucune partie de la ville, mais jouit infiniment du *parlor* de son *boarding-house*, où tous les soirs il *flirte* avec les jeunes et libres pensionnaires de la maison. Ce qui n'empêche pas que tous les commis voudraient bien changer leur position contre celle de leurs patrons, lesquels ne voudraient pas de cet échange.

Maintenant, il faut reconnaître que l'Amérique est le premier pays du monde pour les affaires. L'intelligence commerciale, jointe à l'activité, trouve toujours sa récompense aux États-Unis, où le crédit est facile et les transactions sont considérables. En outre les lois sont faites pour donner au commerce toutes les facilités possibles; aucune n'entrave son essor.

Point de règlements qui limitent le nombre des professions; point de priviléges accordés à une industrie au détriment des autres; point de taxes infligées aux denrées des marchands, dont l'éperon est l'intérêt, et dont la concurrence est le frein; aucun contrôle tyrannique, nulle sujétion, liberté pleine et entière de vendre et d'acheter toutes choses, sans tarifs, partout et toujours. Aussi voit-on des personnes changer de commerce, souvent tous les trois mois, être d'abord boulangers, devenir ensuite épiciers, pour passer bouchers, marchands de nouveautés, fabricants de cercueils, fleuristes, fondateurs d'une nouvelle religion, perruquiers ou professeurs de piano. Aucune déconsidération ne s'attache non plus au négociant malheureux ou trop hardi que de faux calculs entraînent à la faillite. C'est un petit malheur dont les créanciers se consolent bien vite et qui se perd dans le tourbillon des affaires nouvelles. L'homme d'affaires a, d'ailleurs, pour base de sa conduite ce précepte dont il ne se départit pas : « Le temps est de l'argent. » Il aime mieux croire un mauvais débiteur qui lui dit avoir tout perdu que passer son temps à en acquérir la preuve. Il y a quelques années, le négociant qui se déclarait en faillite ne montrait même pas ses livres à ses créanciers, et se contentait de leur dire : Je ne puis vous donner que tant pour cent ; ou même quelquefois : Je ne puis rien vous donner du tout.

D'ailleurs, en Amérique, où les lois protégent généralement les pauvres et garantissent la liberté des individus, il suffit, dans presque tous les États de l'Union, qu'un homme déclare n'avoir pas les moyens de payer ce qu'il doit, et qu'il le jure sur la Bible, pour que, sans toutefois perdre ses droits ultérieurs, le créancier n'ait plus aucun recours contre lui. Il semble barbare à certains légistes américains qu'on emprisonne celui qui ne peut pas payer ses dettes, et ils trouvent cruellement ridicule qu'on empêche de travailler, en le séquestrant, un homme qui n'a d'espoir qu'en son travail, et ne peut s'acquitter qu'avec le fruit de ce travail. Ils comprendraient mieux, tout en le condamnant comme un moyen despotique, qu'on forçât les débiteurs à travailler à outrance, et jusqu'à ce qu'ils se pussent acquitter envers leurs créanciers ; mais il n'entre pas dans leur entendement que, quand le travail d'un homme n'est pas suffisant pour satisfaire à ses propres besoins et aux exigences de ses créanciers, on condamne cet homme à l'inaction jusqu'à parfait payement de la somme due, et cela, après avoir augmenté sa dette de frais de justice considérables qui souvent dépassent le chiffre même du capital.

Ajoutons que cette opinion a trouvé des contradicteurs, puisque dans certaines parties de l'Amérique il existe des prisons pour dettes.

L'esprit des affaires est si vraiment inné chez l'Américain, que dans les moindres de ses actions on aperçoit le bout de l'oreille de la spéculation. Un Américain vous voit-il un paletot, un pantalon, une montre, un chapeau, des bottes, une canne, quoi que ce soit qui lui plaise, il commence, en examinant l'objet qui frappe son attention, par vous en demander le prix; puis au petit temps d'arrêt qui succède à cette demande et à l'expression de son visage, il est facile de deviner que l'Américain se dit : « Il y aurait peut-être une affaire avec cela. »

Je me suis trouvé au bal à côté d'un jeune couple de danseurs; le cavalier, pour entamer la conversation avec sa danseuse, après lui avoir fait observer qu'il faisait beau temps ce jour-là (*very fine weather*), lui fit compliment sur sa coiffure et lui en demanda le prix. Des soirées entières se passent quelquefois entre jeunes gens et jeunes filles à parler de la crise financière, de la récolte du coton, de la hausse du blé, des marchandises sèches et des marchandises mouillées. Cette conversation, il faut le reconnaître, est fort peu du goût des femmes américaines, complétement étrangères au commerce, et qui même ne se mêlent jamais des affaires de leurs maris, ignorant souvent s'ils sont riches ou pauvres; mais tel est l'irrésistible attrait d'une conversation commerciale chez certains jeunes gens, qu'il leur fait même oublier que c'est à une jeune fille qu'ils parlent.

Du reste, les Américains sont généralement d'une complaisance extrême pour les femmes. Une dame, par exemple, se présente dans un magasin de nouveautés. Elle annonce en entrant qu'elle a l'intention de ne rien acheter et qu'elle veut néanmoins tout voir, tout examiner, uniquement pour passer le temps. On s'empresse aussitôt de déplier sous ses yeux d'innombrables pièces d'étoffes ; on la laisse essayer des châles, des mantelets, des coiffures, etc., durant des journées entières. Elles appellent cela *magasiner*. Quand elles sont lasses de ce plaisir, elles ne remercient même pas, font un petit signe de tête en guise de salut et s'en vont *magasiner* peut-être ailleurs. Les commis en ont pour plusieurs heures ensuite à tout remettre en place.

Mais la patience est la qualité commune à tous les hommes d'affaires aux Etats-Unis. Allez proposer au Yankee telle affaire qu'il vous plaira, praticable ou non, lucrative ou ruineuse, folle ou sensée : il vous écoutera jusqu'au bout, sans jamais vous interrompre, et ne vous dira tout de suite ni oui ni non ; il demande à réfléchir, tâche de surprendre votre secret, si vous en avez un, bien persuadé d'avance que s'il réussit le monde l'applaudira en l'appelant *smart man*. L'abus de confiance n'est que peu ou point puni par les lois qui régissent le plus grand nombre des Etats de l'Union. Nulle part le *district attorney* ou ministère public ne poursuit d'office les abus de confiance.

Dans les rues, les mots *pertes, gains, affaires, dollars,*

vous arrivent de tous côtés et remplissent vos oreilles. Au théâtre, dans les tavernes, au club, dans tous les lieux publics, la conversation roule éternellement sur les affaires ; chacun s'efforce de faire parler les autres pour profiter de ses idées. Joignez à cela que les Américains sont généralement très-intelligents et doués d'une ruse à défier les plus rusés normands. Il n'y a pas d'enfants aux Etats-Unis : il n'y a que de petits hommes d'affaires et de jeunes employés. J'ai connu un excellent caissier qui avait douze ans, et l'on envoie journellement en recouvrement pour des sommes considérables de graves gamins à qui l'on n'oserait certainement pas confier deux sous en France. Tâchez de les tromper ! Ils savaient déjà compter dans le sein de leur mère.

L'intérêt domine si bien tous les esprits en Amérique que, quand notre célèbre François Arago vint à mourir, un Américain me dit : « Il devait gagner beaucoup d'argent, n'est-ce pas ? Cela doit beaucoup rapporter, l'astronomie. »

J'ai souvent ri en Amérique en pensant à la piteuse mine que ferait à New-York la bohême artistique, littéraire et scientifique de Paris ! Tous ces habitants d'un monde trois fois imaginaire, au milieu d'un peuple trois fois positif qui ramène toutes choses au profit pécuniaire qu'elles procurent, n'auraient plus qu'à faire comme la troupe des acteurs chinois, laquelle, se trouvant à New-York sans argent, résolut un jour de se pendre en masse. Ils plantèrent des crochets aux quatre murs de leur chambre commune, assujettirent à ces crochets des bouts de corde terminée par un nœud coulant, et ils allaient, sur le commandement de leur directeur, y passer leur tête, quand on ouvrit la porte. Cinq minutes plus tard les trente-trois Chinois étaient pendus.

Il manquait à la littérature industrielle des États-Unis un livre qui vient d'être fait dans ces derniers temps. C'est la biographie des riches négociants établis en Amérique, avec des détails circonstanciés sur l'histoire de leur fortune respective. Ni Alexandre Dumas, ni Eugène Sue, ni Victor Hugo, ni Lamartine, ni Shakespeare, ni Voltaire, ni Rousseau, ni Goëthe, ni Schiller, ni Byron, ni Cervantes, ni Dante, ni le Tasse, ni Virgile, ni même Paul de Kock, que Dieu me pardonne ! n'ont jamais rien écrit d'aussi attachant pour le peuple américain que cette histoire des fortunes acquises par le travail, l'intelligence ou le hasard des affaires. Apprendre que le célèbre capitaliste John, par exemple, a commencé d'abord par être charretier sur le port, qu'ensuite il a vendu des pommes, puis des choux, puis du poisson salé, puis des bois de construction, puis du coton, puis des farines ; qu'il a armé des navires chargés de poudre pour la côte d'Afrique ; qu'il a expédié des fusils et des sabres dans le but de défendre les institutions de n'importe quel pays, et au besoin pour les combattre, comme dit Henri Monnier ; qu'ensuite il a fait construire des steamers, qu'il s'est rendu concessionnaire de lignes importantes de chemins de fer, qu'il a ouvert des églises pour toutes les religions classiques ou de fantaisie, ce qui est toujours une bonne affaire de l'autre côté de l'Océan, la religion *payant bien*, comme disent les Américains ; enfin qu'il a vendu des nègres dans le Sud et prêché l'émancipation dans le Nord, pour avoir des amis partout ; qu'il a des navires sur toutes les mers, des comptoirs dans tous les ports ; c'est pour tous les lecteurs du nouveau monde la plus séduisante, la plus instructive, la plus émouvante des lectures. Aujourd'hui que les peuples ne se battent plus qu'à regret et qu'il n'y a plus d'Homère, c'est l'épopée par excellence que cette histoire de la misère ambitieuse contre la fortune rebelle. Je ne connais qu'un seul livre qui, par sa nature, pourrait lutter avec avantage contre l'*Origine des fortunes aux États-Unis*, c'est l'histoire universelle des faillites, avec une instruction scientifique sur *la manière de s'en servir*. Les uns liraient cet ouvrage pour se mettre en garde contre les faiseurs de faillites, les autres pour en faire, mais, à coup sûr, tout le monde le lirait.

La tolérance qui règne partout dans le but de donner aux affaires toutes les facilités désirables, produit quelquefois d'étranges rapprochements. Chacun est libre d'ouvrir où il voudra une boutique pour exploiter tout ce qui lui plaît. Ainsi, l'on voit à New-York, dans les rues les mieux fréquentées, à côté d'une marchande de modes, par exemple, un abattoir de boucher, où l'on tue sans façon, aux yeux même des passants, les bœufs et les moutons ; puis un pâtissier près d'un fabricant de cercueils, dont les produits terrifiants s'étalent dans de larges vitrines à côté de l'appétissante exposition de son voisin.

Un Français voulut un jour faire quelques emplettes de toilette, se trompa de porte et entra chez un marchand de cercueils. D'abord surpris, presque effrayé de voir se dresser de toutes parts à ses yeux les caisses fatales, il prit le parti de rire un moment de sa méprise.

— *What do you want, Sir ?* Qu'est-ce qu'il vous faut, Monsieur ? lui demanda d'un ton gracieux l'honnête industriel.

— Je voudrais un cercueil, répondit le Français d'un air grave et solennel.

— Monsieur n'en désire qu'un seul ?

— C'est assez pour le moment.

— De quelle grandeur monsieur le désire-t-il ?

— De la mienne.

— Ah ! c'est pour un homme de la taille de monsieur ?

— C'est pour moi-même, Monsieur.

— Comment ! monsieur voudrait avoir un cercueil pour lui-même, et il n'attend pas...

— Non, Monsieur, et je vous prie de vouloir bien me prendre mesure.

— Mais est-ce tout de suite que monsieur désire prendre livraison de la marchandise ?

— Demain, au plus tard, je suis un peu pressé.

— Ah ! je crois comprendre... Monsieur désire se suicider aujourd'hui, et naturellement, en homme de précaution... Eh bien ! Monsieur, je suis heureux de vous dire que vous ne pouviez pas mieux vous adresser. Nous avons en ce moment une partie de cercueils en acajou du meilleur genre.

— Soit, j'ai toujours aimé ce qui est bien porté. Mais il faut en toutes choses réunir l'utile à l'agréable. Sont-ils bien solides vos cercueils ?

— Je puis vous les garantir pour trois ans.

— C'est bien, je m'en rapporte à vous ; prenez-moi

mesure, mais, je vous en préviens, je suis très-difficile à habiller.

— Monsieur peut prendre ce que je lui offre en toute confiance. Ce serait la première fois que j'aurais jamais reçu des réclamations d'aucun de mes clients. J'ai le meilleur coupeur de tout New-York.

Le lugubre plaisant essaya plusieurs cercueils, fit ses observations, prodigua ses compliments sur la qualité des bois et l'excellence du vernis, mais il trouva que tous le gênaient aux épaules. Enfin la question de prix vint à son tour.

— Le voulez-vous simple ou doublé? demanda le marchand.

— Je le veux doublé, c'est plus chaud.

— De zinc ou de plomb?

— De plomb, pardieu ! cela fait plus d'usage.

— En ce cas, ce sera soixante dollars.

— Soixante dollars ? Vous voulez rire.

— Du tout. Je vous en fournirai un de confection à meilleur compte, mais impossible à moins sur mesure. L'article d'ailleurs est en hausse depuis quelque temps : nous avons un peu de choléra, un peu de fièvre typhoïde, et considérablement de dyssenteries. Les ouvriers ne peuvent suffire à la commande.

— Diable! mais voilà qui change bien la thèse. J'ai fait mon budget; j'y avais disposé d'une somme pour cet objet, je n'ai pas le moyen de me suicider à ce prix-là; j'attendrai pour le faire que les cercueils soient à la baisse.

— A votre aise, Monsieur. Voyez ailleurs : je ne crains

pas la comparaison ; quand vous serez décidé, je ne vous demande que la préférence.

L'auteur de cette funèbre plaisanterie est un de nos ingénieurs français établis à New-York. Par un nouveau système de son invention, en supprimant les roues des bateaux à vapeur, qui soulèvent des masses d'eau, comme on sait, et perdent ainsi trente-cinq pour cent de force, il a trouvé le moyen de doubler la vitesse de la marche des navires. On irait du Havre à New-York en six ou sept jours. Vous verrez bientôt que New-York fera du tort à Versailles, et que les flâneurs hésiteront entre une partie de chasse aux environs de Paris et une promenade en Amérique.

Les États-Unis, qui doivent leur étonnante prospérité à l'agriculture et au commerce, ne sont pourtant pas destinés à ne former que des agriculteurs et des commerçants. Qu'on lui donne le temps, et ce peuple bouillant d'ambition, rempli d'un juste orgueil, animé d'un vif sentiment patriotique, brillera, nous n'en doutons pas, par la culture de son esprit, au premier rang des nations du monde. Que son bien-être soit assuré par des fortunes solides, et l'on verra, j'en suis convaincu, les intelligences vives et impressionnables des Américains se tourner vers les sciences et les arts. Déjà, au milieu de ces hommes-fourmis, on aperçoit çà et là quelques jeunes cigales qui aiment à chanter tout l'été, sachant que la bise d'hiver ne les surprendra pas sans le nécessaire. Il n'y a peut-être pas encore en Amérique d'enfants prodigues à opposer à des pères avares, mais il y a des enfants plus généreux que leurs pères, et l'on cite de riches héritiers qui commencent à comprendre que l'argent pourrait bien servir à autre chose qu'à gagner de l'argent en augmentant les affaires, et que le plaisir a bien aussi son charme.

Un jour, une société de bienfaisance se présenta chez M. Astor père, qui *valait*, comme disent les Américains, quelque chose comme près de cent millions de francs gagnés dans les affaires. Cette société venait réclamer des secours pour je ne sais quels besoins. M. Astor ouvrit son secrétaire et signa un *check*, pour deux mille francs. On s'attendait à beaucoup plus. Un des quêteurs, plus hardi que les autres, tout en remerciant le millionnaire, lui fit observer que son fils, qui était encore très-jeune, avait souscrit pour cinq cents francs de plus que lui.

— Il le peut, répondit M. Astor avec beaucoup d'esprit, mais moi je ne le peux pas : mon fils a un père qui lui laissera de la fortune, tandis que le mien est mort ne me laissant que le souvenir de ses vertus.

Pourquoi M. Astor fils n'a-t-il pas persévéré dans ses sentiments du munificence au lieu de continuer les affaires, de telle sorte que la fortune du père s'est encore accrue dans les mains du fils, et que M. Astor est aujourd'hui aussi riche à lui seul que deux Rothschild réunis.

Que Dieu lui donne des fils généreux, un peu viveurs, amis des arts, des sciences, de la littérature, du bon vin, des plaisirs, enfin de tout ce qui en ce monde est beau, aimable et grand ! Avec de pareils enfants et de semblables millions, l'Amérique n'aurait plus bientôt rien à envier à l'Europe.

III

LES AMUSEMENTS EN AMÉRIQUE.

Les plaisirs ne sont pas communs en Amérique, et peu de personnes les recherchent. On n'est guère disposé à s'amuser le soir quand on s'est fatigué toute la journée dans les vives et absorbantes émotions du commerce. Il faut au plaisir du temps à discrétion et une fortune acquise. Le plaisir qui prend la place du labeur est un plaisir amer; les grelots de la folie n'étouffent pas la voix inquiète de la conscience. Or, nous l'avons dit, il n'y a que peu de fortunes patrimoniales en Amérique; chacun travaille encore, et, pour le plus grand nombre, il n'est guère d'autre plaisir que le plaisir négatif de l'allégement de leur peine. Dans ce New-York, qui est sous quelques points le Paris de l'Amérique du Nord, j'ai été fort surpris de ne voir que très-peu de théâtres; il n'y a pas non plus de cafés proprement dits. On y trouve de simples *bar-rooms,* où les consommateurs se tiennent debout près du comptoir et avalent lestement leur verre de *brandy,* de *sherry,* de *wisky* ou de *brandy cocktail,* en grignottant un morceau de biscuit et de fromage.

Il me sembla d'abord que les amusements et les réunions manquaient au public dans une ville si importante. Je me trompais, car la spéculation, qui n'oublie rien, offre incessamment au public new-yorkers plus d'amusements qu'il n'en veut prendre. Longtemps je me suis

2.

demandé ce que devenait l'énorme population flottante qui encombre les hôtels à New-York. Il me paraissait étrange que les voyageurs restassent le soir dans leur chambre ou passassent leur temps dans les salons de l'hôtel. Mon tort était de comparer Paris, la ville des plaisirs, où les étrangers viennent pour dépenser de l'argent, à New-York, la ville des affaires, où ils viennent pour en gagner. Les Américains n'oublient pas assez ce précepte : « La fortune ne se fait pas ; elle s'économise ! » Quand ils s'amusent, c'est au meilleur marché possible, et les plaisirs qui dépassent vingt-cinq sous ne réussissent jamais qu'à demi dans le nord de l'Amérique.

Barnum, le génie du *Humbug*, a le premier compris cette vérité en ouvrant son fameux musée, à New-York, où, pour la bagatelle de deux schellings américains (1 fr. 25 cent.), on examine à loisir trois grands étages de curiosités de toutes sortes, avec les phénomènes du jour, qui varient de Tom-Pouce à la femme barbue, de la femme barbue aux frères siamois, des frères siamois aux Aztecs, des Aztecs à la femme géante, de la femme géante au phoque savant qui dit papa et maman, du phoque aux Esquimaux, etc., le tout accompagné de deux pièces de théâtre, fort convenablement jouées dans une salle coquette et élégante où se presse une société nombreuse de *flirteurs* et de *flirteuses*. La société toute galante qui encombre le musée Barnum, sorte de foire aux amours, mérite d'être observée. C'est ce que nous faisons dans le chapitre que nous consacrons à l'*amour en Amérique*.

Parfois Barnum se réveille du sommeil où le tiennent plongé, depuis quelque temps, ses quinze ou vingt millions de francs ; il dédaigne alors ses phénomènes ordinaires, et offre au public quelque spectacle nouveau.

C'est ainsi qu'il a eu dernièrement l'idée de faire, pour la race humaine, ce que nos voisins les Anglais font depuis longtemps pour la race chevaline, moutonnière et bovine. Il fit annoncer dans tous les journaux des Etats qu'une exposition d'enfants à la mamelle serait ouverte dans son musée, et il engagea les mères et les nourrices qui voudraient l'honorer de leur confiance à lui expédier leurs marmots franc de port, promettant des *primes d'encouragement* aux plus robustes.

Cette idée, impossible dans tout autre pays, eut à New-York un succès extraordinaire. La conversation ne roula pendant plusieurs semaines que sur le *baby show*. On envoya de toutes les villes de l'Union, à l'adresse de M. Barnum, qui les reçut en père, une foule de petits monstres à larges faces, à triples mentons, à encolures énormes, bouffis comme les anges de Rubens, repus comme des oies grasses. Une mère eut l'idée d'expédier trois enfants nés d'une même couche : elle eut une prime d'honneur et reçut, de la part de Barnum, les paroles les plus flatteuses.

Bref, la foire aux enfants fut le spectacle de prédilection des Américains, et laissa désertes les représentations de l'Opéra. Un jury fut formé pour juger du *mérite* de chaque concurrent ; il se composait de personnages graves et de mères de famille expertes en la matière. Il y eut là comme partout des intrigues, et plus d'une mère ou d'une nourrice fit agir des influences secrètes pour faire couronner son poupon, au mépris de la justice et de l'embonpoint.

Enfin, le grand jour des récompenses arriva. Les mères et les nourrices, remplies d'une émotion facile à comprendre, attendirent avec impatience et le cœur haletant la décision des juges.

Les juges se prononcèrent, et les petits monstres lardés furent présentés à la foule, qui les accueillit par des applaudissements et des *hurras* enthousiastes, auxquels pourtant, il faut bien le dire, se mêla le tumulte des nourrices mécontentes et quelques sifflets désapprobateurs.

Barnum avait exposé tous les concurrents réunis; il exposa naturellement les vainqueurs, qui attirèrent tout New-York et remplirent les caisses de l'homme adroit qui, vingt ans auparavant, avait formé le premier noyau de sa fortune en montrant dans une baraque une vieille négresse qu'il faisait passer pour la nourrice de Washington.

Encouragé par le succès de l'exposition des enfants, Barnum a eu l'idée de faire aussi l'exposition des jolies femmes de l'Amérique. Il promettait à la plus jolie une dot si elle était demoiselle, et, si elle était femme, une parure en diamants. L'idée était charmante, mais, comme beaucoup de charmantes idées, elle était d'une bien difficile exécution.

Une mère enverra bien concourir un poupon de quelques mois, mais elle ne permettra pas à sa fille, dans toutes les séductions de ses grâces, d'aller se montrer en public pour briguer le prix de beauté. Le mari le moins prudent refuserait également cette permission à sa femme. Il ne fallait donc compter que sur cette population féminine que les Français, dans leur piquante galanterie, appellent des *lorettes*.

Barnum tourna la difficulté, en n'exigeant de ses jolies concurrentes que leur portrait au daguerréotype.

Ce fut un grand désappointement parmi la population masculine, qui se serait portée en foule à l'exposition des jolis modèles.

Mais bien que les daguerréotypes soient loin d'offrir le charme des originaux dont ils seront la copie, ils attireront, nous n'en doutons pas, un très-grand nombre de curieux, et ils promettent un nouveau triomphe à M. Barnum, si jamais il exécute son idée.

Il y a dans toutes les grandes villes des États-Unis, à Boston, à Philadelphie, à Baltimore, à Washington, à Saint-Louis, à Cincinnati, à la Nouvelle-Orléans, etc., de belles salles de théâtres, des musées dans le genre du musée Barnum, et des salles de concerts, sans compter certaines églises, avec lesquelles, comme avec le ciel, il est des accommodements, et qu'on loue pour des lectures publiques sur la liberté de tous les peuples, sur la morale, sur la religion, sur l'émancipation des femmes, sur les esprits frappeurs, ou pour donner des séances musicales.

Les principaux théâtres de New-York sont :

Academy of music, grande salle d'opéra pleine d'ornements et de dorures, pouvant contenir près de six mille spectateurs, mais très-incommode et mal sonore. Ce théâtre, inauguré par Mario et Grisi, il y a environ quinze mois, n'a jamais eu la faveur du public. La moitié de la salle au moins ne peut pas voir la scène, et les stalles, d'invention américaine, qu'un ressort fait se relever d'elles-mêmes dès qu'on n'est plus assis dessus, sont tout à la fois ridicules et incommodes. Quand la personne assise tente de se relever, la stalle allégée se relève aussi, et vous soulève de toute la force de son ressort. Quand on veut s'asseoir, au contraire, il faut d'une main baisser la stalle, afin d'en prendre possession. J'ai vu des dames, les robes soulevées par ces terribles siéges, tenter deux ou trois fois de s'y installer avant d'y pouvoir réussir.

La salle est toujours beaucoup trop grande pour les amateurs d'opéras à New-York, et aussi pour la musique en elle-même, qui demande, pour être bien goûtée, un local où le son vive, pour ainsi dire, et ne meure pas avant d'arriver à l'oreille des auditeurs. Il n'est pas de voix ni d'orchestre qui puisse lutter contre le vide immense d'une pareille salle.

Niblo's-Garden est un grand et très-joli théâtre sans destination arrêtée. On y joue tous les genres, depuis l'opéra anglais, quand il y a des chanteurs anglais, jusqu'à la pantomime, quand il plaît à la troupe Ravel d'y venir attirer la foule par ses exercices, toujours les mêmes et toujours applaudis.

La famille Ravel a fait en Amérique une grande fortune, qui s'augmente tous les jours, et ne fera que s'accroître indéfiniment. La pantomime par les frères Ravel est pour le peuple américain l'amusement par exellence. Il ne voit, en fait de comique, rien au delà des grimaces de Pierrot, et quand Arlequin, de sa batte légère ou de son pied leste, poursuit Cassandre et lui applique sur les reins un coup qui retentit fortement, les spectateurs rient à se pâmer, et déclarent les Ravel les premiers artistes du monde.

Si la troupe des Ravel arrive dans une ville des États-

Unis, les musiciens qui devaient y donner un concert se sauvent au plus vite pour éviter cette rivalité effroyable. Tous les spectacles, opéra, tragédie ou comédie prennent le deuil et se désolent, pendant que le public satisfait se réjouit d'avance du plaisir qu'on lui prépare.

Depuis quinze ans, les frères Ravel jouent en Amérique les mêmes pantomimes; ils les joueront, si cela leur plaît, quinze ans encore avec un succès égal.

Quand il pleut, en Amérique, les théâtres sont déserts, et cependant, ni la pluie, ni la neige, ni le vent, ni la chaleur, ni les crises financières, ni l'élection du président, ni le choléra, n'empêchent les Ravel d'avoir salle comble. C'est une fureur, une démence. La pantomime, par les Ravel, mais rien que par les Ravel (d'autres ont échoué), est le spectacle le plus populaire en Amérique, avec les exercices des nègres ménestrels, dont nous parlerons tout à l'heure.

C'est à cet heureux théâtre de *Niblo's-Garden* que la charmante transfuge de l'Opéra-Comique, Mme Anna Thillon, a fait sa fortune, en jouant en anglais les opéras de Scribe et d'Auber, qu'elle avait chantés chez nous en français.

C'est aussi au *Niblo's-Garden* que, deux années plus tard, Mlle Pyne captivait la foule, ravie des mélodies de son flexible gosier.

Presqu'en face de ce théâtre, et dans Broadway, M. Lafarge, régisseur des biens de la famille d'Orléans en Amérique, a fait bâtir, il y a peu de mois, un magnifique théâtre auquel il a donné le nom de *Metropolitan-theatre*. Cette salle, qui a été choisie par Mlle Rachel pour y donner ses représentations, n'est pas toujours ouverte. Elle est, comme celle de *Niblo*, à la disposition de ceux qui la louent pour une ou plusieurs soirées.

En Amérique, les théâtres ne sont pas donnés en privilége par le gouvernement, qui ne s'occupe que des affaires de l'État. Chacun est libre de bâtir un théâtre où bon lui semble, de l'ouvrir quand il lui plaît, de le fermer quand il le veut, et d'y faire jouer tous les genres à son gré. N'ayez pas peur, le capital, qui est intelligent, ne se placera pas dans de nouvelles salles de spectacle, si celles qui existent déjà sont suffisantes.

Il est difficile de parler du théâtre *Metropolitan* sans dire quelques mots des soirées dramatiques de Mlle Rachel dans cette salle. J'ai lu plusieurs relations de ces soirées dans différents journaux ; je les ai trouvées inexactes pour la plupart. La vérité, c'est que l'arrivée de notre célèbre tragédienne a produit à New-York une sensation profonde et générale. Depuis Jenny Lind, aucun artiste n'avait excité autant de curiosité. On a plus parlé de Racine et de Corneille en Amérique, durant les quelques semaines que cette actrice est restée à New-York, qu'on ne l'avait certainement fait depuis la découverte de ce pays ; et cependant les Américains, habitués aux drames émouvants de Shakespeare, ont trouvé nos tragédies monotones et passablement ennuyeuses.

Je sais des Français qui, sur ce point, pensent exactement comme les Américains.

Cela étant, si vous me demandez quel plaisir si grand pouvaient prendre les New-Yorkers, dont la langue est l'anglais, à entendre débiter des tragédies en français qu'ils trouvaient médiocres au fond, et dont ils ne pouvaient qu'imparfaitement apprécier les détails, je vous répondrai ce que les métaphysiciens disent aux personnes trop curieuses : C'est un mystère.

On se ferait une bien fausse idée du goût des Américains si, d'après les succès extraordinaires de Mlle Rachel, on se les représentait comme passionnés pour la tragédie française. Toute la troupe du Théâtre-Français de Paris se rendrait à New-York pour y donner des représentations, qu'elle ne ferait pas une demi-salle après les six premières soirées.

Non, ce qui attirait la foule à celles de Mlle Rachel, ce n'était ni Corneille, ni Racine, ni la langue française, ni Sarah, ni Dinah, ni Lia, ni les autres ; ce n'était peut-être pas Mlle Rachel elle-même, quoique son nom fût depuis longtemps célèbre ; c'était surtout sa garde-robe, dont les réclames avaient d'avance popularisé les merveilles. L'illustre tragédienne avait débarqué dans le nouveau monde avec cinquante-deux caisses (ce chiffre est exact) toutes remplies de splendides costumes. Cet attirail n'était pas un faible attrait pour les Américaines, coquettes entre toutes les femmes. Les costumes d'Adrienne Lecouvreur, dans la pièce de ce nom, ont eu un succès fou dans le monde gracieux et influent des *ladies*. — « Oh ! les belles robes ! les magnifiques diamants ! » s'écriaient-elles. Il n'en fallait pas davantage pour que l'actrice fût proclamée la plus grande artiste de l'univers.

J'ignore les motifs qui ont pu faire dissoudre la troupe dirigée par M. Raphaël Félix. Tout me porte à croire que cette dislocation n'a eu d'autre cause que la santé délicate de Mlle Rachel ; mais certainement cette compagnie eût gagné des millions si seulement elle eût pu promener pendant six mois ses cinquante-deux caisses de costumes.

Au *Broadway-theatre,* on donne souvent et avec succès des féeries fort passables pour les personnes qui n'ont pas vu ce genre de pièces à Paris.

On joue aussi dans cette salle des tragédies anglaises, avec le concours de Forrest, le Talma de l'Amérique. M. Forrest a de bonnes qualités avec de grands défauts. Le plus grand de ces défauts est de crier comme un aveugle qui aurait perdu non-seulement son bâton, mais encore son chien et l'espérance. Quel organe ! il me semble encore l'entendre !

Néanmoins, malgré ses cris, ou peut-être à cause de ses cris, Forrest est considéré comme le premier acteur tragique du continent américain, et le public n'a pas assez de mains pour l'applaudir.

C'est dans ce théâtre que Mlle Alboni, malgré ses précieuses qualités vocales, a fait perdre à son directeur, M. Marshall, le seul argent qu'elle ait rapporté d'Amérique : neuf mille dollars environ.

En descendant Broadway, qui est tout le quartier élégant de New-York, nous trouvons la fraîche et si coquette salle du *Lyceum.* C'est à ce théâtre que nous avons vu Henri Placide, Blake, Brougham, Lester, et Wallack, qui en est le directeur. Ces comédiens ont une réputation méritée qui s'étend dans tous les États-Unis.

La direction du Lyceum a eu l'art de former la meilleure compagnie qu'on ait jamais vue en Amérique. Artistes de premier ordre, jolies femmes, variété et choix heureux de pièces, exactitude de costumes, luxe de décors, rien ne manque à ce charmant théâtre. L'art dramatique américain devra une éternelle reconnaissance à M. Wallack, qui a rompu avec le vieux système des acteurs-étoiles, et s'est attaché à former un ensemble complet.

On y joue des pièces charmantes, écrites par des Américains. Ces pièces sont pour la plupart des comédies en prose, ingénieusement combinées, généralement gaies, spirituelles, remplies d'observations critiques sur les habitudes américaines.

La comédie, si difficile en Amérique, où la liberté pratique est si grande que le ridicule disparaît, où la vie est si remplie par le travail, qu'on n'a ni le temps ni la volonté de censurer les actions de personne, commence pourtant à se faire jour. Les associations baroques, les religions saugrenues, qui naissent, pour ainsi dire chaque jour, de l'esprit inquiet des Américains, en vue de la spéculation; la ridicule loi de tempérance, si souvent violée par les plus fervents apôtres de l'eau claire; l'émancipation des esclaves, prêchée à Boston par des propriétaires de nègres en Louisiane; les incidents insolites, les traits de mœurs curieux qu'on observe à chacune des élections populaires, et tant de choses encore où l'intérêt, la passion, l'aveuglement, tournent à la comédie, sont une pâture plus que suffisante pour alimenter l'esprit et la verve des rares auteurs dramatiques américains. Ajoutons que les fils du nouveau monde ne sont point insensibles à la satire, non pas personnelle, nous l'avons dit, mais simplement générale, et rient de bon cœur chaque fois qu'ils en trouvent l'occasion. Les journaux même, d'ordinaire si peu plaisants, contiennent de temps à autre des observations critiques, touchées au coin de l'esprit et du bon sens.

Je me souviens d'avoir lu, au moment des dernières élections, il y a quelques mois, un fait extrêmement original. Je demande au lecteur la permission de le rapporter ici d'une manière incidentelle, notre travail n'étant nullement politique et ne devant, par conséquent, renfermer aucun chapitre sur cette matière toute spéciale.

Un certain capitaine Jack, de Mobile, voulant, à la veille des élections, réchauffer le zèle des votants de son parti, n'imagina rien de mieux que de leur *offrir* un bal politique. Ce genre de fête paraît être populaire à Mobile, où, par une gracieuse antithèse, l'entrechat s'allie à la voix grave des candidats ; l'un fait passer l'autre.

Cet excellent monsieur Jack, sachant combien, en fait d'élections surtout, il ne faut pas lésiner quand on veut réussir, se garda bien d'imiter un de ses concurrents malavisés, qui, dans sa parcimonie, n'avait offert à ses électeurs qu'une boutique de cordonnier pour salle de danse, qu'un baril de whiskey défoncé pour toute boisson, et qu'un malheureux nègre, jouant successivement du violon, de la clarinette et du banjo pour tout orchestre. M. Jack fit les choses plus en grand, et la majorité des votants l'en récompensa en lui donnant ses voix.

Mais voilà qu'après sa nomination, ne se sentant pas assez riche, comme la France à une certaine époque, pour payer sa gloire, il ne trouva rien de mieux que de la faire payer à ceux-là même qui en étaient les auteurs. Voici

textuellement la note des frais qu'il présenta au comité électoral de son parti ;

DOIT le parti du capitaine Jack, savoir :

	Dollars.	Cents.
Décorations du bal. . . .	55	»
Boissons.	75	»
Cinquante danseuses. . . .	62	50
Cigares.	13	»
Préposé aux billets.	2	»
Musique.	10	»
ZÈLE POUR LA CAUSE. . . .	50	»
Total.	267	50

Que pense-t-on de cet effronté DOIT, de ces cinquante danseuses *louées*, à raison de 6 francs et quelques centimes la pièce, pour l'ornement de la soirée et le plaisir des électeurs, et enfin de ces 250 fr. réclamés par M. Jack, pour son propre zèle en sa faveur ? « Ce *zèle pour la cause*, » disait le journal auquel nous empruntons ce fait, ne va- » lait peut-être pas en politique le prix auquel il était » estimé par le capitaine Jack ; mais pour nous, qui re- » produisons le *bill*, c'est un item inappréciable. »

Voyez les cinq parties du monde, vous ne trouverez qu'aux États-Unis des faits analogues à celui-ci.

Revenons aux théâtres.

Le *Bowery-theatre*, situé en dehors de Broadway et dans le quartier populeux qu'on appelle Bowery, offre des spectacles militaires qui, sous tous les rapports, sont loin de valoir nos pièces du Cirque. Mais tout est relatif, et là où

le très-bien n'existe pas, le bien est suffisant, et le *Grand historical military spectacle* ne manque jamais d'attirer un certain public. La nation américaine, d'ailleurs, si peu militaire qu'elle compte à peine, pour tous ses États, dix-huit ou vingt-mille hommes de troupes régulières, se passionne pour tout ce qui est parade militaire, et ne manque aucune occasion de jouer au soldat. On voit à tout moment, dans les rues, des compagnies de milice citoyenne, composées de quarante ou cinquante hommes, se faire précéder d'une musique plus nombreuse que la troupe, et se mettre gravement en marche, bannière flottante, pour aller n'importe où, faire n'importe quoi.

Le bonheur de marcher au pas au son de la musique est si grand pour les Américains, qu'un des plaisirs favoris des innombrables corporations de tous genres est d'aller le dimanche (le jour inviolable du repos) enterrer un des leurs, à grand coups de grosse caisse et au son éclatant des fanfares et des fifres joyeux.

Le *Burton's-theatre* est le théâtre du Palais-Royal de New-York. On y rit à s'en rendre malade. M. Burton, le propriétaire et le directeur de ce théâtre, est à la fois un des auteurs les plus spirituels de l'Amérique et un de ses plus remarquables comédiens. Je signale à M. Offenbach, le très-habile et très-heureux directeur des *Bouffes-Parisiens*, les pièces de M. Burton, spirituelles, gaies, et souvent fort originales, dont il pourrait, sans grande peine, faire d'excellents petits opéras-comiques pour son amusant théâtre.

Nous arrivons à un spectacle vraiment national et curieux : aux dansés, à la musique, au langage imité des

nègres du sud, par des acteurs blancs qui se teignent le
visage et les mains. M. Christy est, je crois, le premier qui
a eu l'excellente idée d'offrir ce genre de spectacle aux
New-Yorkers, qui en raffolent. Aujourd'hui, M. Christy
est fort riche et a ouvert la voie de la fortune à de nombreux imitateurs, parmi lesquels se distinguent M. Wood
et les frères Buckley.

Mais, pour bien apprécier ce genre de divertissement, il
faut avoir été dans le sud de l'Amérique, avoir vécu à la
campagne dans les plantations avec les nègres, les avoir vus
affublés de leurs habits incroyables, de leurs chapeaux
impossibles ; avoir étudié leur physionomie si expressive-
ment bête et si mobile ; il faut connaître leurs goûts ridicules, leur esprit drolatique et biscornu ; avoir été témoin
de leur paresse excessive, de leur poltronnerie sans égale ;
enfin, il faut savoir combien leur sensibilité musicale est
réelle et profonde, et avec quelle ardeur de derviches ils
se livrent durant des nuits entières, sans repos aucun,
aux exercices violents d'une danse effrénée. A ces conditions seulement on peut apprécier l'originalité et le piquant des spectacles des *negro minstrels*.

La scène, où les acteurs nègres arrivent au nombre de
dix ou douze, a la forme du fer à cheval. Les fils de Cham
s'avancent bêtement avec d'énormes faux-cols, des habits
outrés dans leur forme, et munis chacun, soit d'un violon,
soit d'une guitare, soit d'un banjo, sorte de guitare à long
manche, d'un timbre grave, à la fois mélancolique et gai ;
soit d'un tambour de basque, soit encore d'une paire de
bone, sorte de longues castagnettes en os, dont le son est
éclatant et incisif. Les comiques, entre tous les autres,

sont ordinairement : le joueur de tambour de basque, qui en joue avec les mains, avec les pieds, avec la tête, avec le nez, avec les genoux, etc. ; et le joueur de *bone*, qui manie ces morceaux d'ivoire avec force et rapidité, et parfois aussi avec sentiment, en faisant des bonds énormes sur sa chaise, ou en penchant son corps avec grâce, suivant la nature du morceau qu'il accompagne.

Les exécutants s'asseoient en rond, chacun sur une chaise, et ils débutent ordinairement en jouant une ouverture d'opéra. Viennent ensuite des dialogues improvisés, avec grand renfort de jeu de mots, de niaiseries nègres, d'actualités piquantes. Le public se pâme à ces conversations à bâtons rompus, qui souvent ne manquent ni d'entrain ni de franche gaieté. Puis on entend des chœurs, des solos d'instruments, surtout des airs de banjo d'un rhythme singulier, dont quelques-uns ont si heureusement inspiré notre ami et grand pianiste Gottschalk.

Mais la partie la plus intéressante de tout le spectacle est la scène de fondation, qu'on suppose se passer dans le Sud entre les nègres, qui, loin des habitations de leurs surveillants, s'en vont en cachette pour jouer et chanter, et un nègre marron qui survient et les écoute sans oser se montrer. Le costume carnavalesque du misérable fugitif excite d'abord le fou rire ; mais bientôt la compassion et l'intérêt font place à la gaieté, et l'on se sent vivement ému en faveur du pauvre esclave. Les sons du banjo, qui l'ont arraché du fond des bois où il se tenait caché, produisent sur le nègre, depuis longtemps privé de toute société et de tout plaisir, un effet tel, qu'il oublie jusqu'à la prudence. Il chante, pleure, rit et danse à la fois. De

temps à autre les dangers de sa position lui apparaissent ;
il voudrait fuir, mais il ne le peut pas ; une force puissante, invincible, l'entraîne au contraire du côté du joueur
de banjo ; il s'avance en implorant pitié d'une voix entrecoupée par le plaisir et la crainte, et tombe aux genoux
du musicien en joignant ses mains suppliantes. Cette
scène si vraie est on ne peut plus touchante pour ceux
qui connaissent la nature et les habitudes des nègres de la
Louisiane.

Le joueur de banjo relève le nègre marron, l'assure
qu'il ne le dénoncera pas, et lui présente un banjo, dont
celui-ci se saisit avec une joie folle. Tout le monde alors,
musiciens et danseurs, se livrent au plaisir avec frénésie.

Ce genre de spectacle se termine ordinairement par un
ballet de nègres, fort excentrique et fort amusant, dans
lequel une négresse, laide et coquette, reçoit les hommages
d'un affreux moricaud. Les frères Buckley font preuve
dans ces bouffonneries d'un véritable talent d'acteur, et
l'un d'eux compose des chansons d'un comique original.

Outre les théâtres, il y a à New-York une demi-douzaine
de ménageries, un mauvais cirque, un hippodrome
presque toujours vide, quelques tavernes chantantes, et
enfin l'établissement fameux des *Female-Company*, dans
Grand-Street.

Nous n'avons jamais visité cet établissement, mais si
nous en croyons les journaux et les affiches, ce spectacle
n'a pour acteurs que des femmes jeunes, jolies et bien
faites, qui, au moyen de poses expressives et charmantes,
forment des tableaux sympathiques et variés. Les an-

3.

nonces ajoutent qu'après le spectacle public, il y a, pour les personnes qui le désirent, des quadrilles particuliers (*private quadrilles*), où l'on peut, en se mêlant à la danse, apprécier de plus près la beauté de ces dames. L'entrée, pour la vue des tableaux vivants, est de 1 fr. 25 c. ; on ne dit pas ce qu'il en coûte pour assister aux quadrilles privés.

Les plaisirs publics ne sont guère du goût des Américains ; ils préfèrent de beaucoup les plaisirs particuliers du club, des écoles de danse le soir, en compagnie des *young ladies* qui les dirigent dans le gracieux art des Cellarius, et enfin les réunions intimes. Dans l'hiver, les courses en traîneaux, à deux ou à quatre, bien blottis dans de chaudes fourrures, au galop de quatre, huit, seize et même vingt-quatre chevaux, qui volent plutôt qu'ils ne courent sur la neige endurcie, est le plaisir par excellence des Américains aisés. Les folles et rieuses filles du nouveau monde trouvent dans ces courses légères, par un beau clair de lune et au bruit des grelots des chevaux, qu'accompagnent souvent de douces paroles d'amour, un charme irrésistible, et si la vertu inflexible court quelque danger sérieux en Amérique, ce n'est ni au bal, ni à la campagne, ni chez elle, mais en traîneau, dans une course à travers les plaines de glace, sous un ciel étoilé.

Dans l'été, le monde élégant ne reste pas dans les villes, où partout, dans le nord comme dans le sud de l'Amérique, la chaleur est insupportable. Il se rend à Saratoga, ou bien à Newport, endroits fréquentés par les gens riches de tous les états. On y vit bien et les plaisirs n'y man-

quent pas. On danse tous les soirs au son d'un orchestre complet, et dans le jour les dames se donnent le vaniteux plaisir de changer trois ou quatre fois de toilette. Les hommes jouent aux quilles, boivent, fument, lisent et *flirtent* dans les sombres allées.

Mais au rang des amusements en Amérique, nous n'hésitons pas à placer en première ligne le plaisir d'éteindre les incendies. Le nombre des incendies aux Etats-Unis est incalculable, et le bonheur des pompiers à les éteindre est vraiment indicible. Il faut avoir été dans le pays, y avoir vécu longtemps, pour se faire une juste idée du pompier américain, de sa passion étrange pour les pompes à incendie, qu'il décore de fleurs, qu'il embellit de toutes façons et avec lesquelles il se promène souvent pour le seul plaisir de se montrer avec une jolie pompe. Il n'y a pas de bonne fête sans pompiers et par conséquent sans pompes, car les pompiers traînent toujours leurs pompes avec eux. J'ai assisté à bien des solennités différentes, j'y ai toujours vu des pompiers et des pompes. Des compagnies de pompiers se visitent d'une ville à l'autre pour se montrer réciproquement leurs pompes, à propos desquelles ils échangent des compliments.

Quand la célèbre cantatrice Alboni est arrivée à New-York, les pompiers, instruits de son arrivée, l'attendirent sur le quai avec leurs pompes. Dans toutes les expositions industrielles on voit figurer des pompes d'un luxe inouï ; on en a même fait en argent massif. Les fabricants de jouets confectionnent pour les enfants de petites pompes sur le modèle des grandes. Les enfants jouent au

pompier en mettant le feu à des tas de papier ou à des branches d'arbre, qu'ils éteignent ensuite avec leurs pompes, aux applaudissements de tous, petits et grands. Les propriétaires ou les locataires des maisons, autant par propreté que par ce goût inné de tout Américain pour les pompes, se lèvent de très-bonne heure, et pompent à froid sur leurs maisons, qu'ils lavent ainsi faute de pouvoir les éteindre, depuis le premier étage jusqu'au dernier. Les pompiers aux Etats-Unis sont, comme dans certaines villes de France, volontaires, et non salariés.

Quand la cloche d'alarme de l'hôtel de ville sonne pour un incendie, ce qui arrive tous les jours et toutes les nuits plusieurs fois, il se fait dans les rues au même moment un tapage infernal ; ce sont les pompes qui roulent, traînées par trente ou quarante pompiers. Le chef court en avant, un porte-voix à la main : « Courage, en avant ! » leur crie-t-il d'une voix de Stentor, rendue effroyable par le porte-voix : « Courons tous ensemble, et que notre pompe bien-aimée ait cette fois encore les honneurs du feu ! » Je plains alors le passant malavisé ou peu ingambe qui voudrait traverser la rue devant cet ouragan de pompes, d'échelles, d'attirails de sauvetage et d'enragés pompiers. Il serait impitoyablement renversé, écrasé et injurié, sans que personne parmi les pompiers songeât à lui prêter secours, ni seulement à le plaindre. Un pompier n'est plus un homme quand il entend le tocsin qui l'appelle à un incendie : c'est un tigre de dévouement, qui écraserait dix personnes sur son chemin pour éteindre plus promptement un feu de cheminée.

Quelquefois il arrive que deux compagnies de pompiers

se rendent au même incendie par des rues différentes et se fassent obstacle en se croisant. Après des jurons épouvantables, ils en appellent au jugement de Dieu, et s'administrent, sous le commandement de leur chef, qui plus que jamais se sert du porte-voix, une volée de rudes coups de poing. Après quelques côtes enfoncées, quelques mâchoires disloquées, quelques nez écrasés, ils reprennent leurs pompes, agitent l'air de leurs cris de triomphe, et se remettent en route mieux disposés que jamais. Les pompiers portent une chemise de laine rouge, un paletot de drap pilote, couleur noisette, qu'ils tiennent sous le bras, et un casque en cuir noir. Il est des jeunes gens dont la passion pour les incendies est telle qu'ils n'en veulent manquer aucun. Ils couchent tout habillés en pompier sur leur lit, ou bien ils font le guet sur les toits des maisons pour découvrir les incendies et être les premiers sur le théâtre du sinistre.

Disons, sans plus tarder, que les pompiers américains sont braves jusqu'à la témérité et dévoués jusqu'au sacrifice de leur propre vie. Il n'est pas rare de voir, dans les grands incendies, plusieurs de ces citoyens si hardis et si désintéressés périr victimes de leur zèle et de leur courage. Pendant mon séjour à New-York, un mur s'écroula subitement sur vingt et un pompiers, qui périrent cruellement sous les décombres embrasés. Quand il arrive des accidents semblables, les pompiers se réunissent en corps pour rendre aux défunts les honneurs funèbres. La pompe desservie autrefois par le mort prend le deuil pour quelque temps, et l'on tend de crêpes noirs la porte où la pompe et remisée.

Souvent il arrive qu'une pompe vient trop tard pour prendre part à l'incendie, et que la maison est entièrement éteinte quand la formidable voix du chef crie dans son porte-voix le terrible *stop !* Que faire alors? S'en retourner comme on est venu, sans donner signe de pompe? Oh! non ! tant pis pour la maison si elle s'est éteinte trop tôt ! L'enthousiasme impossible à maîtriser des pompiers qui sont venus pour pomper la couvrira d'eau quand même, et j'ai entendu dire par des employés de compagnies d'assurances, qu'elles redoutent plus encore l'excès de zèle des pompiers en retard, qui noient les maisons en désespérés, ne pouvant éteindre un feu qui n'existe plus, qu'elle ne craignent le feu même le plus menaçant.

Après la déconfiture si complète de l'exposition universelle à New-York, et le désappointement des actionnaires, on voulut tenter un dernier effort pour relever l'opération, et on proposa la direction du palais de Cristal, *in extremis*, au célèbre Barnum.

Barnum ne s'en chargea qu'avec peine, ne voulant pas compromettre sa *belle* réputation, et sachant combien l'entreprise présentait de danger. Noblesse oblige, même en Amérique, et le roi du *humbug* ne mêle pas d'ordinaire son illustre nom aux spéculations hasardeuses. Pourtant il accepta et se laissa toucher par les supplications des actionnaires.

Le fameux Jullien se trouvait en ce moment à New-York, avec un nombreux et très-remarquable orchestre, dont le noyau principal était formé des meilleurs solistes de l'Europe. Barnum alla le trouver et lui dit : « Il faut que par un moyen quelconque je ramène le public au

Reservoir-square. Je compte sur votre orchestre et sur
tous ceux que vous voudrez vous adjoindre ; sur tous les
chanteurs que vous me désignerez, sur toutes les sociétés
chorales de New-York, de Boston, de Philadelphie, de
partout où vous croirez utile de les prendre. Faites-moi
pour tout ce monde une composition inouïe ; quelque
chose d'extraordinaire, de merveilleux, d'effrayant si vous
pouvez, un chef-d'œuvre auprès duquel vos autres compositions ne soient que jeu d'enfant. Vous êtes habile,
vous connaissez le pays, ne regardez pas à la dépense, et
marchez. » Quinze jours après cet entretien, des affiches
gigantesques, de dix pieds de long sur quatre de large,
couvraient les murs de la ville.

Elles représentaient, imprimé à l'encre rouge, le palais
de Cristal embrasé par le plus violent incendie. Des milliers de personnes épouvantées se sauvaient en tous sens,
et l'on voyait, à la lueur sinistre des flammes et dans des
tourbillons d'épaisse fumée, diverses compagnies de pompiers traînant des pompes ou les faisant agir. Au bas de
ce sinistre et effroyable dessin on lisait :

POUR LA RÉOUVERTURE DU PALAIS DE CRISTAL,

GRAND QUADRILLE DES POMPIERS

Composé expressément pour cette solennité

PAR

JULLIEN.

Environ trois mille exécutants concoururent à cette œuvre unique et vraiment épouvantable. Des instruments de
musique nouveaux, ou plutôt des machines nouvelles de

l'invention de Julien, imitaient à s'y méprendre l'horrible craquement des poutres enflammées qui s'écroulent, le sifflement aigu de la flamme vive, le bruit sourd des pompes luttant contre l'immense conflagration. Des centaines de chanteurs, munis de porte-voix, commandaient la manœuvre aux pompiers réunis, et les *hurras* des spectateurs, grimpés, pour mieux y voir, sur les produits doublement exposés de l'industrie, meubles, pianos, statues, etc., répondaient au commandement des chefs de pompe en mêlant leurs voix furibondes aux furibondes détonations de l'orchestre. Joignez à cela de nombreux feux du Bengale qui simulaient l'embrasement de tout l'édifice, et vous n'aurez encore qu'une idée affaiblie de ce spectacle indicible et désordonné. On cite des pompiers dont l'imagination exaltée voulait absolument voir dans cette feinte d'incendie un incendie véritable, et réclamaient hautement leurs pompes pour les mettre en mouvement contre les feux du Bengale.

Après le succès éclatant de cette symphonie pyrotechnique, les diverses compagnies de pompiers se rendirent avec leurs pompes et musique en tête sous les croisées de Jullien, pour le féliciter sur les beautés de son œuvre, et le remercier de l'hommage qu'il leur rendait en leur dédiant le *quadrille des pompiers*. Ils lui offrirent comme gage de leur profonde estime un magnifique bâton de chef d'orchestre.

IV

L'ESPRIT DE LIBERTÉ EN AMÉRIQUE.

Le caractère d'un peuple, ses habitudes et son génie
résultent surtout des circonstances au milieu desquelles il
s'est formé. L'Amérique, peuplée dès le principe par des
aventuriers qui cherchaient la fortune et par des sectaires
qui fuyaient la persécution, en est une preuve des plus
concluantes. Les puritains, dogmatiques, froids et sévères,
y propagèrent d'austères habitudes, tandis que les aventuriers, possesseurs de terres immenses, indisciplinés par
humeur, égaux par la force des choses, donnaient à leurs
descendants le salutaire exemple de la liberté pratique.
Affaiblies en réalité, les habitudes religieuses ne sont parfois aujourd'hui que le double masque de l'hypocrisie et
de la spéculation ; mais elles n'en sont que plus ardentes à
se produire avec ostentation. Quant à la liberté, elle est
restée non-seulement un sentiment, mais une nécessité. Il
fallait d'abord peupler ces colonies naissantes. Or, pour
attirer les émigrants et les fixer, il était nécessaire de leur
offrir des avantages matériels et de leur donner une seconde patrie. Les premiers législateurs américains com-
prirent cette vérité ; ils firent des lois protectrices en faveur
des pauvres, et accordèrent avec la plus grande facilité le
titre et les droits de citoyens aux étrangers qui venaient
s'établir parmi eux. Un an de séjour suffit pour constater
le domicile, et tout domicilié eut droit de voter. Des émi-

grants nombreux de tous les pays et de toutes les religions contribuèrent ainsi à la grandeur et à la richesse d'une nation que cent ans ont faite l'une des premières du monde, et qui sera, dans un avenir prochain, maîtresse de tout le continent américain.

Il est vrai que ce peuple, exceptionnellement heureux, a eu tout d'abord pour le diriger les grands caractères de Washington, de Jefferson, de Franklin, de Monroe, de Madison, de Patrick-Henry, de Lee, des Caw, des Adams, etc. Leurs nobles exemples ont jeté dans l'esprit du peuple américain des germes d'indépendance que l'égoïsme et l'amour de l'argent n'étoufferont jamais complétement.

Les *know-nothings* auront beau faire, leur politique dissolvante, étroite, intéressée, profondément ingrate, qui réclame pour les seuls Américains de naissance le droit de citoyen, ne triomphera pas du bon sens des majorités.

L'injustice d'une telle doctrine à l'égard des étrangers, qui ont été si longtemps la force vive de la nation, apparaît comme une monstrueuse ingratitude et une niaiserie. Le triomphe définitif des know-nothings serait l'anéantissement de la liberté en Amérique, par conséquent la ruine commerciale, industrielle et agricole, et commencerait l'ère d'une décadence que hâteraient encore les guerres de religion. Nous ne croyons pas à ce triomphe des know-nothings, parce que nous avons foi en l'avenir des États-Unis.

L'Américain, en venant au monde, jouit, dans la personne de ses père et mère, d'une première liberté : il est inscrit sur les registres publics, ou bien sa naissance reste secrète, au gré de ses parents. C'était d'usage général autrefois, et beaucoup de familles se contentent encore aujourd'hui d'inscrire le jour de la naissance de leurs enfants, avec leurs noms et prénoms, sur un feuillet d'une Bible leur appartenant, qu'ils appellent la Bible de famille, et qu'ils se lèguent de père en fils. Ce livre, sacré pour tout Américain, sur lequel en justice on prête serment, même les catholiques qui n'y croient qu'à demi, même les Juifs, les Turcs et les Chinois qui n'y croient pas du tout ; ce livre fait autorité devant les tribunaux dans le cas où l'identité d'une personne née sans avoir été inscrite sur les registres publics viendrait à être contestée.

Mais si les Américains naissent libres, ils ne sont pas moins libres à leur mort : ils se font enterrer à leur guise, où ils veulent, quand ils veulent, avec le cortége qu'ils désirent, à pied, à cheval, en voiture, en traîneau même, et précédés de musiques militaires, sans que personne y mette obstacle et leur impose aucune obligation.

L'esprit de liberté rend les Américains peu communicatifs et, en apparence, profondément égoïstes. Au fond, ils sont faciles, tolérants, serviables même. Mais ne comptez jamais sur la moindre prévenance de leur part : en prévenant les désirs de quelqu'un, ils craindraient de contrarier sa volonté, et la volonté de chacun doit être respectée.

Qu'un Américain vous voie sur le point de tomber dans un de ces gouffres béants qu'on appelle *basements*, et qui, devant chaque maison, bordent les trottoirs des rues, il y a cent à parier contre un qu'il ne vous criera pas gare ! non point par méchanceté, non point par indifférence, mais

uniquement par habitude d'indépendance , et dans la
crainte instinctive de porter atteinte à votre liberté individuelle, en vous empêchant de vous casser le cou, si telle
est votre intention.

Ayez pour ami un Américain millionnaire, et vous (soit
dit sans vous offenser), soyez poëte tragique ou fabuliste,
et n'ayez pour tout revenu que le produit de vos tragédies
et la vente de vos fables ; je veux bien lire toutes vos œuvres, fables et tragédies, si votre ami l'Américain, qui vous
verra mourir de poésie, vous tend, sans que vous la lui
demandiez, sa main millionnaire.

C'est toujours avec hésitation qu'un Américain se décide
à rendre aux femmes qu'il ne connaît pas quelques-uns de
ces petits services de circonstance, comme, par exemple,
de les aider à monter en omnibus, de leur tendre le bras
pour les tirer d'embarras, si dans la rue quelque obstacle survient ; en un mot, de les prévenir en quoi que
ce soit. Non-seulement elles ne vous remercient jamais
(nous verrons plus tard que les hommes en Amérique
doivent tout aux femmes, et que les femmes ne leur doivent rien), mais souvent, à la mine refrognée qu'elles
font en vous regardant, on devine qu'elles vous disent, *in
petto*, en guise de remercîment : « Qui donc vous a permis de mettre la main sur ma personne et de me parler
sans me connaître? » Cette ingratitude leur est moins
dictée par la pruderie, bien que les Américaines soient
très-prudes, que par ce sentiment intime de liberté individuelle qui se révolte contre toute intervention non ré-
clamée.

Enfin, tel est chez tous les Américains le respect de la

liberté individuelle, que la médisance et la calomnie leur
sont étrangères. On ne les voit pas s'efforcer de tramer
dans l'ombre ces lâches petits complots, qui ont pour objet
de ternir une réputation en divulguant un secret surpris,
ou même en inventant un mensonge.

Cet espionnage dégradant de tous par chacun, sans intérêt et sans haine, qu'on appelle *cancan* chez nous,
n'existe pas non plus on Amérique. Chacun serait trop irrité de voir contrôler ses actions pour se permettre de contrôler celles des autres.

Cette dignité de l'Américain lui donne une force morale
qu'on ne saurait méconnaître. Il y a certainement de la
misère à New-York, et pourtant je n'ai jamais entendu
aucun Américain se plaindre en essayant d'apitoyer sur
son sort. Quelle que soit sa position, il l'accepte sans mur-
murer, et lutte avec le courage du stoïcisme. Envers ses
débiteurs, il est patient et modéré dans la forme de ses réclamations. Jamais on ne le voit se livrer à ces éclats scan-
daleux, perfides et méchants, qui compromettent la réputation d'un homme malheureux, souvent honorable, en
jetant aux oreilles du public des débats personnels qui ne
le regardent pas. Il use de son droit avec calme, tolérance
et dignité. S'il vous rend un service, ce ne sera jamais
pour se faire valoir à vos yeux ni en réclamer le prix. Il
n'est pas reconnaissant, c'est vrai, mais il ne demande la
reconnaissance de personne. S'il vous vient en aide, c'est
moins par générosité d'âme, par expansion de cœur, que
pour obéir à ce devoir de société qui prescrit aux forts et
aux puissants d'aider les faibles et les besogneux, sous
peine de voir la société se démembrer et périr. C'est de

l'égoïsme, mais il est bien préférable à cette bonté d'apparat, à cette prévenance astucieuse, qui s'offre à vous obliger pour le plaisir de s'en vanter, qui console vos chagrins pour mieux les connaître, et ne se rend utile que par curiosité.

L'Américain n'offre rien et ne demande rien. Il fait et laisse faire, sans parti pris, naturellement, par tempérament, et sa conduite est en tout la conséquence de son esprit de liberté.

Cette forme réservée, brusque parfois, que les étrangers prennent pour de l'incivilité, n'est souvent au contraire que la froide expression d'une politesse bien entendue. C'est ainsi qu'un Américain ne saluera jamais dans la rue ou dans un lieu public une personne à qui il n'aura pas été présenté, bien qu'ils se soient souvent rencontrés dans le monde. Il regarde également comme un devoir de courtoisie de laisser aux femmes le choix des personnes qu'elles désirent compter publiquement au nombre de leurs connaissances, et, dans la rue, avant de saluer une dame, un gentleman attend toujours que cette dame, par une légère inclinaison de tête, l'ait invité à le faire.

Il arrive journellement que les omnibus et les *cars* des chemins de fer, traînés par des chevaux dans certaines rues de New-York, et qui ne sont soumis, pas plus que les autres voitures, à aucun règlement de police, reçoivent plus de voyageurs qu'il n'y a de places marquées. Qu'une dame se présente alors, et aussitôt un homme se lève pour lui donner sa place, et cela de la manière la plus simple, sans exiger d'elle aucun remercîment, sans même la regarder. La dame s'installe à la place du monsieur, sans même songer à le remercier. Cette déférence lui était due.

Qu'un fait analogue se présente à Paris, et le complaisant ne manquera pas de profiter de la circonstance pour entamer la conversation avec la dame inconnue, et lui glisser quelques mots de galanterie. Bien heureuse en pareil cas s'il ne la suit pas jusqu'à sa porte.

Quand il survient une pluie et que chacun cherche un refuge ou veut entrer chez soi, les omnibus sont d'ordinaire le théâtre de scènes fort plaisantes pour les étrangers qui ne sont pas encore faits aux usages du pays. Les dames, qui arrivent en foule et se précipitent dans les omnibus déjà pleins, s'asseoient sans se faire prier sur les genoux des voyageurs. J'ai vu des omnibus déjà remplis se doubler littéralement de cette manière. C'est le spectacle le plus original et le plus comique du monde. D'abord les femmes s'asseoient modestement sur l'extrémité de vos genoux ; puis, le cahot de la voiture aidant, et comme elles se trouvent mal assises, elles finissent, pour leur plus grande commodité, par faire de vous un véritable fauteuil à la Voltaire.

Ce qu'il y a de plus caractéristique dans tout cela, c'est le silence des hommes, c'est leur attitude respectueuse et leur sérieux, formant un contraste plein d'originalité avec la figure des folles voyageuses, qui parlent haut, rient aux éclats et gesticulent en tous sens comme des enfants ivres de joie qu'on mènerait à la foire.

Le caractère si étrange, si plein d'imprévu, si souvent charmant des Américaines, qui sont toutes, sans exception, de véritables enfants gâtés, mériterait qu'on l'étudiât

longuement. Leur sans-gêne et la confiance qu'elles ont
en elles-mêmes est extrême.

J'ai vu plusieurs fois des Américains, particulièrement
des hommes de l'Ouest, plus indépendants encore dans
leur allure que ne le sont les Virginiens et les Yankees,
entrer dans des magasins de musique le chapeau sur la
tête et jeté en arrière, ouvrir, sans dire un mot à personne,
un orgue ou un piano, prendre un tabouret, s'y asseoir,
et entonner d'une voix nasillarde, gutturale et horriblement sonore, des hymnes de toutes les religions, catholique, juive, protestante, universaliste, luthérienne, calviniste, unitaire, méthodiste, anabaptiste, presbytérienne,
épiscopaliste, quakeriste, congrégationnaliste, et même
mormone. Puis, ces chants terminés, et sans s'inquiéter
ni du maître de la maison ni des personnes présentes, se
promener dans le magasin, inspecter tout, toucher à tout,
prendre une flûte, un violon, une guitare ou une trom-
pette, et s'essayer à tirer quelques sons de ces instruments divers ; après quoi ils achètent ou n'achètent pas.

Des dames entrent journellement chez M. Horace Wa-
ters, marchand de musique dans Broadway, pour choisir
des compositions nouvelles. Elle s'asseyent au piano, souvent au milieu d'un grand concours de personnes qui
vont et viennent dans le magasin, et sans le moindre
sentiment de gêne, elles tapotent des valses et des polkas
ou chantent des romances. J'ai vu maintes fois, quand les
romances qu'elles choisissaient se trouvaient être avec accompagnement de chœur, ces dames prier les commis du
magasin et le maître lui-même de chanter avec elles pour
mieux juger de l'effet d'ensemble. A l'appel d'une dame

personne ne résiste, les commis en masse quittent leur besogne, sortent de leur comptoir et viennent avec le patron, qui a, pendant ce temps-là, mis ses lunettes sur son nez, se grouper autour de la musicienne. Et les voilà tous chantant à tue-tête, bien ou mal, juste ou faux, sans s'inquiéter le moindrement de l'effet de ce concert si bizarrement improvisé par une inconnue.

Ce sont les demoiselles en Amérique qui mènent ce qu'on appelle en France la vie de garçon, pendant que les garçons, eux, mènent à tout âge, comme nous l'avons dit, la vie d'hommes d'affaires. Les jeunes filles s'en vont seules se promener des journées entières, dans les toilettes les plus élégantes. A l'âge de douze ans, elles ne veulent porter que des robes de soie. Elles vont partout, entrent à tous moments chez les pâtissiers, prennent des glaces plusieurs fois par jour et croquent constamment des sucreries. Quand elles rentrent chez leurs parents après des promenades de plusieurs heures, personne ne les questionne sur l'emploi de leur temps. En été, avec leur fiancé, quand elles en ont un, et elles en ont toujours un de fort bonne heure, elles courent la ville le soir, vont au spectacle, à la campagne, en chemin de fer ou en bateau à vapeur. En hiver, elles font des parties de traîneaux qui se prolongent très-avant dans la nuit ; elles ont un passe-partout de la maison et rentrent incognito dans leur chambre, qui d'ordinaire est éloignée de celle du père et de la mère. Ces mœurs, à la vérité, tendent à se modifier, principalement dans les grandes villes, où la présence des étrangers de passage a révélé des dangers ; mais on les trouve intactes dans les Etats de l'intérieur.

4

Dans un grand nombre de maisons très-honorables de *conservateurs* américains, les demoiselles ont leurs amies et leurs amis particuliers, qui ne sont pas toujours les amis ni même parfois les simples connaissances du père et de la mère.

Un Américain, dont je n'ai aucune raison de suspecter la véracité, m'a assuré avoir visité régulièrement tous les jours une demoiselle de Boston, chez ses parents, sans jamais leur avoir adressé la parole, et sans que jamais non plus ils lui aient fait sur ses visites la moindre question. La demoiselle n'avait pas trouvé convenable de présenter son jeune ami à sa famille, et la famille, par esprit de liberté individuelle, n'avait pas réclamé cette présentation. Souvent le père et la mère cédaient en entier le *parlor* à leur fille, et se retiraient quand l'ami de la demoiselle venait passer la soirée avec elle.

Nous pourrions citer le nom d'une demoiselle mariée aujourd'hui, appartenant à une famille honorable de New-York, et parfaitement honorable elle-même, qui, un jour, pour s'amuser, invita cinq jeunes filles et six jeunes gens à venir prendre chez le restaurateur Taylor leur part d'un souper qu'elle avait commandé. Ces jeunes filles et ces jeunes gens, parfaitement comme il faut, ne manquèrent pas au rendez-vous. Le souper fut très-gai; on but du champagne sans excès, mais on rit d'une manière immodérée. Il était trois heures du matin quand l'aimable amphitryon donna le signal du départ. Le souper lui coûta cent dollars. Puis, elle envoya chercher des voitures, se choisit un cavalier pour la reconduire chez ses parents, un peu inquiets peut-être de ce retard insolite, et engagea les autres demoiselles à imiter son exemple. Toutes rentrèrent sous le toit maternel au petit jour, l'esprit joyeux et animé, mais le cœur calme et pur. Ce trait d'une demoiselle de dix-huit ans parut bien un peu *excentrique*, même à New-York, mais après tout on l'excusa, et personne ne songea un seul instant à en tirer des conclusions fâcheuses pour l'honneur d'aucune des convives.

En présence de cette liberté pratique, on éprouve donc une véritable stupéfaction quand on voit l'effroyable tyrannie qu'exercent encore aux Etats-Unis d'anciennes habitudes religieuses. On ne saurait se faire chez nous une idée de l'intolérance avec laquelle, par exemple, on observe aux Etats-Unis la loi du dimanche, loi qui, sous prétexte de mieux honorer Dieu, supprime les omnibus de toutes les lignes, et ne permet qu'aux gens qui ont leurs équipages particuliers de se promener en voiture ; qui supprime les bateaux à vapeur, retient les locomotives dans leurs gares, oblige les magasins à fermer leurs portes, entretient dans les usines un feu inutile, entache de nullité tout contrat passé ce jour-là, condamne le pauvre diable convaincu de gagner sa vie un dimanche, et défend, pour la plus grande gloire du ciel, aux commissionnaires de porter autre chose que des paquets peu volumineux qu'ils puissent facilement dissimuler à la vue des passants.

La même intolérance a produit cette loi dite de tempérance qui défend de détailler les vins et les liqueurs, mais qui permet de s'enivrer en gros. Il est juste d'ajouter que cette loi n'a pas été observée un seul jour à New-York, et que le maire, M. Wood, par une prudence dont tout le monde lui sait gré, a donné le premier l'exemple de l'infraction dans ses ordonnances. Mais il est d'autres Etats plus soumis qui s'accommodent du régime de l'eau, ou plutôt qui, pour se soûler à huis clos, cachent leurs bouteilles sous le pieux manteau de Tartufe.

Cette même loi a encore produit une conséquence bien plus bizarre.

On sait en France que les Américains ont depuis quelque temps une singulière passion pour la salsepareille et qu'ils se purifient le sang avec une sorte d'enthousiasme. On ne comprend pas cette vogue, et peut-être l'Académie de médecine s'est-elle préoccupée de ce fait sans pouvoir l'expliquer. Je suis heureux de venir à son aide.

La salsepareille qu'on boit en Amérique est de l'invention du très-célèbre, très-adroit, très-philanthrope et très-millionnaire docteur Townsend, l'ami de l'humanité. Le docteur Townsend, en homme qui comprend les faiblesses humaines et sait les tourner à son bénéfice, avait imaginé, dès les premières applications de la loi de tempérance, de faire dissoudre le suc purifiant et parfaitement innocent de la racine de salsepareille dans un fond honnête, mais fort convenable pourtant, de *genuine brandy*, autrement dit de vrai cognac. Il mit son remède en bouteille et le fit déguster. On le trouva excellent ; il devint universel. On en prit pour la migraine, pour les fièvres, pour les échauffements, pour les refroidissements, pour le mal de dents, pour les cors aux pieds, pour maigrir et pour engraisser. Les dames surtout se noyèrent dans les vertueuses fioles du bon docteur, comme jadis le duc de Clarence dans son tonneau de malvoisie ; les nourrices en buvaient pour se donner du lait, et les femmes qui ne voulaient pas nourrir en usaient dans le but contraire. D'autres en prirent simplement pour se tenir le teint frais. Mais tous en burent tant et tant, que l'idée de l'habile docteur attrista les plus beaux jours de M. Barnum.

Mais de toutes les anomalies que l'ancien régime a léguées aux Etats-Unis, la plus monstrueuse est sans contredit l'esclavage des nègres dans le sud de l'Amérique.

On a beaucoup déraisonné pour et contre sur ce sujet, en Amérique et ailleurs.

D'un côté, les partisans de l'esclavage arguent de l'infériorité intellectuelle de la race noire, de sa paresse et de son incurie.

Les nègres, ajoutent-ils, seraient esclaves dans leurs pays originaires, et les blancs ne les achètent que des nègres eux-mêmes.

Ce sont là des vérités regrettables, mais d'où ne découle assurément aucun droit pour les possesseurs.

D'un autre côté, les partisans de l'abolition ont dépensé très-justement beaucoup d'indignation et de sensibilité en faveur des quelques cent mille nègres d'Amérique, sans se préoccuper le moins du monde des centaines de millions de blancs qui subissent un esclavage beaucoup plus rude, à nos portes mêmes, en Pologne, en Turquie, en Russie, sans compter presque tous les autres pays de la terre.

La seule conclusion raisonnable à tirer de l'état présent de la question, c'est donc de désirer que l'émancipation finisse par triompher tôt ou tard dans ceux des États qui l'ont repoussée jusqu'à présent, mais sans pour cela faire de l'esclavage un grief général contre l'Amérique tout entière. Il ne faut pas oublier que plusieurs de ses États nous avaient devancés dans la voie de l'abolition, et qu'en définitive, elle ne date pour nos colonies que de la révolution de 1848.

Il faut souhaiter ensuite qu'on trouve le moyen de faire de la liberté un bienfait véritable et non pas un embarras pour le nègre émancipé. Malheureusement ce moyen n'est pas encore trouvé. J'en demande bien pardon à Soulouque, mais son organisation sociale, avec ses ducs de la Cassonade, ses comtes de la Marmelade, ses marquis de la Limonade et ses chevaliers du Tamarin, n'est guère qu'une sorte de carnaval.

La colonie de Libéria, dans la Guinée, fondée en 1821 par la société de colonisation de l'Amérique septentrionale, n'est, d'autre part, qu'un pauvre pays plus d'à moitié sauvage.

Ajoutons qu'en attendant la solution du problème, l'émancipation des nègres dans les États abolitionistes n'est encore qu'un vain mot sous beaucoup de rapports. Les *citoyens* nègres ne votent pas, et se garderaient bien d'essayer de voter. La loi ne leur interdit pas ce droit, mais s'il arrivait à l'un d'eux de vouloir en user, qui pourrait dire le nombre de coups de poing et de coups de bâton que les partisans de la liberté des noirs lui administreraient en riant !

Tous les avantages, tous les emplois, tous les honneurs, tous les plaisirs même sont refusés aux noirs *libres* dans le sein des villes les plus abolitionistes.

Les nègres ne peuvent ni monter en omnibus, ni pénétrer dans les *bar-rooms* où vont les blancs, ni entrer dans une église, dans un hôpital, dans un musée, dans un théâtre, même dans le théâtre des *nègres ménestrels ;* ni se promener dans l'intérieur des bateaux à vapeur, ni prendre place dans les vagons de chemins de fer.

L'industrie aussi leur est fermée, et il faut qu'ils choisissent pour vivre l'état de domestique dans les hôtels. (les maisons particulières n'en veulent pas) ou l'état de, barbier, ou le commerce des huîtres et des liqueurs fortes qu'ils débitent au bas peuple.

Les nègres prétendus libres ont leurs rues à eux, et quelles rues ! ils ont leurs maisons, ou plutôt leurs chenils ; ils ont leurs hôpitaux, ils ont leurs églises, quoiqu'il n'y ait qu'un seul Dieu pour tous ; ils ont leurs *cars* de chemin de fer, sur lesquels est écrit en grosses lettres : *for colored people,* enfin, ils ont leurs cimetières, comme si les os jaunâtres des blancs dédaignaient, par un orgueil posthume, de se mêler aux os beaucoup plus blancs des nègres après leur mort.

On a vu, dit-on, des rois épouser des bergères ; peut-être même a-t-on vu des reines épouser des bergers ; mais on n'a jamais vu, en Amérique, un nègre épouser une blanche ni un blanc se marier à un négresse. Un pareil fait serait assurément le plus grand de tout les scandales, aux yeux même de mitress Stow.

V

L'AMOUR EN AMÉRIQUE.

C'est ici qu'il convient de placer une observation que

nous avons faite sur la beauté des Américaines comparée à celle des Françaises.

La beauté des traits, cette beauté indépendante des grâces et de l'expression, qu'on appelle la beauté plastique, se trouve plus communément en Amérique qu'en France. La jeunesse est chez les Américaines plus prématurée que chez nous, et leur intelligence, fortifiée dès l'enfance par des études variées, acquiert de bonne heure tout son développement. La naïveté, d'ailleurs, cette pudeur de l'âme, cet apanage de nos jeunes filles, est un sentiment inconnu des Américaines, et n'apporte par conséquent aucun obstacle à leur désir de s'instruire sur toutes choses, pas plus qu'aux manéges de la coquetterie. Il en résulte que chez les jeunes filles, même de douze jusqu'à quinze ans, la rondeur et la délicatesse des formes du visage se trouvent réunies à l'éclat du teint, à la désinvolture des manières, à l'aisance de la démarche, au luxe de la toilette, à l'assurance morale. Rien encore, ni les passions, ni les habitudes, ni les soucis de la vie, n'est venu modifier la gracieuse harmonie des traits de ces jeunes filles, enfants par l'âge et femmes par les séductions. Ajoutez à cela que l'extrême liberté dont elles jouissent exclut tout entrave aux caprices de l'imagination, et qu'elles sont bien les filles les plus rieuses des deux mondes.

En France, c'est différent : les petites filles y sont assez jolies jusqu'à l'âge de six ou sept ans, mais il est rare qu'à l'époque subséquente les traits n'éprouvent pas un changement fâcheux. A cet âge ingrat où il faut pour ainsi dire deviner ce qu'elles seront un jour, nos jeunes filles, comme des chrysalides, subissent les révolutions les plus complètes. Parfois les jolies deviennent laides, et il n'est pas rare de voir les laides devenir fort agréables, sinon jolies. C'est depuis dix-huit jusqu'à vingt-quatre ans que s'achève en France l'œuvre de la nature, et que les femmes sont enfin ce qu'elles doivent être. Une fois fixée, la beauté des Françaises se conserve plus longtemps que celle des autres femmes. L'art de plaire, dont elles semblent avoir le secret privilége, vient puissamment en aide à la nature : pas un mouvement sans grâce, pas de grâce sans expression.

Il en résulte que si la beauté des Françaises est moins hâtive et moins parfaite que celle des Américaines, elle est plus piquante et plus durable. Ce n'est certes pas en Amérique qu'il se fût trouvé un Balzac pour vanter les charmes de la femme de trente ans.

Enfin, et pour nous résumer, si les unes sont plus belles à peindre, ou plutôt à daguerréotyper, les autres sont plus agréables à voir, et si les Françaises ne sont pas celles qu'on admire le plus, elles sont celles qu'on aime le plus long-temps. « Le ciel de l'Andalousie et l'amour d'une Française, s'écrie quelque part avec enthousiasme Alexandre Dumas, ce serait le paradis sur la terre. »

On a quelquefois dit que Paris était le paradis des femmes ; on eût mieux fait de le placer en Amérique. Énumérer tous les droits, tous les priviléges dont jouissent les femmes en Amérique serait une tâche trop longue. Les Américains, dans le principe de la colonisation, n'ont rien négligé pour assurer le succès de leur entreprise. Sachant que la plus faible moitié de l'espèce humaine a toujours conduit la plus forte, et que là où la femme se plairait et voudrait vivre, il faudrait bien que l'homme s'y plût et vécût, ils employèrent tous les moyens pour attirer chez eux les femmes, et, en bons négociants, leur offrirent *une part dans les bénéfices.* Cette part est large, et leurs soucis dans le ménage se bornent, la Bible en main, à croître et à multiplier le plus possible.

Le culte de la femme est si général en Amérique, que partout on voit des images de femmes plus ou moins gazées, exposées à l'admiration du public. Des Vénus sortant du sein des ondes, des nymphes, des baigneuses, etc., décorent, avec les bustes de Washington, les *bar-rooms* et les clubs. On met des portraits de femmes dans le fond des chapeaux d'hommes ; on en peint sur les portières de tous les omnibus ; il est des chemises illustrées qui en sont garnies jusqu'aux manches ; enfin, et pour le seul plaisir d'avoir un joli portrait de femme, un homme demande souvent à une demoiselle ou à une dame, qu'il connaît à peine, de lui prêter son gracieux visage ; elle lui donne rendez-vous chez un daguerréotypeur, et pose sans aucun scrupule. Le *gentleman* prend le portrait, l'emporte, le garde tout le temps qu'il lui plaît, et cela ne tire pas à conséquence.

Les bienheureuses filles du nouveau monde ont tous les droits ou à peu près, et jouissent de toutes les permissions, même de battre les hommes qui leur déplaisent, l'homme n'ayant dans aucun cas le droit de se défendre personnellement contre une femme ; enfin, elles peuvent proclamer père l'homme du monde qui aurait le moins de droits à

cette distinction : elles n'ont pour cela qu'un mot à dire,
qu'un serment sacrilége à faire. Ces abus sont rares à la
vérité, mais ils existent.

On raconte ce fait :

Un quaker, austère et froid comme tous les quakers,
avait à son service une fille d'Ève, jeune, jolie, faible,
sensible et imprévoyante.

Cette fille devint coupable, et des indices certains la
dénoncèrent à la vigilance du quaker. Ne voulant rien
brusquer et désirant néanmoins approfondir un mystère
qu'il croyait de son devoir de pénétrer, il fit venir sa servante dans son cabinet, puis, prenant une voix douce et
convaincue, il lui parla en ces termes :

— Mon enfant, l'esprit égare parfois le cœur, et le cœur
comme nous le disent les saintes Écritures, n'est pas
toujours assez fort pour résister aux entraînements et aux
perfides séductions du serpent [1]. Tu es coupable, mon
enfant, ne cherche pas à le dissimuler ; mais un autre est
plus coupable que toi, qui, plus fort, a pris pour t'entraîner
au mal l'esprit tentateur du démon. Nomme cet homme,
ma chère enfant, et nous rendrons justice à la morale en
le forçant à reconnaître sa faute et à la réparer.

— Monsieur, lui répondit la jeune fille d'un ton parfaitement résolu, je ne puis vous obéir ; ce secret est le mien,
c'est celui de mon cœur ; je ne le divulguerai jamais.

Le quaker voulut la persuader, mais il ne put y réussir.

Etant juge, il résolut, dans l'intérêt de cette malheureuse

---

[1] Les quakers tutoient tout le monde, amis et étrangers ; ils
ne disent *vous* que quand ils s'adressent à Dieu.

fille et pour assurer un protecteur à l'enfant qui devait naître, de la faire comparaître devant le tribunal que lui-même présidait. Il espérait que la solennité du lieu impressionnerait son esprit et qu'elle avouerait tout.

Quand la jeune fille se présenta :

— Eh bien ! mon enfant, lui dit le quaker sur son fauteuil de juge, te trouverai-je aujourd'hui moins ennemie de tes intérêts, plus pénétrée de tes devoirs, et consentiras-tu enfin à parler ?

— Je ne le désirais pas, mais puisque vous le voulez absolument...

— C'est très-bien, mon enfant ; la société te saura gré de cette franchise, et moi personnellement, je t'en remercie. Ainsi tu nous diras le nom du coupable ?

— Je ne puis le cacher plus longtemps.

— Très-bien, mon enfant, très-bien. Et cet homme, quel est-il ?

— Cet homme, Monsieur, c'est vous.

La foudre eût éclaté sur la tête du quaker qu'il n'eût pas, à cette écrasante dénonciation, ressenti de commotion plus forte. Il voulut se défendre, prit le ciel à témoin de son innocence ; mais la servante jura sur la Bible, et le quaker, aux termes de la loi, dut se reconnaître coupable, et se condamna lui-même à une indemnité envers sa prétendue victime et à l'entretien de l'enfant.

Dans un autre cas, la recherche de la paternité embarrassa singulièrement le tribunal.

Une femme ayant déclaré avoir été séduite, voulut rendre un négociant étranger responsable de cette faute, et le fit traduire devant les tribunaux. Cette femme méritait peu la

protection de la justice et n'était rien moins qu'accidentellement fautive. Le négociant ne chercha pas à nier ses
relations avec elle, mais il prouva que dans le même
temps d'autres que lui s'étaient rendus coupables comme
lui. En effet, le jour du jugement, quatre personnes déclarèrent sous serment qu'elles reconnaissaient comme
fondés les soupçons de l'accusé et se déclarèrent coupables.

La position du juge était fort embarrassante et essentiellement délicate. Mais tout fut résolu de la manière
suivante. Après une admonestation sévère adressée à la
plaignante, le juge conclut en disant : « Comme, après
» tout, l'enfant que vous portez ne saurait être victime de
» votre inconduite, et qu'il est du devoir de la justice de
» lui reconnaître un père, mettez la main sur votre con-
» science, priez Dieu qu'il vous éclaire et désignez un
» père à votre enfant. »

La femme jeta un regard circulaire sur les quatre victimes de ses charmes trompeurs, les contempla quelque
temps, et, avisant le plus riche, finit par le désigner au
juge, qui le condamna suivant ses moyens.

On connaît la signification du mot *flirtation*, cette conversation intime qui tient le milieu entre une conversa-
sation purement amicale et une conversation galante et
passionnée. La flirtation, que les Américains prononcent
fleurteichonn, est évidemment née de deux principes con-
tradictoires : le désir pour les femmes de plaire aux hommes et la crainte pour les hommes de succomber aux séductions des femmes. De là l'extrême coquetterie des
unes et la froide réserve des autres.

La femme apparaît aux Américains comme une menace pour les cœurs trop sensibles. Ce n'est pas la brebis qui a peur du loup, là-bas; c'est le loup qui craint la brebis. Aussi laissez faire les Américaines : leur expérience (les Américaines ont de l'expérience à tout âge), jointe à la protection des lois, les défendra suffisamment contre tout danger de flirtation. N'ayez non plus aucun souci de ces *aparté*, dans les petits coins entre jeune homme et jeune fille, qu'on remarque partout, dans les salons, au théâtre, au bal, dans les *ice cream saloons*. Ces don Juan que la peur talonne sont souvent plus innocents qu'on ne croit, et jouent à l'amour à peu près comme les enfants font la petite guerre, avec des sabres de bois et des pistolets de paille.

Que si l'un des deux flirteurs tremble de céder à l'attrait du sentiment, ce n'est jamais *elle*, c'est toujours *lui*. Aussi quelle confiance parfaite illumine les charmantes figures des *young ladies*, et combien ne faut-il pas admirer ces grandes écolières de quinze et même de dix-huit ans, qui, en grande toilette, des livres sous le bras, s'en vont par les rues, regardant les hommes avec affectation, leur riant bruyamment sous le nez, pour les forcer à baisser les yeux !

Souvent les écolières sont fiancées, ou bien tout simplement elles ont un ou plusieurs adorateurs. Rien n'est plus amusant alors que de voir, comme on dit en anglais, les *beaux* de ces demoiselles les *épauler* pour flirter de plus près. En Amérique, un mari ou un fiancé a seul le droit de donner le bras à sa femme ou à sa fiancée. Quand un homme désire accompagner une demoiselle dans un lieu public, il marche à ses côtés sans jamais lui offrir le bras ; mais il l'épaule volontiers, ce qui est parfaitement reçu.

Voici comment on épaule une demoiselle en Amérique ; le cavalier arrondit le bras, et le consolide ensuite sur l'épaule de la demoiselle en la poussant légèrement devant lui. Il élude ainsi les rigueurs de l'étiquette. Autrefois, les Américains accompagnaient les dames dans la rue en les tenant par le coude. L'épaulement est un progrès ; mais ce progrès même commence à être dédaigné dans les grandes villes par la société qui se pique de donner le bon ton, et il n'y a plus guère que la société moyenne qui continue d'escorter ainsi les demoiselles à la promenade, en les épaulant.

Il est des endroits privilégiés où la flirtation à New-York a pour ainsi dire ses coudées franches. Tel est, par exemple, le musée de Barnum, où les *beaux* se promènent partout sans façon en tenant leurs *belles* par la taille et en leur parlant parfois si près du visage que personne ne pourrait assurer qu'ils ne s'embrassent pas. J'ai vu au petit théâtre de ce musée, —que M. Barnum persiste à appeler *Lecture room*, par esprit de cagotisme, car M. Barnum est un saint homme qui prêche la tempérance, tout en louant ses *basements* à des marchands de vin ; — j'ai vu, dis-je, des couples amoureux s'embrasser publiquement. Personne n'y porte la moindre attention, ou si quelqu'un le remarque, c'est d'un air distrait. Jamais on ne se permettrait de troubler ces amoureux dans l'exercice de leur liberté individuelle.

Du reste, partout, dans les établissements publics, dans

les omnibus, dans les steamboats, en chemin de fer, on peut voir de libres flirteurs causer avec des femmes en les tenant amoureusement par la taille.

L'esprit de liberté individuelle tue en Amérique la chronique scandaleuse, et il est rare qu'il circule dans le public de ces petites anecdotes de société qui font la fortune des revues de Paris.

Mais si un cas semblable vient à se produire, et que Mme X... ait classé son mari dans la triste catégorie des prédestinés de Balzac, au su de tout le monde, ce n'est pas elle qu'on blâmera le plus, ce n'est pas non plus son très-infortuné mari, bien qu'on le plaigne fort peu : c'est sur le séducteur que retombe tout le blâme. Son honneur se trouve compromis, son crédit commercial même en souffre.

Mais ce qui est beaucoup plus extraordinaire, c'est que la femme coupable ne trouve nulle part de plus ardents défenseurs que parmi les autres femmes. Cela, j'en conviens, renverse toutes les idées reçues, et me paraît de nature à apporter le plus grand trouble dans l'esprit des moralistes ; mais il n'en est pas moins vrai que les femmes, en Amérique, ne se déchirent pas entre elles, et qu'au contraire elles se défendent et excusent réciproquement leurs faiblesses avec un esprit de corps admirable.

La méthode que les Américains ont héritée des Anglais, de tout réduire en matière de galanterie à une question d'indemnité, cette méthode a donné lieu à une étrange industrie.

Une *young lady* s'associe à un *boy* quelconque ; la lady tend ses filets séducteurs et perfides. Si quelqu'un s'y laisse prendre, le visage de l'enchanteresse prend tout à coup une expression des plus inquiètes et des plus inquié-tantes.

— N'entendez-vous aucun bruit? dit-elle à son adora-teur.

— Si fait! Qu'y a-t-il?

— Ah! fuyez, fuyez, ou nous sommes perdus !... Mais fuyez donc! Ah! mon Dieu! il n'est plus temps, le voici...

Et le *boy* entre solennellement dans la chambre s'il joue le rôle de père ou de frère outragé, et furieux s'il figure un mari trompé. La femme se trouve mal, le survenant s'en prend au séducteur. Il veut le tuer, le traîner devant les tribunaux, faire du scandale ou le contraindre à se marier avec sa victime. Le séducteur, qui a parfaitement compris, tire de l'argent de sa poche, et tout s'arrange pour le mieux.

Du reste, il n'est pas dans le monde de maris plus com-modes et moins jaloux que les Américains. Absents de chez eux toute la journée, ils laissent leurs femmes com-plétement libres de flâner des heures entières dans Broad-way. Quand elles sont lasses de marcher, elles entrent chez Stewart, le marchand de nouveautés, et *magasinent* un peu, ou bien elles vont se commander et essayer des robes chez Mme Roullier-Augier, ou dans Bond-Street, chez Mlle Marie, la très-habile représentante, à New-York, d'une des principales maisons de Paris.

Quelquefois, on voit une des belles promeneuses se dé-tacher de la foule, faire tomber sur son visage l'épais voile de barége vert, toujours attaché à son chapeau, et prendre mystérieusement une des rues transversales à Broadway;

là, s'arrêter devant une maison d'apparence mystérieuse, regarder un instant à gauche et à droite, puis pénétrer lestement dans la maison en refermant la porte sur elle. Que vont faire ces dames élégantes et parfumées, dont plusieurs ont leur équipage et leur maison dans la cinquième avenue, dans ces modestes et silencieuses demeures, d'où le jour même est exclu ? Vont-elles secrètement apporter aux malheureux des secours et des consolations ; ou bien, sous des apparences trompeuses, sont-ce des femmes criminelles qui se livrent à la fabrication de la fausse monnaie ? Mais si cela était, il y aurait plus de fausse monnaie que de monnaie véritable à New-York, car il n'est pas de rue où il n'y ait plusieurs de ces mystérieuses maisons, que les Américains nomment *Assignation House.*

On sait avec quelle facilité les demoiselles se marient en Amérique sans la participation de leur famille. Le couple se présente à l'église s'il est catholique, au temple s'il est protestant, à la synagogue s'il est juif, ou tout simplement devant une autorité civile ; un juge de paix suffit, avec deux témoins pour constater l'identité des conjoints ; en cinq minutes, la cérémonie est faite, sans publications de bans, sans autre formalité. J'ai eu l'occasion de voir plusieurs fois à New-York la fille d'un ministre protestant que je pourrais nommer, laquelle s'est mariée six mois avant que son père ait pu même soupçonner ce mariage, et sans que pour cela elle ait cessé de vivre sous le toit paternel. Le jeune homme n'ayant pas été agréé par le père de la demoiselle, celle-ci s'était esquivée une heure pour se marier avec celui qu'elle aimait. Elle a pu, durant six mois, garder le secret de cette union.

Cette facilité à pouvoir contracter le mariage, si elle a ses avantages, a bien aussi ses inconvénients. La bigamie en est une des conséquences les plus funestes. On voit même des hommes se marier un grand nombre de fois par spéculation.

Ils se marient d'abord dans un Etat, et quand ils ont dissipé la dot de la première femme, ils vont se remarier dans un autre Etat. Ainsi de suite dans chaque Etat. Pendant mon séjour en Amérique, un jeune homme de vingt-neuf ans s'est vu condamner pour, du vivant de sa première femme, s'être marié quatorze fois. Les quatorze femmes de ce pacha transatlantique vinrent toutes déposer contre lui. L'instruction a établi que, dans l'espace de moins de trois semaines, il était marié deux fois, à Baltimore et à Boston.

Du reste, la justice se montre très-indulgente pour ces sortes d'infractions, que l'Angleterre punit de mort. Nous citerons le nommé David Beattyra, condamné seulement à vingt-deux mois d'emprisonnement sur la plainte portée contre lui par sept femmes, ses légitimes épouses. Cela ne fait que trois mois et quelques jours pour chaque femme nouvelle; ce n'est vraiment pas la peine de s'en passer.

Voici sur un autre cas de bigamie un verdict des plus curieux :

En 1848, M. Georges Garrison épousa miss Elisabeth Smith; et, deux ans plus tard, tandis que cette dernière vivait encore, il convolait à de secondes noces avec miss Lucy Potts. Quelques années après, la première, mistress Garrison, mourait sans jamais avoir formulé la moindre accusation contre son mari infidèle. Aussi, enhardi par l'impunité et pour rendre hommage sans doute au nom de la défunte, M. Garrison épousa-t-il bientôt en troisièmes noces une miss Margaret Smith.

Mais cette union était à peine célébrée que mistress Garrison Potts, moins résignée que sa devancière, portait plainte contre le coupable. Tels sont les faits établis par les dépositions de plusieurs témoins. La foule des curieux accourue pour assister au dénoûment de cette affaire s'attendait à voir l'accusé envoyé à la prison d'Etat, lorsqu'à la grande surprise générale, le juge rendit le verdict suivant :

« Relativement aux deux premiers mariages, Garrison ne peut pas être condamné pour bigamie, parce que l'accusation n'a pas été faite dans le délai de trois ans prescrit par la loi de l'Etat de New-York. Il n'y a pas non plus crime de bigamie par rapport à la première et à la troisième femme, puisque miss Elisabeth Smith était morte lorsque Garrison épousa miss Margaret Smith. Enfin, concernant le second et le troisième mariages, le crime de bigamie n'existe pas non plus, car l'union de l'accusé et de miss Lucy Potts, célébrée pendant la vie de la première femme, n'est point reconnue valable par la loi. »

En conséquence, M. Garrison est remis en liberté et en possession de sa troisième compagne. Quant à la plaignante, miss Lucy Potts, le lecteur comprendra sa douleur lorsqu'il saura que cette malheureuse Ariane avait déjà épousé, il y a quelques années, un nommé Benjamin Simons, qui, au milieu des délices de la lune de miel, fut arrêté et condamné au pénitentiaire pour crime de bigamie. La pauvre Lucy fut enveloppée dans cette accusation ; plusieurs témoins déclarèrent qu'elle savait parfaitement que Simons était marié lorsqu'elle l'épousa, et il fallut toute l'habileté d'un avocat yankee pour la blanchir aux yeux de la loi. C'est réellement jouer de malheur en matière de mariage.

Mais si expéditive que soit en Amérique la cérémonie du mariage, il est des ministres qui trouvent encore moyen de simplifier la chose, en mariant en *gros*. « Le temps est de l'argent, » disent les Américains ; il faut savoir l'économiser. Le révérend L.-H. Moore, du Michighan, est une véritable machine à marier, de la force de plusieurs révérends. L'*Enquirer* de Détroit nous fait savoir que, dans le courant de décembre dernier, M. Moore a marié d'*un seul coup*, trois couples divers, à savoir : MM. Vaughan, Woodruft et Lapham, avec Mlles Fanny Johnson, Bestsey Jarrington et Mary Drake. A la bonne heure ! et voilà un révérend qui n'aime pas à faire languir son monde.

Nous pourrions citer des cas de mariages plus extraordinaires encore, et encore plus prompts.

Le télégraphe électrique en supprimant la distance a rapproché les cœurs en Amérique. Des mariages se sont faits entre des contractants, séparés par deux et trois cents lieues, au moyen des fils électriques. Des ministres religieux, ou simplement des autorités civiles, reçoivent aux *offices* du télégraphe les déclarations respectives des conjoints, ils inscrivent ces déclarations sur les registres

qui en font foi, et le mariage ainsi contracté est parfaitement régulier.

Enfin le *Weekly-Herald*, de New-York, parle d'un mariage célébré à Bordentown, dans des circonstances qu'il
veut bien qualifier de singulières.

Un jeune homme de Bordentown, dit-il, sur le point
d'épouser une personne de la même localité, mourut subitement. Les deux fiancés, ainsi que leurs familles respectives, étant très-attachés aux croyances spiritualistes, on
résolut que le mariage aurait lieu, malgré la mort du jeune
homme, et, effectivement, il fut célébré le dimanche
même avec toutes les cérémonies. La demoiselle prit pour
époux non pas le corps, mais l'esprit de son bien-aimé,
représenté par son cadavre. Par cet acte inouï, elle a,
dit le même journal, pris l'engagement de ne plus jamais
se marier.

Les journaux de tous les Etats de l'Union contiennent,
sous la rubrique *Matrimonial*, de nombreuses demandes
en mariage ; et plus loin, dans la colonne du *Personal*,
des avis personnels et des rendez-vous d'amour.

Voici un échantillon des annonces du *Personal*, je les
reproduis fidèlement, telles que je les ai. extraites des
journaux :

« Fanny, vous savez que je vous aime ; pourquoi donc
» ne venez-vous plus me voir ? — J. L. »

« R. J. K Ce soir, à neuf heures. »

« Ingrat, m'oublierez-vous tout à fait après m'avoir
» juré que vous m'aimeriez toujours ? Venez, et vous
» serez pardonné. — W. L. »

« Ne venez plus que quand je vous le dirai. Mon mari
» sait tout ; mais j'arrangerai cela. — A. Th. »

Quelquefois ces avis mystérieux se donnent en plusieurs
langues ; sans doute pour les rendre moins intelligibles
encore au public. Exemple :

« Quereos. — Yo were right.. — Adieu. F. R. »

« Mi querida, I love you, de tout mon cœur. This eve-
» ning. Tu sais. — X. X. »

Nous pourrions multiplier ces citations, mais celles-ci
suffisent pour donner une idée de ces sortes de correspondances amoureuses.

Beaucoup d'Américains, absorbés par les affaires, ne
trouvent même pas le temps de se chercher une femme,
et ont recours aux journaux quand ils désirent se marier.

J'ai connu la sœur d'une lady qui doit son mariage à
cette annonce imprimée dans le *Herald* :

« Un gentleman désire se mettre en rapport, pour le
» mariage, avec une agréable jeune demoiselle. Il faut
» qu'elle soit jolie, bien faite, douce de caractère, et que
» ses manières soient convenables et distinguées. Une
» blonde de seize jusqu'à vingt ans serait préférée. Le
» gentleman ne tient pas à la fortune, étant établi et dans
» de bonnes affaires, mais il tient à la beauté, à l'amabi-
» lité et à la respectabilité de la demoiselle. S'adresser
» confidentiellement chez monsieur K. M., Fourth avenue
» 384, near Twenty-Eighth street. »

La demoiselle, sans mettre personne dans la confidence,
se décida à aller seule, forte de ses dix huit ans, de la

beauté de son visage, de l'élégance de sa taille, de l'amabilité de son caractere et de ses cheveux blonds cendrés, chez le demandeur. Celui-ci la trouva charmante, et trois jours après ils étaient mariés.

Quelquefois, mais plus rarement, ce sont les demoiselles ou les dames qui demandent des maris. Voici un spécimen du style des demanderesses. Nous le prenons dans un journal de l'Ouest :

« Une dame veuve, âgée de vingt-sept ans, et qui possède en propre une fortune nette (*clear*) de 50,000 dollars, désire contracter une nouvelle alliance avec un gentleman bien élevé, et qui soit à peu près du même âge qu'elle.

» Comme celle qui fait cette annonce a beaucoup souffert par suite des déréglements de son premier mari, elle exigera que le second professe strictement les principes de la tempérance et qu'il en apporte des certificats. Il faut aussi que ce soit un homme pieux, bien fait de sa personne, d'un esprit sérieux et agréable, et qui n'ait pas encore été marié.

» La secte ou religion à laquelle il appartiendra importe peu (le mormonisme excepté), vu que l'annonceuse est universaliste et professe ouvertement la tolérance.

» Les *appliquants* sont requis d'envoyer, en même temps que tous autres renseignements, leur portrait tiré au daguerréotype à l'adresse ci-dessous.

» Les messieurs auxquels on aura renvoyé leur portrait sont priés par la présente de cesser toutes démarches ultérieures. »

Mais ce que nous avons réservé pour le bouquet final, c'est la demande d'une jeune demoiselle (une bloomériste sans doute), qui, trouvant les chaînes de l'hymen trop lourdes à porter, et voulant néanmoins désennuyer son cœur isolé, fit aux gentlemen la proposition suivante, que nous transcrivons textuellement du *New-York-Herald*, à la date du lundi 13 août 1855 :

« A young lady, moderately good looking, twenty years
» of age, wishes to find a partner for life. Any gentleman
» desirous of changing their isolated state for one of con-
» genial happiness, will please address Jennie P. A., box
» 271 Union square Post Office, Broadway. »

C'est-à-dire en français, et littéralement :

« Une jeune demoiselle, passablement jolie, âgée de 20
» ans, demande à associer sa vie à quelqu'un. Si quelque
» monsieur désire changer son état d'isolement contre un
» pareil bonheur, qu'il veuille bien s'adresser, etc. »

J'ai ouï dire que de semblables propositions se trouvaient souvent écrites à la main et placardées à la porte des écoles de médecine et dans certains clubs.

La police de New-York, sévère depuis quelque temps envers les femmes suspectes, a pris contre elles des mesures rigoureuses. Pour réparer le plus possible les torts que leur occasionnent ces rigueurs, elles s'ingénient de toutes les manières. Je vis un jour dans un omnibus une femme élégante qui portait dans sa main un très-joli petit pot de fleurs. Il y avait une étiquette attachée à la plante ; j'y jetai les yeux et je lus, en fait d'instruction botanique, le nom et la demeure de la propriétaire du pot de fleurs.

Nous ne saurions nous abstenir de dire ici quelques mots du *Club des libres amours*, dont on a fait tant de bruit à New-York. Ce club trop célèbre s'est formé sous la direction de M. Andrews, un des plus ardents propagateurs des théories socialistes de Fourier, aux États-Unis, et auteur lui-même d'un système de société sans règlements, sans lois et sans gouvernement. Nous verrons, plus tard, que cet essai a été tenté dans l'État d'Albany.

M. Andrews, marié et père de famille, avait réuni pour son club des partisans de la liberté illimitée en tout et pour tout. Mme Andrews figurait à ce club, et y emmenait ses jeunes garçons. On s'assemblait deux fois par semaine, pour danser, chanter, prêcher l'émancipation de la femme et *flirter* à discrétion. J'ai vu là de respectables pères de famille avec leurs filles, des maris avec leurs femmes, des veuves et des demoiselles seules. Tout ce monde était naïvement persuadé que le premier et le plus immuable des droits est l'entière disposition, toujours, de son cœur, en faveur de toute personne qui le fait battre. Naturellement, le *Club des libres amours* condamnait le mariage comme un serment qu'on viole trop souvent en faveur du cœur, quand on ne viole pas le cœur en faveur du serment.

De semblables théories ne se discutent pas, et le sentiment général les condamne partout. Ajoutons, pour être juste, que les assemblées de ce club ont toujours été fort décentes et beaucoup plus dansantes que sentimentales. Une ou deux fois seulement on s'est donné, à propos de quelques femmes libres, de libres coups de poing. Mais on était là pour s'amuser avant tout, et il ne faut pas oublier que la boxe, cette distraction anglaise, est un des plaisirs favoris de l'Amérique. Des hommes qui n'ont aucune raison de se faire du mal se rendent en cachette dans un lieu désigné où les attend un public empressé. Après s'être crevé l'estomac, disloqué le crâne, ébranlé toute la charpente osseuse, ils se tendent la main avec grâce, et se promettent de recommencer le plus tôt possible. Les spectateurs qui, durant le combat, les ont encouragés, ont applaudi à leurs *jolis* coups, se retirent heureux en payant aux acteurs éclopés le prix convenu de ce spectacle féroce. Tant il est vrai que, comme le disent certains philosophes, l'homme est naturellement bon.

Terminons ce chapitre sur l'amour en Amérique par un compliment adressé à la langue anglaise pour la distinction qu'elle a su établir entre aimer quelqu'un et aimer quelque chose. Les Anglais, et par conséquent les Américains, ont deux verbes aimer : *to love*, pour les êtres animés, et *to like* pour les choses inanimées. Ainsi, on ne dit pas en anglais, comme en français, *j'aime* cette femme et *j'aime* le gigot ; *j'aime* mon père et *j'aime* les pommes cuites ; *j'aime* Dieu et *j'aime* le petit salé.

Les mots, heureusement choisis, sont à la pensée ce que la parure et les fleurs sont aux femmes : les uns font ressortir la délicatesse des sentiments exprimés ; les autres ajoutent à la beauté naturelle en développant les grâces du corps.

VI

LA BLAGUE EN AMÉRIQUE.

Que le lecteur veuille bien ne pas se scandaliser de ce titre ; l'Académie, nous le savons, n'a pas jusqu'à présent accordé le droit de cité au mot *blague* dans son dictionnaire, mais elle ne saurait longtemps encore se montrer sévère à l'égard de ce vocable que plusieurs de nos grands écrivains ont employé, et que la langue des salons a admis elle-même. Nous nous en servons donc ici, car il n'y a pas de synonyme possible, et d'ailleurs il traduit avec la plus grande exactitude le mot américain *humbug*, que nous ne pourrions remplacer à peu près qu'au moyen d'une longue périphrase.

La blague est le génie des Américains. Ils en on fait une véritable science que personne ne dédaigne, et qu'ils ont élevée jusqu'aux plus hautes spéculations de la philosophie pratique. Pendant que les métaphysiciens cherchent en Europe, sans aucun bénéfice pour leur bourse, la raison des lois divines, et que les philosophes s'évertuent à soumettre à l'analyse les passions et les sentiments de l'homme, l'école de la philosophie du *humbug*, en Amérique, se contente d'étudier la sottise humaine, ses travers et ses vices, pour les exploiter à son profit.

Le *humbug* est entré si profondément dans les mœurs américaines qu'il est le stimulant indispensable et comme l'âme qui anime toute chose, bonne ou mauvaise.

La piété non plus ne dédaigne pas le *humbug*.

Quand la concurrence accumule en un même endroit
des églises nombreuses et variées de destination, c'est à
qui se montrera le plus adroit pour attirer à lui les fidèles
indécis. Les industriels cachés sous la chaire évangélique,
qui ont fait bâtir les églises et les ont meublées suivant le
culte qu'ils ont choisi, ne veulent pas en être pour leurs
frais de débours et de croyances. Dans certains cas, il
suffit d'une prima dona en réputation, qui s'adjoint au
chœur de l'église et chante en latin de brillantes cavatines
italiennes, pour amener la foule à de bons sentiments.
Mais d'autres fois le chant est impuissant à fixer les brebis
égarées et têtues, qui s'obstinent à ne vouloir sauver leur
âme qu'à la condition de ne pas s'ennuyer.

Pour ces terribles troupeaux, il faut recourir aux grands
moyens. On engage un *smart young preacher*, qu'on
envoie faire un tour en Europe, ou en Terre-Sainte, ou
aux Grandes-Indes, ou ailleurs. Sa mission consiste à
observer les mœurs des peuples qu'il doit visiter, à
recueillir des anecdotes instructives et piquantes, à for-
muler des jugements sur les hommes et sur les choses.

Au bout de peu de temps notre prédicateur revient, son
portefeuille de voyage suffisamment garni de notes
curieuses qu'il rédige de façon à en faire des lectures intéressantes.

Des prospectus sont ensuite envoyés à domicile; des annonces et des réclames sont insérées dans les journaux;
de nombreuses affiches sont placardées sur tous les murs.
Par tous ces moyens on annonce le voyage, plein d'aventures merveilleuses, que vient d'accomplir, au milieu des
plus grands dangers, le *young preacher*, et l'on fixe les

jours où, dans l'église, le révérend doit lire lui-même ses impressions de voyage. La curiosité stimule d'ordinaire les brebis égarées, qui reviennent au bercail apporter un peu de leur laine : *They made plenty of money after all.*

Mais voici un des bons *puffs* de l'Amérique : c'est la *blague* imaginée par le révérend Hanson, qui parvint à persuader à un de ses confrères, le révérend Éléazar Williams, qu'il était le fils de Louis XVI. Ce pauvre Éléazar, vieux et à moitié idiot, se laissa si bien endoctriner par le rusé Hanson, qu'il finit par ne plus douter de son origine royale, lui pauvre missionnaire du pays des Chappaways. Il se souvint d'un grand nombre de particularités notables relatives à son enfance. Il traça le portrait de son infortuné père comme s'il l'avait vu de la veille. Tout lui revint en mémoire, jusqu'aux brutalités du cordonnier Simon, qui, plus de cinquante années auparavant, lui avait donné la mort, à lui, qui s'en souvenait très-bien. Il avait été obligé, par suite de ce mauvais traitement, de chercher un refuge dans les vastes solitudes du Nord-West, où plus tard il avait été nommé ministre protestant, ce qu'il regrettait beaucoup, en sa qualité de fils de saint Louis.

Quand le révérend Hanson crut son confrère, le révérend Éléazar Williams, suffisamment renseigné sur son rôle, il se mit en route pour New-York.

Sûr désormais de son affaire, le révérend Hanson alla trouver le propriétaire du *Putnam-Magazine*, une revue qui avait besoin d'abonnés.

— Je viens, dit le révérend à l'éditeur, vous proposer une affaire.

— Parlez, Monsieur.

— Vous avez besoin de quelque chose de nouveau qui stimule la curiosité et vous attire des lecteurs. J'ai fait une découverte qui mettra l'Amérique en émoi et aura dans toute l'Europe un retentissement immense.

— Quelle est donc cette découverte, Monsieur ?

— J'ai découvert Louis XVII, l'infortuné duc de Normandie, qu'on croyait mort à la prison du Temple ; je vous l'offre de compte à demi ; ça vous va-t-il ?

— Parfaitement. Cela fera-t-il plusieurs volumes ?

— Le *roi* se propose d'écrire autant d'articles que vous voudrez, et jusqu'à ce que la curiosité du public soit entièrement satisfaite.

L'éditeur et le révérend s'entendirent parfaitement, et, un beau jour, au moment où personne n'y songeait, on lut en tête d'une livraison du *Putnam-Magazine* ces lignes écrites en gros caractères, et qui produisirent tout d'abord une sensation profonde :

LOUIS XVII, PRÉTENDANT A LA COURONNE DE FRANCE, N'EST PAS MORT ; IL EST PARMI NOUS !

Le révérend Hanson raconta dans ce premier article, et dans d'autres qui suivirent, la découverte miraculeuse et parfaitement authentique qu'il avait faite, dans la tribu des Chappaways, de l'infortuné fils de Louis XVI. On s'arrachait les livraisons. Des larmes coulèrent aux récits de tant d'infortune, et l'on ouvrit une souscription en faveur du futur héritier de la couronne de France. On distribua par milliers d'exemplaires les portraits de Louis XVII en habit de ministre protestant, ce qui ne manquait pas d'un certain comique. Enfin, tout le monde s'accorda à trouver la plus parfaite ressemblance entre Eléazar Williams et son père.

L'exaltation était à son comble ; des polémiques ardentes avaient été adroitement soulevées, et la blague paraissait devoir merveilleusement réussir, quand la fortune abandonna subitement le révérend Hanson et son *canard* royal.

La mère de Louis XVII, sans laquelle on avait compté, vint, par sa présence inattendue, renverser l'édifice habilement construit par Hanson.

C'était une vieille sauvagesse âgée de plus de quatre-vingts ans, une peau rouge pur sang horriblement tatouée. Ne voyant pas revenir son fils, et inquiète d'un voyage qui s'était prolongé bien au delà des limites fixées par Eléazar, elle s'était bravement mise en route, la bonne mère, et avait quitté sa hutte des grands lacs pour venir dans le pays des *visages pâles* demander des nouvelles de son fils bien-aimé. Après de nombreuses démarches, elle apprit sa demeure, et sut qu'il vivait avec son collègue, le révérend Hanson. Elle se présenta inopinément dans la maison qu'on lui avait indiquée.

Son apparition fut un coup de foudre.

— Ah ! mon Dieu ! s'écria le révérend Hanson à la vue de la sauvagesse et en s'adressant à Eléazar, vous aviez donc une mère, malheureux !

— Hélas ! il n'est que trop vrai, répondit Louis XVII d'un air profondément penaud ; mais ce n'est pas ma faute.

— Mon fils, dit en langue chappaways et d'un accent déchirant l'heureuse mère, viens m'embrasser.

— Adieu mes rêves d'or, murmura le révérend Hanson en levant ses yeux au ciel.

Éléazar Williams est redevenu simple missionnaire évangélique dans le pays des Chappaways. Mais aujourd'hui encore il n'est pas parfaitement convaincu de n'être pas le fils légitime de Louis XVI, tant son ami, le révérend Hanson, l'en avait persuadé.

Dans ce chapitre sur la blague en Amérique, nous devons une place d'honneur à Barnum.

Ecrire l'histoire de Barnum, c'est faire l'histoire du *puff* et du *humbug* dans ses applications les plus élevées.

Il suffira de quelques traits de ce grand philosophe pour faire apprécier l'immense mérite d'un homme qui, dans la diplomatie, eût certainement joué Talleyrand lui-même.

Tout le monde sait, en Europe, comme en Amérique, que la plus fameuse des blagues de Barnum est l'invention de la nourrice de Washington ; mais peu de personnes, même en Amérique, connaissent les circonstances qui ont amené Barnum à tenter ce coup de maître.

Nous avons pu recueillir à ce sujet des détails authentiques.

A l'époque où se rapporte cette histoire, Barnum était modestement employé dans une maison de commerce en qualité de commis-voyageur. Dans une tournée qu'il devait faire jusqu'à la Nouvelle-Orléans, le bateau à vapeur qui le portait eut besoin de renouveler sa provision de bois, et fit relâche au Tennessee, sur les bords du Mississipi.

Un voyageur vint à parler d'une négresse très-vieille qui vivait aux environs et se plaisait à raconter certains traits de l'enfance de Washington, qu'elle disait avoir connu.

Il n'en fallut pas davantage pour enflammer le cerveau en travail du futur *manager* de Jenny Lind.

Il laissa partir sans lui le steamboat, renonça dès lors à ses fonctions commerciales, et résolut, par un coup d'éclat, de forcer la fortune.

Plein d'enthousiasme, il se rendit dans l'habitation où vivait la négresse, et offrit au planteur de la lui acheter. Celui-ci, ne pouvant soupçonner les intentions secrètes de Barnum, se trouva très-heureux de la lui livrer pour cinquante piastres.

L'affaire terminée, Barnum eut avec l'intéressante esclave le dialogue suivant :

— Eh bien ! ma brave femme, c'est donc vous qui avez eu l'honneur insigne de nourrir Washington ?

— Oh ! pour ça, non, mon digne maître ; je l'ai seulement connu dans sa jeunesse ; je lui ai parlé plusieurs fois, voilà tout.

— Mais si, mais si, vous vous trompez. C'est vous-même qui l'avez nourri de votre lait, j'en suis sûr ; on me l'a dit.

— Excusez-moi, mon digne maître ; je ne suis qu'une misérable esclave, mais je suis honnête, et ma conscience...

— Qu'est-ce que c'est que ça ? qu'est-ce que c'est que votre conscience ?... Je vous répète que c'est vous qui avez nourri Washington. Que diable ! quand je vous dis que j'en suis sûr, il me semble que la parole d'un gentleman tel que moi est plus croyable que les radotages d'une vieille sibylle africaine comme vous, qui de plus a perdu la mémoire. Et pour qui donc me prenez-vous, horrible singe coiffé que vous êtes? vous mériteriez que, sans pitié pour votre grand âge et la laine blanche que vous portez en guise de cheveux, je vous fisse administrer à l'instant une sévère correction !

— Pardon, mon bon maître, pardon.

— Mais non... sainte femme ; cet emportement est impie, et c'est au contraire moi qui vous dois des excuses. Je le devine à cette heure : vous cherchiez par modestie à déguiser la vérité, uniquement pour vous soustraire aux hommages qui vous sont dus. Quelle nature parfaite ! elle a toutes les qualités et toutes les vertus ! Ses traits candides, bien que flétris par l'âge, pénètrent mon cœur. Oh ! oui, oui ! c'est bien vous, et personne autre que vous ne pouvait être choisi par la Providence, dans ses mystérieux desseins, pour allaiter notre grand, notre immortel Washington ! Combien vous devez être heureuse et fière !

— Mon bon maître !

— Mais ce n'est pas assez de mes hommages : le peuple, qui vous aime sans vous connaître, n'attend que l'occasion de vous témoigner son admiration profonde. N'êtes-vous pas la mère de la patrie, puisque vous êtes la nourrice de son sauveur ?

— Que d'honneur pour une pauvre négresse sur le déclin de ses jours ! Je crois rêver, et je ne puis retenir mes larmes.

— Laissez couler ces larmes précieuses, si douces à mon

cœur. Céleste créature, suivez-moi ! le peuple attend que je vous montre à son admiration. Cette haute et si estimable mission, je saurai la remplir.

— Ah ! mon bon maître, c'en est trop ; je ne puis supporter un pareil bonheur ; mon cœur se déchire !

— Oui, ce cœur généreux, sur lequel tant de fois s'est doucement reposée la tête de l'enfant que l'âge a fait homme, que les circonstances ont fait notre sauveur ! Ah ! dites-moi que vous avez nourri Washington, que vous seule l'avez nourri ! que j'obtienne cet aveu de votre bouche, et je me précipite à vos pieds pour implorer votre bénédiction !

— Oh ! ma tête ! ma tête ! ma pauvre tête ! Je deviens folle !.... Mais il n'y a plus de doute, et c'est moi seule qui ai nourri Washington.

— Et joliment bien nourri encore ! Mais à cette heure que la mémoire vous est revenue, ne perdons pas un temps précieux ; faites promptement votre paquet, prenez vos cliques et vos claques, et courons recevoir les hommages des peuples impatients de vous vénérer. Allons, *hup !*

Barnum, muni de sa vieille négresse presque octogénaire, à laquelle il n'avait pas eu beaucoup de peine à persuader ce qu'il voulait, se rendit d'abord à Philadelphie, puis successivement dans toutes les grandes villes de l'Union. Le *puff* eut partout un très-grand succès, et permit à son auteur de continuer sur une plus grande échelle son commerce de *blagues*.

Une fois Barnum accapara pour un jour fixé tous les bateaux qui faisaient le service des environs de la baie de

New-York ; pour ce jour-là, il annonça à New-York un grand combat de buffles qu'il offrait gratis aux habitants de tous les pays desservis par les lignes des steamboats qu'il avait accaparés. Les buffles, mis en présence les uns des autres, ne se firent aucun mal, et parurent au contraire charmés de se voir. La foule se retira peu satisfaite, mais les recettes à tous les *ferry boats* avaient été considérables, et le but se trouvait atteint.

A côté du combat des buffles, il faut admirer la sirène empaillée, que Barnum exposa si longtemps à son muséum.

Un jour, tous les journaux, de gigantesques affiches et des bandes de musique annoncèrent au public étonné la découverte prodigieuse d'une sirène mythologique, moitié poisson et moitié femme.

Des pêcheurs insensibles à la musique, comme autrefois Ulysse, furent surpris en mer par des chants d'une suavité merveilleuse que faisait entendre le long du navire une sirène de la plus belle venue.

Loin de se laisser séduire par le charme perfide de cet être mystérieux, ils le harponnèrent sans pitié, comme ils auraient fait d'un requin ou d'un marsouin. La sirène, percée par le fer meurtrier, fut halée sur le pont, où bientôt après elle expira en chantant d'une voix entrecoupée par la douleur, que sais-je ? peut-être l'air si pathétique du finale de la *Lucie*, transposé pour voix de sirène.

Cette sirène, soigneusement empaillée par les matelots, fut offerte à Barnum pour son musée national, déjà si riche en curiosités uniques, comme disaient les prospectus.

L'animal merveilleux attira longtemps la foule, et l'on
venait de fort loin pour voir ce prodige. Bientôt pourtant
on s'aperçut que la prétendue sirène n'était qu'un composé
de paille, recouverte d'une peau lustrée, et que la figure
et le torse étaient en cire. On rit beaucoup de cette excellente blague d'un homme qui faisait déjà l'admiration générale ; mais on ne cessa pas pour cela de continuer à
aller voir, pour en plaisanter, ce *puff* mythologique. Il y
eut foule après comme avant, ce qui fit parfaitement l'affaire de Barnum. Il gagna, dit-on, près de cent mille
francs avec sa sirène empaillée.

Nous touchons à un de ces moments de la vie du grand
maître, où son génie, fortifié par l'expérience et enhardi
par le succès, vient d'atteindre la plénitude de sa force et
tout son développement. Par une combinaison longuement
élaborée, il porte d'un seul coup sa gloire au pinacle et
mérite à tout jamais le beau titre de *roi du humbug*.

C'est du voyage de Jenny Lind que je veux parler, de
cette odyssée musicale qui me paraît, comme invention
du moins, bien au-dessus de l'œuvre d'Homère.

Et d'abord, ce qui frappe dans cette blague sans pareille, c'est la connaissance parfaite du public extra-naïf
à qui Barnum s'adresse. Tout autre que ce grand homme
se fût contenté de proclamer Jenny Lind la plus grande
cantatrice du monde, au mépris de toutes les Catalani, de
toutes les Grisi, de toutes les Malibran, et même de toutes
les sirènes empaillées. Mais lui, plus fin, dédaigne ces
moyens vulgaires ; il couvre sa blague d'une teinte religieuse, ce qui ne fait jamais mal là-bas. C'est surtout à
vanter la vertu de la cantatrice qu'il s'attache. Il assure

qu'elle n'a de la femme que les apparences gracieuses, et qu'en réalité c'est un ange, un véritable ange, descendu du ciel en ligne droite pour réchauffer la piété des hommes et les charmer par des chants ineffables.

Il la présente comme un emblème de pureté, comme le symbole de la jeune Amérique, et la surnomme la vierge du nouveau monde.

Durant trois ans à l'avance, il excite, au moyen de tous les journaux de l'Union (et Dieu seul peut en connaître le nombre), le fanatisme, la curiosité, le vif respect du public pour l'ange inconnu. Il dépense en réclames, qui se produisent sous toutes les formes, la somme énorme de 250,000 fr. (50,000 dollars).

Quand il juge le public suffisamment préparé, il va un beau jour chercher la cantatrice, et annonce, au grand enthousiasme des populations, que la vierge du nouveau monde va bientôt débarquer à New-York.

Trois grands mois se passent dans une attente fiévreuse, pendant lesquels le nom de Jenny Lind est dans toutes les bouches. Des personnes errent des journées entières sur la plage pour saluer des premières la venue de la vierge fameuse.

Un long cri de joie retentit quand le coup de canon du fort répondit au salut du steamer qui apportait la chaste Jenny. Ce fut alors une fête indescriptible : on se serrait les mains, on s'embrassait; les plus sensibles pleuraient. Depuis le quai où se trouvait mouillé le steamer jusqu'à l'hôtel d'*Irving-house*, où devait descendre la célèbre cantatrice, une distance d'environ un demi-mille, on dressa des tapis afin que ses pieds sacrés ne touchassent pas la

terre. Des sérénades, par ordre de Barnum, lui furent don-
nées tous les soirs sous les fenêtres de son appartement.
Barnum s'entendit avec des modistes qui firent des chapeaux à la Jenny Lind ; avec des cuisiniers, qui inven-
tèrent des puddings à la Jenny Lind ; avec des femmes,
qui firent semblant de se trouver mal d'émotion à la vue
de tant d'innocence !

Puis vint le jour fixé pour les débuts de l'ange.

Par une innovation propre à porter l'enthousiasme à
son comble, Barnum annonça que les principales places
seraient adjugées à l'encan et au plus fort enchérisseur.

Il y eut une place d'honneur qui consistait en un fauteuil sculpté et richement doré, placé sur l'estrade même
où devait se faire entendre la *diva*. Ce fauteuil, mis à prix
sur une première enchère de cinq cents francs, fut longuement disputé par les enthousiastes. Il s'éleva rapide-
dement jusqu'à deux mille francs, et fut adjugé définitivement en faveur d'un chapelier pour la somme de deux
mille quatre cents francs.

Dès ce moment la fortune de l'habile adjudicataire fut
assurée ; on allait en foule acheter chez lui des chapeaux,
et le public, ne pouvant contempler Jenny Lind, voulait
au moins voir le chapelier qui devait l'approcher de si
près.

Cette blague du chapelier mélomane mérite une place
à côté de celles de Barnum, qui l'ont fait naître.

Le soir du premier concert de Jenny Lind dans l'immense salle du *Castle-Garden*, la recette ne s'éleva pas à
moins de quatre-vingt-dix mille francs. Le public réuni
attendait haletant l'apparition de la vierge miraculeuse.

L'émotion fut extrême quand on vit tout à coup la porte du fond de l'estrade s'ouvrir et Jenny Lind arriver en sautillant jusqu'au bord de la rampe ; puis, là, d'un air naïf, regarder la foule de toutes parts, comme surprise de sa présence.

Le rossignol suédois ne se présente jamais autrement devant le public ; on dirait d'un enfant espiègle qui échappe à la surveillance de sa bonne et court follement, tant que lui permet la longueur de l'estrade.

Enfin la ritournelle se fait entendre, et la merveilleuse créature laisse tomber de sa bouche divine les premiers et pathétiques accents de l'air de *Casta diva*, de l'opéra de *Norma*.

Or, il arriva ce qui toujours arrive quand on vante outre mesure le mérite des personnes, quel que soit ce mérite : on trouva Jenny Lind au-dessous de l'idée qu'on s'en était formée.

La spéculation angélique et musicale de Barnum se trouvait donc gravement compromise.

Elle eût peut-être manqué tout à fait sans une inspiration soudaine de celui-ci, qui sauva tout, en portant l'enthousiasme du public jusqu'au délire.

Sans attendre la fin du concert et tout de suite après ce premier morceau, Barnum s'avança sur l'estrade d'un air profondément ému et demanda la permission de parler.

Au tumulte de l'assemblée succède alors le silence. Barnum se recueille un instant, paraît demander au ciel des inspirations dignes de la haute mission qu'il va remplir, puis s'avance de quelques pas.

« Mesdames et Messieurs !

» Si indigne que je sois de venir à cette place porter la
» parole après les harmonies célestes que vient de vous
» faire entendre l'ange de la jeune Amérique, la vierge
» du nouveau monde, je n'ai pu garder plus longtemps le
» secret de son cœur généreux. Jenny Lind, Messieurs
» (l'orateur lève les yeux au ciel en prononçant ce nom,
» qu'il articule avec onction), Jenny Lind, pénétrée des
» souffrances de la classe indigente, désire les soulager
» autant qu'il est en son pouvoir de le faire. Elle aban-
» donne aux pauvres la totalité de cette première recette,
» c'est-à-dire quatre-vingt-dix mille francs, que je suis
» chargé de remettre au maire de New-York pour qu'ils
» soient distribués entre tous les nécessiteux de cette
» ville. »

Des *hurras* frénétiques accueillirent ces paroles, pro-
noncées avec l'accent de l'enthousiasme. Un pareil trait de
magnificence royale parut aux Américains, naturellement
peu prodigues, une action véritablement céleste, et qui
classait, à n'en plus douter, Jenny Lind au rang des anges
les plus bienveillants.

On vit des gens s'embrasser en pleurant; les plus calmes
se donnaient de vigoureuses poignées de mains.

Profitant de l'émotion générale, le chapelier crut habile
de faire semblant de s'évanouir sur son fauteuil d'honneur.

Le concert recommença quelques moments après, et
finit au bruit des applaudissements, des cris, des bravos et
des sifflets, qui, en Amérique, contrairement aux usages

d'Europe, sont la marque de la plus grande satisfaction.

Après son discours, Barnum se frotta les mains en signe de contentement; il venait, par une blague solennelle et des plus hardies, de décider la victoire.

A dater de ce moment Barnum, muni de son rossignol aux œufs d'or, parcourut triomphalement toute l'Amérique. Partout sur son chemin il semait la blague et récoltait des dollars. On ne vit jamais semblable délire, et l'histoire d'Orphée charmant les animaux par les sons de sa lyre, reste bien au-dessous des miracles de Jenny Lind.

Un jour, dans je ne sais plus quelle ville, des gamins turbulents s'assemblèrent sous les croisées de l'hôtel où venait de descendre la célèbre cantatrice. Ils voulaient voir Jenny Lind et réclamaient cet honneur à grands cris : « L'ange ! l'ange ! nous voulons voir notre ange ! notre symbole à nous, la jeune Amérique ! »

L'ange demandé ne parut pas, mais Barnum se présenta pour pérorer l'assemblée.

« Mesdames et Messieurs, » dit-il en s'adressant aux gamins, dont l'enthousiasme était probablement salarié, « l'ange que, par un sentiment de religieux amour, » vous demandez à voir pour lui rendre hommage, est en » ce moment en prières. J'ai pu néanmoins pénétrer dans » le sanctuaire où son âme s'élève jusqu'au ciel pour re- » cevoir d'en haut les inspirations sublimes de son chant » ineffable. Elle m'a chargé, Mesdames et Messieurs, de » vous témoigner ses profonds regrets de ne pouvoir à » cette heure satisfaire vos désirs bienveillants, et vous » fait savoir sa résolution de concourir pour une somme

» de quinze mille francs au soulagement des orphelins de
» la ville. »

Les gamins se déclarèrent satisfaits, et ce nouveau trait
de générosité, joint à beaucoup d'autres encore, se répan-
dit bientôt partout. Les journaux parlèrent avec enthousiasme de l'inépuisable bonté de la céleste Jenny, et les
concerts continuèrent d'être productifs.

Mais le moment approchait où les Américains, désen-
chantés et cruellement déçus, crurent être le jouet d'une
étrange illusion. La nouvelle circula que l'ange, coupant
ses ailes d'azur, se fixait décidément sur la terre et entrait
en ménage comme la plus simple des mortelles. Accueillie
d'abord avec réserve, cette nouvelle se confirma, et l'on
sut positivement que la céleste créature, animée jusqu'alors
de l'esprit le plus éthéré, avait épousé M. Goldsmidt, un
pianiste qui portait des lunettes. L'ange elle-même ne put
longtemps dissimuler au public une taille insolite, riche
en douces espérances maternelles. Ce fut un cri d'horreur
partout, et quelques esprits faibles, s'exagérant l'étendue
du mal, crurent que l'Amérique aussi se trouvait atteinte
dans la personne de son vivant symbole.

On calma ces inquiétudes, mais on ne put parvenir à
ramener la foule aux concerts de l'ange déchu. Barnum
fut obligé de donner gratis des billets pour remplir les salles
désertes, dont le vide éloquent attestait la défection générale.

Une simple voiture de place emmena jusqu'au steamer
l'ex-ange, dont le seul tort avait été d'aimer. C'est à peine
si les journaux annoncèrent le départ de *monsieur et de
madame Goldsmidt.*

Barnum, aussi admirable dans la retraite que dans l'attaque, exposa dans la première galerie de son *riche* muséum le portrait en marbre blanc de l'illustre Jenny Lind, sculpté *avant* le mariage de cette grande et très-honorable artiste.

En résumé, Jenny Lind et Barnum, dans ce double rôle d'ange et de montreur d'ange, n'ont pas gagné, en quelques mois, moins de deux millions, qu'ils se sont partagés.

VII

LES BEAUX-ARTS EN AMÉRIQUE.

Les beaux-arts sont peu cultivés en Amérique. Il n'en saurait être autrement dans un pays où les besoins matériels ne sont encore assurés qu'à un très-petit nombre de personnes, et où tout le monde a pour objet unique la fortune. Le commerce seul pourrait protéger les arts ; mais le commerce ne songe qu'au commerce et n'a de goût que pour le commerce. Le marchand, qui ne comprend pas l'artiste, le considère au fond comme un être parfaitement inutile, par conséquent bien au-dessous de l'homme d'affaires, dont le rôle dans la société lui paraît incomparablement le plus beau. Le moindre petit brocanteur dédaignerait de s'occuper de peinture ou de musique, et croirait manquer à la gravité de son caractère s'il admirait un tableau, ou se laissait attendrir par les doux accents de la musique. Mais comme après tout les Américains ont une âme impressionnable et vive, cette indifférence pour les arts ne saurait durer longtemps encore, et il y a lieu de tout espérer, sous ce rapport, des générations futures.

En attendant, et comme les hommes ne valent en Amérique que l'argent qu'ils possèdent, les artistes, d'ordinaire peu millionnaires, sont considérés aux Etats-Unis comme ne valant rien du tout. Le monde les tolère plutôt qu'il ne les invite à ses réunions, et il est bon d'avertir messieurs les musiciens qui voudraient quitter Paris, où ils sont si aimés et si fêtés, pour aller s'établir en Amérique, que dans les soirées américaines l'artiste *invité* n'est invité qu'à se faire entendre, et nullement à partager les plaisirs communs de la danse. « Un artiste est toujours respectable, me disait un ancien marchand de morue, quand il comprend sa position dans le monde et qu'il sait se tenir à sa place. — Cela est bien vrai, lui dis-je ; que ne puis-je, moi aussi, laisser là mon papier réglé et le piano pour vendre de la morue. — Cela viendra, jeune homme, cela viendra ; il ne faut jamais se désespérer ; il y a commencement à tout. » Le fait est que ce serait parfaitement venu, comme me le disait cet estimable négociant, si j'avais persévéré à vivre plus longtemps sous le ciel peu mélodieux de New-York.

Il n'y a pas d'école de peinture américaine proprement dite, et si l'on excepte quelques paysagistes dont les œuvres correctes mais froides n'offrent rien d'original, tout le reste est nul. Les amateurs de tableaux sont très-rares dans le nouveau monde, et l'on est souvent surpris, en entrant dans des salons meublés avec luxe, d'y voir figurer d'horribles *croûtes* comparables à ces portraits que nous voyons accrochés le long du boulevard et au bas desquels on lit : *Ressemblance garantie, prix 25 francs.* J'ai vu des tableaux à l'huile encadrés sous un verre, comme on encadre les gravures. Cela miroite et empêche qu'on puisse examiner la peinture, mais personne ne s'en plaint.

On fait dans toutes les villes de l'Union un commerce assez considérable de tableaux de pacotille, qu'on expédie de France et d'Italie pour être vendus à l'encan. J'entrai un jour dans l'une de ces ventes. L'encanteur exposait à ce moment un portrait de grandeur naturelle sur lequel il sollicitait une enchère. C'était le portrait d'un chef de brigands dans le costume traditionnel des chefs de brigands armés jusqu'aux dents de pistolets, de poignards et d'une carabine. Son œil fauve et inquiet, ses traits accentués et farouches, sa barbe inculte, se dessinaient sous un chapeau calabrais en feutre noir. Ce devait être Mandrin, à moins que ce ne fût Cartouche ou Fra Diavolo. Ce portrait portait le n° 50 du catalogue. J'ouvris le catalogue, et au n° 50 je lus : *Portrait de Louis XIV, roi de France, peint par Girardon.* Il devait y avoir erreur dans ce classement, mais le temps est trop précieux en Amérique pour qu'on le perde à relever une erreur. Le chef de brigands fut vendu comme un Louis XIV à un amateur ravi de la belle physionomie de ce glorieux monarque. Sans compter que, dans la même vente, le véritable portrait de Louis XIV a dû nécessairement être acheté pour celui d'un chef de brigands, par quelque disciple de Lavater peut-être, qui n'aura pas manqué d'y voir tous les caractères de la férocité.

Il n'y a, je crois, que deux galeries particulières de tableaux à New-York. La plus recommandable est celle de M. Louis Borg, notre vice-consul. On remarque dans cette galerie quelques originaux excellents, des toiles de grands maîtres, et de très-bonnes copies. En outre, M. Borg possède des curiosités de prix, des objets ayant appartenu à

Washington et à Napoléon Ier, une collection de gravures anciennes des plus estimables ; des sculptures de David d'Angers, de Pradier, et la Mendiante de Strazza de Rome ; enfin une curieuse collection d'armes et de meubles antiques, des ivoires, des émaux, des coraux, des bijoux anciens et des Saxe. M. Louis Borg, que nous avons le plaisir de connaître particulièrement, est aussi un amateur de musique distingué ; il compose des mélodies pleines de fraîcheur et de grâce. Ajoutons que les artistes de talent trouvent en lui un appréciateur toujours empressé de leur être utile.

Les Américains n'ont, je crois, qu'un seul sculpteur vraiment remarquable ; mais ce sculpteur a fait un chef-d'œuvre. L'*Esclave grecque*, de M. Pawers, est une inspiration de poëte digne des grands maîtres. Il est vrai que M. Pawers a vécu longtemps en Italie, au milieu des trésors artistiques, et guidé dans ses études par les leçons des maîtres célèbres. Mais pour qu'il pût profiter de ces leçons, il a fallu d'abord qu'il oubliât celles qu'il avait reçues à Boston, et ce double effort de son esprit rehausse encore son mérite.

La gravure convient mieux que la peinture et la sculpture au génie des Américains. On voit chez les marchands d'estampes d'excellentes copies de tableaux gravées par des Américains, et leurs livres illustrés sont généralement beaux. Enfin, et si l'on en juge par les innombrables billets des innombrables banques de bouchers, d'épiciers, de constructeurs de navires, d'éleveurs de bestiaux, etc., qui se produisent dans tous les Etats de l'Union et jusque dans les villes nées de la veille, les bons graveurs sont

très-communs aux États-Unis. Sur ces billets de banque,
qui sont la monnaie courante en Amérique, sont repré-
sentées, suivant la fantaisie de chaque banque, des figures
emblématiques fort délicatement gravées. Les bouchers
qui ouvrent une banque émettent des billets sur lesquels
ils dessinent des bestiaux ; les constructeurs de navires
nous montrent des chantiers de construction ou des clippers fendant la vague ; les banques de tailleurs dessinent
sur leurs billets des ateliers où les coupeurs donnent au
drap la forme de vêtements ; les épiciers exposent sur leur
papier-monnaie les produits de leur industrie, etc., etc.
On ferait un album des plus pittoresques et des plus intéressants en rassemblant un certain nombre de billets de banque américains. Il y a des billets depuis cinq francs (un
dollar) ; mais, si l'on voulait économiser, on pourrait,
pour un semblable album, acheter à bas prix de faux billets, ou même des billets vrais discrédités par suite de la
faillite des banques, et qui sont loin d'être rares.

La musique est de tous les beaux-arts le plus cultivé en
Amérique, mais certainement la musique n'est pas mieux
appréciée que la peinture et la sculpture. Au nombre des
rares musiciens dont peut, ou plutôt dont pourrait s'enor-
gueillir l'Amérique, il faut placer en première ligne, et à
une distance considérable de la seconde ligne, le pianiste
Gottschalk, né à la Nouvelle-Orléans. Mais Gottschalk n'a
d'américain que son acte de naissance ; il est Français
d'esprit, de cœur, de goût et d'habitudes. C'est à Paris
qu'il est venu tout enfant recevoir les leçons de son art,
et c'est Paris qui lui a tressé ses premières et ses plus
précieuses couronnes ; c'est à Paris qu'il reviendra. Notre

cœur se révolte encore aujourd'hui quand nous pensons
au stupide accueil que lui ont fait presque partout les Américains, incapables d'apprécier aucun de ses mérites.
Gottschalk, ce talent si frais, si poétique, si original quand
les Parisiens l'ont entendu il y a six ou sept ans, est devenu le pianiste le plus complet qui puisse être. Qu'allait-
il faire, bon Dieu ! dans la patrie adoptive de toutes les
médiocrités musicales du monde entier, et au milieu de
gens qui, le voyant parcourir le clavier avec la rapidité
d'une foudre sonore, se prenaient à rire aux éclats et lui
disaient pour tout compliment, en lui donnant un coup
de poing sur l'épaule, comme nous l'avons vu et entendu :
« Voilà un bon exercice pour le froid, et vous devez toujours avoir chaud. »

Quant à la presse, il est curieux de lire les articles que
quelques journaux ont écrit sur le talent de ce pianiste. A
la suite d'un concert où, par dépit peut-être, Gottschalk
s'était surpassé lui-même et avait dépensé toute la poésie
de son âme froissée, une feuille formula ce jugement dont
voici la traduction : « Je n'aime pas la musique, et de tous
» les instrumentistes, ceux que je peux le moins supporter,
» ce sont les pianistes ; aussi ne me suis-je pas ennuyé au
» concert de M. Gottschalk, car je n'ai entendu là ni mu-
» sique ni pianiste. En effet, etc., etc. » Soyez donc doué
d'une organisation exceptionnelle, travaillez donc toute
votre vie à la développer, ayez du talent, ayez-en autant
qu'on peut en avoir, usez votre santé, pour recevoir de
pareils compliments !

Mais veut-on d'autres exemples de l'accueil que reçoivent en Amérique les artistes ? Nous n'avons que l'embar-

ras du choix, depuis mesdames Malibran, Bosio, Tedesco, Laborde, Damoreau-Cinti, qui toutes ont perdu leur temps ou ont gagné fort peu de chose, jusqu'à madame Alboni, qui n'a rapporté d'Amérique que huit mille dollars, que son entrepreneur, M. Marschall, le directeur du théâtre de Broadway, dit avoir perdus avec elle. Paul Jullien, qui est devenu un violoniste accompli après avoir été, comme on s'en souvient, un prodige de précocité, n'a pu parvenir, depuis cinq ans qu'il est aux États-Unis, à faire la moindre économie. J'en pourrais citer beaucoup d'autres qui, croyant trouver la richesse en Amérique, ont quitté l'Europe, où ils vivaient dans l'aisance et entourés d'estime, pour tomber dans la misère et le désespoir. .

M. S..., pianiste de la duchesse de Montpensier, joue du piano dans les tavernes à New-York, pour égayer la belle humeur des buveurs de whisky. Dernièrement un de ces gais buveurs s'est approché de l'artiste, et, pour rire, lui a crevé un œil d'un coup de poing. Quant à l'opéra de New-York, il a ruiné plus ou moins tous ses directeurs, depuis cet infortuné Palmer, qui en est réduit à vendre dans une petite gargote le macaroni que lui-même accommode, jusqu'à M. Hackett, qui a perdu 20,000 dollars avec Mario et Grisi, et jusqu'à M. Peyne qui, dans cette dernière saison, et malgré le concours de madame de Lagrange et de plusieurs autres artistes très-recommandables, s'est trouvé, tout compte fait, en déficit de 30,000 dollars.

Tout a été essayé en Amérique en fait de spéculation artistique, et rien ou presque rien n'a réussi.

. Des entrepreneurs hardis ont engagé, l'année passée, le célèbre chef d'orchestre Jullien pour une tournée de six

mois en Amérique. Jullien est arrivé avec le plus bel orchestre qu'on puisse former ; il a joué du Mozart, du Beethoven, du Mendelsshon, du Berlioz, du Rossini, du Meyer-
beer, du Verdi et du Jullien : du classique, du romantique,
du diaboliquè, du charivarique, du panicophonique, et
même du gracieux ; il a fait jouer des solos de cornet à
pistons par Kœnig, des solos de hautbois par Lavigne, des
solos de flageolet par Collinet, un homme qui a cent ans,
et des solos de contre-basse par Bottesini ; il a embelli ses
concerts-promenades d'élégantes fontaines d'où coulait le
champagne à discrétion ; le prix des places à ces concerts
classiques, romantiques, fantastiques et bachiques n'était
que de quatre schellings américains (deux francs cinquante centimes), et malgré tout, peu de gens y allaient.
Tous les efforts combinés de Jullien, de son orchestre et
des directeurs, n'ont pas empêché ces derniers de perdre à
cette opération la somme de deux cent cinquante mille
francs dans l'espace de six mois.

Cela ne vous donne-t-il pas, dites-moi, l'envie de partir
à l'instant pour aller donner des concerts dans le nouveau
monde? Et pourquoi pas? Ne raconte-t-on pas qu'un pa-
cotilleur a apporté des patins au Sénégal, et n'a-t-on pas
vu des marchands envoyer des parapluies à Lima, un pays
où il n'a jamais plu?

Pourtant, et comme si en toute chose l'exception devait
confirmer la règle, on peut citer quelques artistes qui
n'ont pas eu à se plaindre de leur séjour en Amérique.
Mais pour vaincre l'indifférence du public et attirer la
foule, la plupart d'entre eux se sont vus forcés d'avoir recours à des moyens étrangers à l'art.

Léopold de Meyer, le fougueux pianiste, auteur de la marche marocaine, a pu faire quelques bons concerts en se présentant au public en pantalon écossais à larges carreaux et en souriant à tout le monde dans la salle, entre deux traits de piano. Il se faisait jeter des bouquets par ses amis, et les offrait au même moment à quelques dames de la société. Souvent, entre la première et la seconde partie du concert, il faisait un discours et envoyait des baisers aux jeunes ladies. On trouvait tout cela charmant de la part d'un homme dont la force physique égale le mérite artistique.

Un violoniste a eu l'idée, dans une ville de l'Ouest, de s'habiller en diable avec des cornes et une longue queue pour jouer les diaboliques variations du *Carnaval de Venise*, de Paganini. En outre il avait aposté sur plusieurs points de la salle des musiciens cachés qui devaient tour à tour, à la manière des cors russes, se partager la mélodie avec le violon.

Ce concert satanique fut annoncé au moyen de prospectus et de réclames de nature à surexciter les esprits les plus calmes. Enfin, le jour du concert arriva, et le diable parut. Son entrée fut saluée par d'unanimes applaudissements; sa mise parlait en sa faveur : rien n'y manquait; ses cornes étaient belles, sa queue était longue et traînante, sa peau rouge comme la carapace d'un homard cuit. En tant que diable, c'était un beau diable.

Durant quelques minutes, il se promena sur la scène, prenant de temps à autre des poses propres à frapper l'imagination des spectateurs et à préparer l'effet des premières notes de la mélodie satanique. Puis il s'arrêta tout à coup, épaula lentement son violon, contempla son archet, et attaqua brusquement, comme sur un signal de l'enfer, l'infernal *Carnaval de Venise.*

A peine l'archet eut-il tiré des cordes frémissantes le premier membre de phrase de ce thème damné, qu'un instrument invisible et étrange continua la mélodie, continuée successivement par d'autres instruments également invisibles et encore plus étranges qui partaient de tous les points de la salle. Pendant ces dialogues des esprits infernaux, le diable se promenait à grands pas sur la scène, troublant de temps en temps ce concert par des rires sardoniques, et répétant à son tour avec d'horribles variations la mélodie fatale que les échos de la salle chantaient de toute part. Le concert finit par un *tutti* à faire dresser les cheveux. On parla longtemps de ce concert et on en parle encore.

L'imagination des concertistes est à bout. On a tout essayé. On a donné des concerts costumés, des concerts en action avec tombola, des concerts religieux, des concerts dansants, des concerts historiques, des concerts improvisés, des concerts sérieux, des concerts comiques, des concerts pyrotechniques, des concerts énigmatiques, des concerts bachiques, et, nous venons de le voir, des concerts diaboliques. Un homme, doué d'une voix détestable, a donné, seul, des concerts productifs en chantant, sans accompagnement et pendant trois heures consécutives, des psalmodies soporifiques de toutes les religions et de toutes les sectes. J'ai entendu cet homme à Boston.

Un compositeur a eu l'idée d'écrire une symphonie *animale* ayant pour titre l'*Arche de Noé.* On entendait dans cette œuvre imitative et tout à fait romantique, le braiement de l'âne, le bêlement du mouton, le beuglement du veau, le grognement du porc, le sifflement des serpents, le chant des oiseaux, le rugissement du lion, sans oublier la voix de l'homme, le tout accompagné d'un programme descriptif digne de passer à la postérité, à côté des prospectus les plus odontalgiques.

Il faut encore citer un violoniste italien qui crut faire fortune en imitant à s'y méprendre, sur son instrument, la voix d'une vieille femme en colère. Cela ne parut que médiocrement agréable.

Dans beaucoup de concerts, la voix parlée se mêle à la voix chantée, et le discours succède à la symphonie. L'Américain est passionné pour le *speech* et veut absolument qu'on lui parle de tout à propos de n'importe quoi. Souvent on fait dans un concert jusqu'à deux et trois petits discours. Si un morceau est applaudi et qu'on redemande l'artiste, celui-ci profite parfois de cette occasion pour faire un *speech*. Un exécutant inscrit sur le programme fait-il défaut? autre *speech*; si le concert est remis, naturellement un *speech*; si l'exécutant doit en donner un autre, nouveau *speech*. J'ai vu faire un *speech* pour annoncer qu'on n'en ferait pas.

J'ai entendu beaucoup de discours à propos de beaucoup de cavatines et de fantaisies brillantes ; mais il en est deux qui méritent d'être rapportés. Sans avoir la prétention de les tracer mot à mot, nous pouvons du moins en garantir le fond.

C'était au bénéfice d'un pianiste habile qui de plus est un compositeur de beaucoup de talent. Après la première partie, un monsieur en habit noir se présente tenant le bénéficiaire par la main. Il fait signe au public, qui s'agite sur les banquettes, qu'il désire parler. Le silence s'établit, et, après les saluts d'usage, l'orateur s'exprime à peu près en ces termes :

« Mesdames et Messieurs » (la galanterie américaine veut qu'on nomme les femmes avant les hommes quand on s'adresse au public, et que les noms des femmes soient inscrits avant ceux des hommes sur les programmes et sur les affiches), « ce n'est pas parce que je suis avocat et pour profiter avec adresse de tous les moyens qui me sont offerts de montrer au public la facilité de ma parole, la force de mon argumentation et le charme de ma diction, que je prends aujourd'hui la parole devant un auditoire nombreux et bien disposé; non, Messieurs : j'ai, Dieu merci ! autant de clients que je puis en désirer, et je n'ai que l'embarras du choix sur tous les procès qui me sont offerts au criminel comme au civil. Mon office ne désemplit pas de maris trompés qui demandent le divorce, de femmes trompeuses qui viennent en appeler, de dupes et de fripons; c'est un beau coup d'œil. Si donc je prends la parole à cette heure devant vous, c'est uniquement pour obéir au sentiment qui m'anime, et pour vous faire partager l'enthousiasme qu'excite en moi ce grand compositeur que je tiens par la main. (Applaudissements.) Que de moments heureux et salutaires ne m'avez-vous pas fait passer, ô grand homme ! après les longs débats à la cour. Oh ! la musique ! oh ! mon ami ! oh ! la procédure ! si vous n'existiez pas, il faudrait vous inventer pour la gloire et le bonheur de l'humanité. » (Applaudissements prolongés. C'est au milieu du bruit confus des bravos du public et de l'orchestre, que le bénéficiaire prend à son tour la parole.)

« Mesdames et Messieurs,

» Qu'il me soit permis de retourner à mon ami, le grand orateur ici présent (l'avocat s'incline), quelques-uns des compliments trop flatteurs qu'il lui a plu de donner à mon faible mérite. Que vous dirai-je, Messieurs? J'aime les avocats; et après le piano, la clarinette, le cornet à pistons et le bugle, l'instrument le plus doux à mon oreille, aussi bien qu'à mon cœur, c'est la voix d'un avocat dilettante mêlée aux suffrages du public. »

Ce dernier *speech* est accueilli par des applaudissements unanimes, et chacun trouve fort naturel que ces messieurs se débitent ainsi en public des compliments sur leur talent respectif d'avocat et de musicien, à la face l'un de l'autre, et pour varier les plaisirs de la séance.

Il y a à New-York une société philarmonique allemande, qui, en fait de musiciens, ne veut que des Allemands et ne croit qu'aux Allemands. Cette société a cru faire grand honneur à Gottschalk, quand, après de longues discussions, elle a fini par l'admettre au nombre de ses membres. Un des opposants les plus acharnés contre cette nomination était M. Schaffenberg, musicien stérile, pianiste lourd et monotone. Les membres de cette société jouent les symphonies de Beethoven très-passablement pour les personnes qui ne les ont pas entendu exécuter par les bons orchestres d'Allemagne, et surtout par l'orchestre de la société des concerts du Conservatoire à Paris. Mais allez donc dire à

New-York que leur société philarmonique n'est pas la meilleure de ce genre qui existe dans le monde, vous seriez mangé vif par tous les Ramberg, les Steinberg, les Krokberg et les Schaffenberg de l'endroit. Les Allemands sont la plaie du professorat dans tous les États de l'Union ; ils donnent des leçons de piano à tout prix, et enseignent toutes les langues au rabais.

La musique en vogue aux États-Unis est aujourd'hui celle de Verdi. *Il Trovatore* a fait des prodiges à New-York, à Boston, et partout où Mme Steffenone, le ténor Brignoli, Amadio et Mlle Vestvali l'ont joué. Si les Américains prennent jamais sérieusement le goût de la musique, l'honneur en reviendra surtout à Verdi, dont les œuvres se trouvent sur tous les pianos. Et certes ce n'est pas peu dire, car l'Amérique fabrique plus de pianos à elle seule que l'Angleterre et la France réunies. On n'a pas d'idée d'un semblable commerce dans un pays si peu musical.

« Que deviennent les éponges à New-York ? » s'écriait un jour avec une curieuse sollicitude un journal de Key-West, qui constatait que ce port, à lui seul, expédiait annuellement à New-York de trente à quarante tonnes d'éponges. A mon tour, je demanderai ce que deviennent les pianos ?

Le piano règne aujourd'hui dans tous les États de l'Union, sinon par droit de naissance, du moins par droit de conquête, ou plutôt par droit d'envahissement. Il est impossible de se figurer la prodigieuse quantité de pianos qui se fabriquent au delà de l'Atlantique. Il suffira, pour faire apprécier toute l'étendue de ce commerce, de constater ce fait que la fabrication des pianos constitue pour les États-Unis le revenu le plus important après la culture du coton. A New-York, à Boston, à Philadelphie, à Baltimore, à Richemond, à Louis-Ville, à Cincinnati, à Washington, à Saint-Louis, à Chicago, à Charleston, à la Nouvelle-Orléans, au nord comme à l'est, à l'est comme à l'ouest, à l'ouest comme au sud, dans les villes anciennes comme dans celles qui s'improvisent, pour ainsi dire, chaque jour au milieu des forêts transformées, partout il y des facteurs de piano, et partout ces facteurs livrent au commerce une quantité considérable de ces instruments. Il est vrai que le piano est considéré dans tous les États-Unis comme un meuble indispensable dans un salon.

Dans un pays comme l'Amérique, où la mécanique est l'objet d'une sorte de culte, les pianos mécaniques si ingénieux de M. Debain devaient faire et ont fait sensation. J'ai vu un de ces instruments exposé au Palais de l'Industrie, à New-York, et je puis affirmer que l'admiration était générale parmi les Yankees qui arrivaient de toute part au son du *french-piano*. Pouvoir jouer du piano, sans être pianiste, et jouer quatre fois plus fort que le plus fort pianiste, semblait, à certains Américains, un résultat merveilleux, le suprême degré de l'art et de la mécanique. Ces enthousiastes plaçaient, comme artiste, M. Debain, bien au-dessus de Listz, qui n'a que deux mains et ne peut guère jouer qu'une douzaine de notes à la fois, tandis que M. Debain ferait entendre les quatre-vingt-cinq notes des sept octaves du piano en un seul accord, si tel était son bon-plaisir.

Un journal américain, fort peu mélomane, mais d'hu-

meur enjouée, parle en ces termes du piano mécanique de
M. Debain : « Dans l'état si avancé de la société actuelle,
les pianos mécaniques du facteur français sont appelés à
rendre le plus notable des services, en amoindrissant le
nombre des pianistes, ou peut-être en les *supprimant
tout à fait.*

» Après ce premier progrès accompli, il ne resterait
plus qu'une chose à souhaiter : c'est qu'on trouvât aussi
moyen de supprimer les pianos. »

Il faut que les pianistes soient des gens de beaucoup de
mérite, et que les pianos soient de bien agréables instruments, pour que, dans l'ancien monde comme dans le
nouveau, on se plaise à lancer contre les uns et contre les
autres des sarcasmes sans fin.

Après la fabrication des pianos la branche la plus importante de la facture instrumentale aux États-Unis, est la
fabrication des harmoniums. Pour la bagatelle de cent cinquante ou de deux cents francs, les temples modestes peuvent se donner le plaisir d'un de ces petits instruments qui
ne sont en réalité que des accordéons renfermés dans des
caisses de palissandre. L'excellent harmonium que M. Debain avait envoyé avec le piano mécanique au palais de cristal à New-York, a été pour les Américains une véritable révé-
lation. Les journaux ont parlé de cet instrument que nous
avons essayé nous même, et le jury de l'exposition, dans un
rapport des plus flatteurs, à placé notre compatriote en tête
des récompenses accordées à ce genre d'industrie artistique. Une médaille unique a été décernée à M. Debain.
Mais les facteurs américains profiteront-ils de la leçon ? il
est permis d'en douter. Indépendamment du talent néces-

saire à la fabrication de semblables instruments, ils ne peuvent être établis qu'à un prix relativement élevé, et les Américains aiment trop le bon marché pour le sacrifier aux perfectionnements des instruments de musique.

Mais, de tous les instruments de musique, c'est l'accordéon qui, en Amérique, a eu les honneurs de la popularité. La mode en est passée, mais il fut un temps où l'on ne pouvait faire un pas nulle part sans se heurter contre un accordéon. L'accordéon avait remplacé dans les mains du Yankee l'éternel canif dont il se sert pour couper des petits morceaux de bois, taillés à cet usage. Quand le Yankee n'a pas de petits morceaux de bois, il coupe des meubles, le comptoir des magasins, les bancs des églises, le bord des navires quand il voyage en steamboat, etc.; c'est là son passe-temps habituel, et tant pis pour le bois qui se trouve sous le canif! Tant que dura la vogue de l'accordéon, ce n'était que symphonie sous le vaste ciel de l'Union. Mais peu à peu l'accordéon tomba; le canif reprit son empire entre les mains actives du Yankee.

On fait beaucoup et souvent de bonne musique dans les églises à New-York. Tous les dimanches, dans les églises catholiques, on chante, avec accompagnement d'orgue, des messes entières de Mozart, de Haydn, de Cherubini, de Weber, et en général de tous les grands maîtres. A la vérité le chœur n'est formé que de trois chanteurs, un soprano, un ténor et une basse ; mais soutenue par l'orgue, cette musique est préférable au plain-chant chanté par des chantres et par des enfants de chœur qui ont la voix fausse et sans expression. Le règlement qui exclut en France la présence des femmes du chœur des églises, n'a pas encore pénétré à New-York, où les bons *soprani*, au contraire, sont recherchés par toutes les églises de toutes religions.

Les musiques militaires, détestables il y a trois ans, tendent à s'améliorer depuis quelque temps, et nous sommes juste en citant nos compatriotes à New-York, les gardes Lafayette, comme ayant une des meilleures bandes militaires. Les inventions précieuses de M. Sax ont porté leur fruit en Amérique comme en Europe. Mais, en Amérique aussi bien qu'en Europe, d'audacieux contrefacteurs se sont emparés des systèmes de ce facteur, et fabriquent des instruments souvent fort médiocres, sur lesquels ils apposent la marque de M. Sax. Non-seulement ils le frustrent ainsi du bénéfice auquel il a droit comme inventeur, mais encore ils tendent à le déconsidérer comme simple facteur en vendant, comme lui appartenant, des instruments mal fabriqués.

On devine aisément, d'après ce que nous venons de dire, qu'il doive y avoir peu de compositeurs de musique américains. Pourtant les Américains ont des airs populaires, tendres et naïfs, qui ne manquent pas d'un certain charme. Ces mélodies procèdent des airs irlandais, et ont comme ceux-ci un caractère malheureux et fatal qui pénètre l'âme. Mme Sontag chantait ces ballades avec un goût exquis et un abandon sympathique. Pauvre Mme Sontag! c'est après une tournée de dix-huit mois dans toutes les villes de l'Union, après avoir souffert tous les ennuis et toutes les fatigues avec un courage que soutenait seul l'amour de ses enfants, qu'elle est allée mourir à Mexico d'une mort singulière et mystérieuse.

Je n'ai vu, durant mon séjour en Amérique, qu'un seul opéra américain. Il était de la composition de M. Bristow, professeur de piano, compositeur, accompagnateur, organiste, accordeur, chef d'orchestre et marchand de pianos. On voit que ce ne sont pas les cordes qui manquent à son arc. L'opéra de M. Bristow, très-bien chanté par Mlle Pyne, renfermait quelques bonnes parties et a obtenu beaucoup de succès. Le sujet du poëme, d'ailleurs, pris dans la jeune histoire de l'Amérique, n'a pas peu contribué à rendre l'œuvre sympathique au public. A côté de M. Bristow, mais avant lui, nous devons placer M. Fry, qui joint au mérite de compositeur de talent une grande érudition musicale.

« Les enfants, dit je ne sais plus quel écrivain, croient en général que les morues nagent au fond de la mer dans la forme sèche, coriace et aplatie où ils les voient sur l'étal de l'épicier. » Beaucoup d'honorables professeurs de musique, et même de compositeurs distingués, en sont là en matière d'histoire de leur art, non-seulement en Amérique, mais aussi en Europe. En dehors de leur routine habituelle, ils ne savent rien. Quant à la philosophie des sons, à l'esthétique, ils n'y prennent pas le moindre intérêt. Le Conservatoire de Paris, qu'on cite avec raison comme la première école de musique qu'il y ait en Europe, présente à ce sujet une lacune fâcheuse que nous croyons avoir signalée le premier. « Tant qu'on se bornera, disions-nous dans une revue musicale du journal *le Siècle*, à enseigner la combinaison des sons au point de vue des règles de l'harmonie et qu'on n'expliquera pas les divers effets qu'ils produisent sur notre organisation au point de vue des sensations morales, le Conservatoire pourra produire d'excellents musiciens, mais il ne fournira pas nécessairement des compositeurs. » Et nous finissions par demander pour notre école nationale la création d'une chaire d'histoire et de philosophie musicales.

Animé sans doute par les mêmes convictions et entraîné par l'amour de la science, M. Fry a consacré huit années de sa vie à rechercher dans les bibliothèques de France, d'Allemagne, d'Italie, d'Espagne et d'Angleterre, les éléments divers dont il a fait un ouvrage des plus intéressants. A l'instar des concerts historiques de M. Fétis, M. Fry a donné plusieurs séances de lecture-concert dans la grande salle, brûlée aujourd'hui (quelles sont les salles et les maisons qui ne finissent pas par brûler à New-York?) de *Tripler Hall*. Mais ces concerts si instructifs, si intéressants pour lesquels M. Fry s'était associé des chœurs nombreux et un orchestre complet, chargé d'exécuter les *exemples*, n'ont eu et ne pouvaient avoir que peu de succès.

Qu'est-ce que cela peut faire, je vous prie, aux affairés de New-York, que les Grecs aient ou n'aient pas eu d'harmonie? que Palestrina ait réformé la musique religieuse en composant des messes d'après des règles particulières qu'on appelle contre-point à la Palestrina? que le premier ouvrage de musique imprimé en Italie soit précisément l'œuvre d'un Français? que le premier opéra représenté en public soit un opéra d'*Eurydice*, composé par Jacques Péré, et joué à Florence à l'occasion du mariage de Henri IV, roi de France, avec Marie de Médicis? que cet opéra n'ait été formé que de récitatifs, etc.? rien, assurément, et la moindre nouvelle de coton avarié, de farine importée ou de morue pêchée, intéresse bien davantage.

Non, l'Amérique n'est rien moins qu'artistique pour le moment ; nous avons su lui rendre justice pour ses nobles et grandes qualités, nous lui disons ses défauts avec la même franchise.

VIII

LES MÉCANIQUES ET LES MACHINES EN AMÉRIQUE.

Dans un pays aussi étendu que l'Amérique, où les bras manquent souvent, où le travail est une fièvre générale et continue, où le besoin de produire est devenu comme une sorte de passion, on comprend que la mécanique soit en grand honneur, puisqu'elle économise les forces de l'homme, abrége le temps et produit d'avantage. Les Américains sont certainement de tous les peuples celui qui fait le plus grand usage des machines et de la vapeur. Les machines les plus utiles et les plus ingénieuses figurent partout à côté des mécaniques les plus extraordinaires et les plus bizarres. Jetons d'abord un rapide coup d'œil sur les grandes machines à vapeur qui sont la gloire industrielle de l'Amérique. Nous ne sommes pas mécanicien et nous n'éprouvons aucune humiliation à l'avouer. Aussi n'est-ce point pour les hommes spéciaux que nous écrivons. Ces quelques lignes s'adressent aux simples curieux, et n'ont d'autre but que la peinture des mœurs américaines, dont la mécanique est un des côtés les plus pittoresques.

L'audace des Américains se révèle tout entière dans la construction de leurs machines à vapeur appliquées à la marine. Quelques-unes de ces machines ont atteint des proportions vraiment effrayantes. On peut citer des bateaux à vapeur de la force de douze cents chevaux. Sans parler des grands steamers qui font les longs voyages de l'Europe et de la Californie, combien ne doit-on pas admirer les steamboats ou plutôt les palais flottants, à deux, trois et quatre étages au-dessus de l'eau, qui sillonnent l'Ohio, le Mississipi et la rivière de l'Hudson! Ces vastes bateaux à vapeur-inconnus en Europe sont de véritables villes qui emportent jusqu'à deux mille voyageurs, des marchandises considérables et de nombreux troupeaux.

Mais aussi que sont, à côté de l'Ohio, du Mississipi, de l'Hudson, véritables mers d'eau douce, les *grands* lacs si vantés de la Suisse? le lac de Genève et le lac de Côme paraîtraient de petites flaques d'eau en comparaison des fleuves, des rivières et des lacs américains. Pendant que sur les lacs d'Europe on admire les bateaux à vapeur qui atteignent la force de quarante chevaux, en Amérique on compte comme ordinaires les steamboats de six cents chevaux de vapeur. Ces bateaux, d'une coupe parfaite, admirables à l'extérieur, ne sont pas moins remarquables à l'intérieur. Ils sont dorés partout, recouverts de beaux tapis, tendus de soie et de velours, ornés de belles glaces et meublés avec luxe. On y trouve des pianos, des jeux de toutes sortes et des bibliothèques. Malheureusement on n'y est pas toujours en sûreté. Gare aux voyageurs qui naviguent sous le commandement d'un capitaine zélé qui rencontre un concurrent! Il veut le dépasser à toute force, chauffe la machine au délà de toute proportion, non-seulement avec du charbon et du bois, mais aussi avec de la résine. Si le concurrent ne cède pas, l'équipage entier du bateau en fait une question d'honneur. Bientôt l'enthousiasme se propage et finit par gagner les passagers eux-mêmes, qui forment la chaîne depuis le pont jusqu'aux fourneaux, et se passent de main en main, avec des hourras d'encouragement, le combustible qui doit assurer le succès ou faire sauter le navire.

Les steamboats américains sont construits de manière à recevoir toute la charge sur le pont. L'intérieur est entièrement rempli par l'énorme machine. On n'aperçoit de cette machine, au milieu du bâtiment, que le gigantesque balancier, comme une pompe sans cesse en mouvement. A côté du balancier, mais plus haut et par-dessus tous les étages du steamboat, s'élève un petit pavillon où se tiennent en observation le capitaine qui commande la manœuvre, et le timonnier, qui de là dirige le gouvernail.

Il n'y a pas de petits bateaux à vapeur en Amérique. Les plus petits steamboats à New-York sont les *ferry boats* de Brooklin, qui traversent jusqu'à New-York la rivière de l'Est, 160 mètres environ. Les *ferry boats* n'ont pas moins de quatre-vingts chevaux de force. Ce sont des bateaux de ce genre qui traversent toutes les rivières, les ponts étant pour ainsi dire inconnus aux États-Unis.

Les machines, en Amérique, sont généralement bien faites et solides, mais elles sont exécutées sans luxe aucun. Rien n'est poli dans les pièces de forge qui ne sont pas soumises aux frictions. L'utile remplace partout l'agréable dans les engins. Il faut toutefois en excepter les pompes à incendie, que les Américains enrichiraient volontiers de diamants.

Nous avons déjà parlé, à propos des amusements en Amérique, des pompes et des pompiers ; nous n'y reviendrons pas. Ajoutons seulement que les Américains tiennent leurs pompes à incendie pour les meilleures et les plus élégantes qu'il y ait au monde. Ils sourient de pitié en pensant à la simplicité des nôtres. « Pauvres incendies et pauvres pompes ! » disent-ils avec dédain. Le fait est qu'un pompier américain, à bout de ressources, n'hésiterait pas à vendre jusqu'à ses vêtements pour décorer sa pompe. Un amant n'est pas plus jaloux des charmes de sa maîtresse qu'un pompier ne l'est en Amérique des attraits de sa pompe. Dites à un pompier américain (et tout le monde est un peu pompier en Amérique) qu'il est laid, stupide ; peut-être dédaignera-t-il ces insultes et ne vous répondra-t-il même pas. Mais n'allez pas médire de sa pompe.... il vous tuerait sans scrupule. Entre la pompe et le pompier, il ne faut jamais mettre le doigt.

A côté des pompes à incendie richement incrustées, ciselées avec art, décorées de fleurs et bariolées des couleurs les plus vives, les locomotives des chemins de fer forment un contraste frappant. Les locomotives, surmontées d'une cheminée étrange, courte et évasée du haut comme un entonnoir de l'enfer, sont noires et mates comme une pensée lugubre ; on dirait qu'elles portent à l'avance le deuil des voyageurs que, peut-être, elles précipiteront dans les profondeurs de quelque ravin, ou qu'elles plongeront dans l'eau sous un pont écroulé. Ces sortes d'accidents sont assez fréquents aux États-Unis, mais on n'y apporte qu'une attention légère. L'important, pour l'Américain, c'est que, avec ou sans danger, bien ou mal, il puisse se transporter promptement sur tous les points de son vaste territoire. D'ailleurs la vie des hommes est considérée comme peu de chose en Amérique. Les Américains, qui, depuis l'année 1843, ont vu leur pays se peupler de 3,300,000 émigrants de toutes les nations, sont habitués à regarder les hommes à l'égal des importations de marchandise. Les hommes leur arrivent tout faits, comme les étoffes toutes tissées.

Il n'y a là que peu d'enfants proportionnellement, et c'est l'Europe qui fait les hommes que l'Amérique récolte. Il faut à ce pays, avare du temps et pressé de jouir, des bras vigoureux pour labourer la terre, l'ensemencer et bâtir des villes qu'on voit naître de toute part au milieu des forêts comme des apparitions merveilleuses.

Aussi quelle activité, quelle fureur de travail, que d'efforts partout ! A cette heure, les Etats-Unis ne possèdent pas moins de 36,000 kilomètres de rails, juste assez pour entourer le globe terrestre d'une ceinture de fer. L'Angleterre, le pays le plus sillonné par les voies ferrées eu égard à son étendue, n'a que 20,000 kilomètres de chemins de fer ; la France en possède, sauf erreur, 7,000 : l'Allemagne, avec tous les Etats secondaires, en compte 12,000 : la Belgique, 1,500 : l'Espagne, 1,400 ; le Danemark, 300 ; l'Italie, y compris la Toscane, les Etats romains et le Piémont, 1,500 : la Russie, le plus vaste de tous les Etats de l'Europe, 3,500.

Grâce aux communications promptes, faciles et à bon marché, par terre et par eau, les Etats-Unis se cultivent chaque jour davantage, étendent leur population, qui un jour couvrira tout le continent américain, et marchent ainsi à pas de géant vers la plus étonnante prospérité matérielle.

La vapeur et les machines de destinations si variées, sont certainement une des causes principales, après la liberté, de la prompte fortune de ce peuple laborieux.

Les agriculteurs qui savent tous lire et écrire, et reçoivent chaque jour leur journal, ont, comme les industriels des villes, suivi l'impulsion du progrès. Les travaux de la terre se font en grande partie au moyen de la mécanique. Des machines locomobiles de la force de 40, 50 et même 60 chevaux, défrichent les vastes plaines du Kansas, de l'Orégon et de la Californie. Le labourage se fait à la mécanique, on fauche à la mécanique, on herse à la mécanique, on moissonne à la mécanique, on bat en grange à la mécanique, on vanne à la mécanique.

Pour tout ce qui peut hâter la colonisation et augmenter rapidement la prospérité matérielle, on se sert de moyens mécaniques.

C'est en Amérique qu'on a inventé l'excavateur.

L'excavateur est une sorte de machine locomobile pour draguer la terre ferme. Il est formé d'une grue tournant un demi-tour sur elle-même. Du bec de cette grue descend une chaîne pour relever et abaisser le *scoop*, ou baquet armé de dents en acier et qui entaille ou pioche le terrain. A l'arrière de cette grue se trouve la chaudière à vapeur qui fait marcher tout le mécanisme. Il faut moins d'une minute, au moyen de l'excavateur, pour remplir de terre un wagon.

Cet appareil, en usage dans toute l'Amérique, a été employé en Angleterre et en Russie pour la construction du chemin de fer de St.-Pétersbourg à Moscou. Quatre de ces machines construites à Paris ont fonctionné sur les chemins de fer du Nord et du Havre. En terrain facile, l'excavateur fait le travail de quatre-vingt-dix ouvriers. Cet instrument paraît appelé à rendre partout d'éminents services à l'agriculture.

Nous voyons qu'une des plus grandes maisons d'importation de Rio Janeiro, la maison Manoel Olegario Abranches, a expédié dans l'intérieur du Brésil des excavateurs avec différents autres instruments d'agriculture.

On attend les plus heureux effets de l'usage de ces divers appareils, dont l'emploi au Brésil est dû à l'heureuse initative de M. Manoel Olegario Abranches.

Dans les Etats, où, à côté des maisons en bois, on bâtit des maisons en briques et en pierres, on fait usage pour tailler les pierres, faire les corniches, dessiner les rinceaux et couper des volutes, d'une machine à cet usage extrêmement curieuse. Cette machine, mue par la vapeur, fonctionne avec tous ses outils taillants, piquants, grattants et contondants.

Si la maison est en bois, il existe une machine pour la transporter d'un point à un autre et l'installer sur de nouveaux fondements. J'ai vu l'an dernier, à New-Brighton, dans le Staten-Island, une maison ainsi déménagée; ce fut l'affaire d'une journée. La maison, qui, la veille, se trouvait au bas de la colline, était placée le lendemain sur le point culminant.

Peu de temps avant mon départ de New-York, d'audacieux voleurs, munis sans doute d'une semblable machine, ont *dérobé* une maison abandonnée qu'on avait mise en réparation. La police, avertie par le propriétaire de la maison, qui ne retrouvait plus son immeuble, s'est mise à la recherche des coupables. Les voleurs ont été arrêtés, mais on n'a pu *arrêter* la maison qu'ils avaient démolie et vendue en détail.

Ce fait, parfaitement authentique et consigné dans tous les journaux de New-York, me paraît de nature à humilier profondément les vulgaires filous qui se bornent à *faire* le mouchoir et la tabatière dans la poche des gens distraits.

La nation qui publie le plus grand nombre de journaux devait avoir aussi les machines à imprimer les plus parfaites. Rien ne surpasse en effet les admirables machines d'imprimerie à triples cylindres de la fabrique de MM. Hoé et Cᵉ, à New-York. Servies par quelques hommes seulement, ces machines ne tirent pas moins, nous a-t-on assuré, de vingt mille feuilles à l'heure. Ce qu'il y a de certain, c'est que, deux heures après l'arrivée des steamers transatlantiques, le *Herald* et d'autres journaux vendent par milliers dans les rues des suppléments très-étendus contenant les principales nouvelles d'Europe. Deux heures ont donc suffi pour lire ces nouvelles dans les journaux Européens, pour les faire composer et les tirer à plusieurs milliers d'exemplaires.

« *Time is money*, le temps est de l'argent. » Nous avons dit que telle était la maxime fondamentale des Améri-rains. On comprend qu'avec une semblable maxime pour règle de conduite, il faut nécessairement avoir toujours sur soi une montre et des pendules dans toutes les chambres, pour rappeler sans cesse les heures qui s'écoulent.

Aussi le génie Américain s'est-il exercé à chercher des mécaniques au moyen desquelles on pût fabriquer des pendules à bon marché. Ils sont arrivés sous ce rapport à un résultat surprenant. Le Connecticut possède d'immenses fabriques de pendules en bois, qui donnent très-bien l'heure, et se vendent en gros à raison de 2 fr. 40 c. la pièce.

A côté des pendules à quarante-huit sous, il y a, à Troy, une machine à faire des souliers. Dans les ateliers où sont employées ces machines nouvellement inventées, il ne sort pas moins de quatre mille paires de souliers par jour, qui sont expédiées dans tous les Etats de l'Union.

On connaît en France les machines à coudre. Ces machines, en Amérique, servent à la confection des habits et de la lingerie. Elles sont très-portatives et n'occupent avec leurs roues et leurs engrenages qu'un espace de deux pieds carrés. Ces machines, ordinairement desservies par une ouvrière, ne font pas moins de cinq cents points à la minute.

Comme appendice de la machine à coudre figure la machine à couper les étoffes qui taille une douzaine d'habits à la fois, et dont l'usage est très-répandu dans le nord de l'Amérique.

Les inventions utiles, qui, aux Etats-Unis plus que partout ailleurs peut-être, conduisent à la fortune, surexcitent l'imagination toujours en travail des Américains. C'est à qui inventera ou perfectionnera le plus toutes sortes de choses, et si le mouvement perpétuel se trouve jamais, assurément c'est l'Amérique qui le découvrira.

D'ailleurs les inventeurs, dans le nouveau monde, ont leurs coudées franches ; rien ne vient entraver leurs essais. Il n'y a pas là-bas, comme en Europe, une grande ou une petite voirie qui censure et s'oppose aux expérimentations incommodes ou dangereuses : vous auriez, si vous le vouliez, le droit d'inventer le tonnerre dans votre chambre sans que personne pût s'en plaindre. On loue un appartement dans une rue quelconque, on paye le trimestre d'avance, comme c'est assez l'usage en Amérique, et on y invente ce que l'on veut.

Nous pourrions, si nous ne craignions d'être indiscret, citer le nom d'un Français qui a inventé, dans une chambre de garçon, Howard street, au troisième étage, un canon en bronze de la force d'un boulet de huit, tirant trente coups à la minute, et qu'il a très-souvent essayé chez lui. L'inventeur de ce canon faisait tout dans sa chambre, où il avait installé un atelier : il forgeait, il limait, il sciait, il fendait le bois, il coupait le fer, il tournait des pièces de cuivre et recevait ses amis.

Quand, après huit longs mois d'un travail opiniâtre, notre compatriote eut enfin réalisé son rêve, et qu'il se trouva en possession du redoutable canon que lui seul avait imaginé et que lui seul avait fait, heureux et justement fier, il se mit à l'essayer, et à tirer, comme il l'avait annoncé, trente coups à la minute. A chaque détonation du terrible instrument de mort, la maison tremblait sur ses fondements; on eût dit qu'elle allait s'écrouler. Mais les inventeurs ont cela de fâcheux et tout à la fois d'heureux, c'est qu'absorbés dans leur invention, ils ne voient qu'elle et se soucient fort peu du reste. Notre compatriote ne parut nullement s'apercevoir de la perturbation qu'il apportait partout autour de lui. Plus il tirait et plus il voulait tirer.

Les voisins, surpris et effrayés d'abord, finirent par en prendre leur parti, et s'habituèrent peu à peu à cette manœuvre d'artillerie qui les faisait trembler sur leur chaise et sauter dans leur lit.

Un voisin, demeurant sur le même palier que l'inventeur, voulut, par un sentiment de délicate bienveillance qu'on ne saurait trop louer, avertir les visiteurs étrangers à la maison et leur épargner de pénibles émotions. Il écrivit, sur un large écriteau placé près de la porte de l'inventeur, cet avis en grosses lettres : *Méfiez-vous ! ici on tire le canon.*

Le fils du propriétaire de ce canon, et qui est tout simplement un de nos violonistes les plus accomplis, émerveillé de l'invention de son père, se mit, lui aussi, à fabriquer un petit canon à sa manière, qu'il faisait partir alternativement avec le gros canon. Après chaque détonation formidable de la pièce de huit, il était rare qu'on n'entendît pas le coup sec, mais plus faible, du canon du fils qui répondait au père.

Personne ne se plaignit.

Pourtant, je n'oublierai jamais la piteuse physionomie d'un locataire de mœurs tranquilles, qui me dit un jour dans la rue et en regardant la maison de l'inventeur où il allait entrer :

« Quel tapage on fait dans cette maison ! »

Hâtons-nous de le dire, le canon de notre compatriote, qui a été examiné par les hommes les plus compétents et par les consuls français de New-York et de Washington, est unanimement admiré comme une merveille, un chef-d'œuvre de destruction. Il est très-positif qu'au moyen de cette pièce d'artillerie, que nous avons vue fonctionner, on peut tirer en toute sûreté de vingt-cinq à trente coups à la minute avec deux canonniers seulement, et en tournant une manivelle comme on joue de l'orgue de Barbarie. C'est effrayant! et si de pareils engins ne mettent pas un terme à la guerre par l'excès même du danger, ils ne contribueront pas peu à la destruction complète de l'espèce humaine.

Un autre Français, M. Lambert Alexandre, ingénieur à New-York, paraît avoir résolu un des plus difficiles problèmes de la mécanique moderne à vapeur. Il a supprimé les roues des bateaux à vapeur, qu'il remplace par un système de propulseur direct, continu et sans transmission de mouvement.

Nous avons vu un modèle de ce bateau fonctionnant dans la rivière de l'Hudson avec un plein succès, et aux applaudissements de tous les hommes compétents.

Les roues des bateaux à vapeur ont plusieurs inconvénients graves. En temps ordinaire, quand la mer n'est pas forte, les roues, pour accomplir leurs évolutions, soulèvent inutilement des masses d'eau et amoindrissent ainsi la force totale de la machine de trente à trente-cinq pour cent; en sorte qu'une force de cent chevaux, par exemple, se réduit à soixante-dix tout au plus. Dans les gros temps, c'est pis encore, et le roulis du navire fait que les roues tournent alternativement à vide.

Le système nouveau remédie à ces inconvénients et crée

des avantages nouveaux. D'abord les aubes, qui se trouvent submergées à quatre mètres environ, sur l'arrière du bâtiment, agissent sur une densité bien supérieure à celle de la couche dans laquelle fonctionnent les roues ordinaires. Ensuite le champ de surface des nouvelles aubes est trois fois plus étendu que celui des aubes dont on fait actuellement usage.

Dans ce système nouveau, qui révolutionnerait complétement la navigation, le pouvoir moteur est direct, comme nous l'avons dit; il est continu, et la résistance éprouvée par ces nouvelles aubes est pour ainsi dire nulle.

Enfin, et ce qui, pour la marine de guerre, est un avantage des plus précieux, la submersion des machines à côté de la quille les met entièrement à l'abri du canon ennemi.

D'après les calculs des hommes les plus compétents, les bateaux nouveaux ne feraient pas moins de 18 à 22 milles à l'heure. Ainsi, on traverserait en six ou sept jours l'océan Atlantique. Quels avantages immenses ne résulterait-il pas pour le commerce d'une semblable navigation ! La mécanique triomphante se jouerait du caprice des vents, qui pourraient la modérer dans sa puissance, mais ne l'arrêteraient jamais.

Et puis, pour la guerre, vous figurez-vous ces bateaux, marchant vingt milles à l'heure, ayant leur machine garantie, et étant armés des nouveaux canons qui tireraient trente coups à la minute ?

Au reste, M. Lambert Alexandre ne s'est pas contenté de doter les steamers d'un nouveau propulseur ; il a aussi inventé à l'usage de la marine en général un instrument admirable, destiné à remplacer le loch, si insuffisant, et auquel il donne le nom de sillométrographe. Cet appareil nautique, qui un jour prendra place sur tous les navires à côté de la boussole et de l'octan, marque sur un cadran la marche du navire, et écrit cette marche dans ses moindres variations sur un papier réglé à cet usage se déroulant et s'enroulant de lui-même. Rien de plus ingénieux et à la fois de plus exact et de plus solide que cet instrument, qui suffirait seul à la gloire de son inventeur.

Il y a dans toutes les villes importantes de l'Union des hommes établis qui font le commerce de *force*. Ils ont leur maison remplie de vapeur à la disposition des industriels qui ont besoin d'un moteur. On vient s'installer chez eux, et on leur loue un, deux, trois, quatre chevaux de force ou davantage, suivant les besoins. Ce commerce de force est assez curieux.

Un jour, je rencontrai un Américain qui me parut préoccupé désagréablement.

—Qu'avez-vous? lui dis-je. Vous paraissez contrarié.

—Un peu, me répondit-il ; je cherche partout un demi-cheval, et je ne peux pas le trouver. Les demi-chevaux ne sont pas communs depuis quelque temps; les propriétaires de chevaux ne veulent pas les détailler.

—Comment ! repris-je étonné, et ne comprenant pas ce que l'Américain voulait dire ; vous cherchez un demi-cheval ?

—Mais oui, me répondit-il sans s'apercevoir de mon étonnement; un cheval tout entier serait trop fort pour moi, et je me contenterai d'un demi-cheval. Est-ce que

par hasard vous connaîtriez quelqu'un qui pourrait me
céder un demi-cheval?

— Non, certainement, lui dis-je de plus en plus intrigué, mais est-ce que vous mangez du cheval maintenant?
le bœuf me semble préférable, quoi qu'on en ait dit.

—J'aime le bœuf, poursuivit-il en riant, et n'ai nulle
envie de manger du cheval. Je cherche un demi-cheval de
force de vapeur.

Dans tous les quartiers marchands de toutes les villes
des Etats-Unis, les maisons sont construites de manière à
recevoir des treuils et autres objets mécaniques pour
transporter les ballots de marchandises de la rue à tous les
étages des maisons. Il n'y a pas de portefaix en Amérique,
il n'y a, pour porter les fardeaux, que des charretiers
avec leurs charrettes et leurs chevaux, et des machines à
cet effet.

Un daguerréotypeur a eu l'idée d'établir une machine
à l'usage de ses clients, pour leur épargner la peine de
monter jusqu'à son atelier, situé au cinquième étage. On
s'asseoit dans un fauteuil au rez-de-chaussée, et le fauteuil,
en traversant toute la hauteur de la maison, vous conduit
doucement jusque dans l'atelier de l'artiste. Là, vous êtes
daguerréotypé en quelques minutes, et vous redescendez
par le même chemin aérien.

Il y a en Amérique des machines pour tous les objets,
et de petits *rail roads* à tous les usages.

L'été, dans les *ice cream saloons* et dans les restaurants,
de grands éventails mus par une machine invisible
agitent l'air en tous sens, et donnent une fraîcheur factice.

Dans les hôtels, des blanchisseries à la mécanique,

desservies par des négresses, blanchissent et repassent en deux heures le linge des voyageurs. Une machine nouvellement inventée par un Canadien met à profit les corps gras des cuisines, qui auparavant se trouvaient perdus, et en tire un gaz excellent pour l'éclairage. Enfin, tel est le goût des Américains pour les chemins de fer, que c'est sur un petit rail que, dans les églises, on fait rouler la chaire quand il plaît au prédicateur de prêcher. La chaire, cachée dans un coin de l'église, est ainsi placée jusque devant le maître-autel, où l'attend le prêtre qui va prononcer le sermon. Le bruit que fait la chaire en roulant ressemble au grondement du tonnerre.

C'est dans l'état de l'Indiana, à Longansport, que le ver solitaire a trouvé son maître dans la personne du docteur Alphens Myers. Ce célèbre médecin, qui est aussi un mécanicien des plus ingénieux, est l'inventeur breveté d'un *piége pour le ténia* dont nous trouvons la description dans le *Scientific American*.

Le piége est fabriqué avec une feuille mince d'or ou d'argent, selon les moyens du propriétaire du ver, et le luxe qu'il veut mettre à se guérir.

Ce piége contient un ressort en spirale sur lequel s'appuie une espèce de fourchette à dents très-pointues. Ces dents sont maintenues par une épingle ou cheville, qui repose sur une des pointes et la force à se soutenir sur le ressort. On ferme l'instrument, après y avoir mis pour amorce un morceau de fromage, dont le ver solitaire paraît très-friand.

Le malade doit préalablement jeûner plusieurs jours, du jeûne le plus rigoureux.

Quand le patient n'a plus rien dans l'estomac qui puisse servir de nourriture au parasite, et que le docteur suppose ce dernier suffisamment affamé, c'est le moment de tendre la ligne. On glisse adroitement le fil qui retient le piége à l'entrée de la gorge du malade, dont la bouche est tenue constamment ouverte au moyen d'un bouchon qu'on place entre ses dents. L'opérateur attentif, et toujours la ligne en main, doit saisir le moment où le bothriocephale, impatient de déjeuner, quitte enfin son obscure retraite pour venir dans le gosier jusqu'au fromage tentateur.

Il est des vers solitaires rétifs ou indécis, nous dit le docteur Alphens Myers, qui, avant de mordre à l'appât, laissent le malade la bouche ouverte pendant six heures, quelquefois dix heures, et même davantage, sans prendre une résolution satisfaisante. « Mais, ajoute le docteur Myers, il ne faut jamais se décourager. »

Et en effet, l'habile docteur finit toujours par contempler avec orgueil sa victime du bout de cette ligne d'un nouveau genre.

Nous avons parlé sommairement, dans un des chapitres précédents, d'une machine pour tuer des cochons. Cette étrange application de la mécanique moderne à vapeur mérite une mention détaillée. Les propriétaires de cette redoutable usine, où des milliers de cochons trouvent tous les jours une mort aussi prompte qu'extraordinaire, sont MM. Borello et Hinglinton de Cincinnati.

L'usine se compose de quatre grands corps de bâtiments rattachés tous par des ponts suspendus. Plus loin, comme des plaines vivantes que va bientôt faucher la dévorante machine, sont parqués d'innombrables troupeaux de porcs appartenant à différents propriétaires, qui les amènent à cette usine comme on apporte du blé au moulin pour le moudre.

A un signal du mécanicien en chef, on lève une balustrade qui communique à l'entrée du premier compartiment de la machine appelé l'égorgeoir, et l'opération de destruction commence. Les cochons, très-serrés l'un contre l'autre, voyant une issue, se précipitent dans ce corps de bâtiment jusqu'à un couloir étroit où ils ne peuvent passer qu'un à un. Arrêtés là un instant, ils ont le cou traversé par d'énormes couteaux mus par la vapeur comme tout le reste de la machine. Le cochon, égorgé en moins d'une seconde, se trouve pris par les pattes de derrière et traîné violemment par des crampons qui le hissent jusqu'à une certaine hauteur. Là, il reste suspendu un instant et passe plus loin sur un balancier mobile sans cesse en mouvement qui plonge l'animal dans un puits de vapeur et finit par l'étouffer en l'échaudant.

Le cochon, un moment plongé dans le gouffre, reparaît bientôt pour être saisi par de nouveaux crampons qui le traînent dans la brosserie. Cette brosserie cylindrique, munie de fortes brosses qui agissent en sens contraire, saisit le cochon et lui fait faire, en le brossant, de 10 à 15 révolutions dans une demi-minute. Ce laps de temps suffit pour épiler l'animal et lui rendre la peau blanche comme celle d'un jeune poulet. Après cette opération, il est encore saisi par des crampons qui le transportent, par un mouvement brutal et symétrique, dans un carré spécial, où il est fendu par le ventre depuis la queue jusqu'à l'extrémité du museau. Des ouvriers choisissent alors les bonnes parties,

qu'ils conservent, et jettent le reste dans une grande rigole
qui, par les cours, traverse les bâtiments et va se perdre
dans l'Ohio. Dans l'avant-dernière étape, où le cochon est
transporté par un arbre de couche, un effroyable compartiment de la machine le taille en tout sens et symétriquement. Plus loin, enfin, on sale les membres épars, qu'on
accroche aux fumoirs, pendant que les autres parties de
l'animal sont mises dans la saumure et enfermées dans des
barils.

Tout cela se fait avec une si étonnante promptitude
qu'on a de la peine à suivre les cochons dans ce rude et
multiple travail de tant d'opérations diverses. Les cochons
succèdent aux cochons, comme les chevaux de bois succèdent aux chevaux de bois dans le jeu circulaire qui
porte ce nom. Joignez à cela les cris rauques et sinistres
des cochons égorgés, suspendus en guirlandes sonores
partout autour de vous. Cette lugubre et horrible musique
n'a pas de fin, car au fur et à mesure que les cris d'un cochon disparaissent étouffés dans le puits de vapeur, la mécanique sans cesse en mouvement égorge un autre cochon qui apporte son contingent de sourdes lamentations.

Ce curieux établissement est souvent visité par les étrangers qui passent à Cincinnati. Ils y sont parfaitement reçus
par les propriétaires actuels, qui sont de véritables *gentlemen*. Un touriste français cite ce fait, qu'étant allé voir
cette usine un jour de grande fête où le travail se trouvait
suspendu, un des associés de la maison fit galamment tuer
pour lui seul une trentaine de cochons.

On ne saurait être plus aimable.

L'électricité, employée comme principe moteur, préoccupe vivement, en Amérique aussi bien qu'en Europe, le monde des savants et des inventeurs. Chacun sent que la grande révolution du progrès industriel est dans l'électricité, dont la puissance, mal développée et, pour ainsi dire, encore inconnue, doit un jour remplacer la vapeur avec des avantages que nul ne saurait calculer.

Au nombre des essais, en Amérique, qui tendent à réaliser ce progrès, nous avons vu fonctionner à New-York la machine électro-magnétique de l'invention de M. Larmengeat. Cette machine, exécutée en petit, il est vrai, consistait en un appareil simple mais néanmoins fort ingénieux qui faisait mouvoir une presse à imprimer avec une grande facilité et une promptitude étonnante. Le public s'est porté en foule aux expériences de l'habile inventeur, qui a peut-être réalisé (l'avenir nous l'apprendra) le grand problème de la force électrique appliquée aux machines.

Parmi les inventions les plus excentriques de l'Amérique, il en est une sortie du pays des Yankees purs, et qui en est bien digne. *Time is money.* C'est un lit réveille-matin qui ne manque jamais son but. Le mécanisme de ce lit est fort ingénieux et éminemment pratique. Il se monte de façon à produire à l'heure indiquée la plus éclatante et la plus désagréable de toutes les symphonies romantiques, fantastiques et charivariques. Si le dormeur n'est pas subitement réveillé par ce morceau d'harmonie, la mécanique bienveillante lui donne un second avertissement musical encore plus éclatant et plus désagréable que le premier. Mais si, malgré cette dernière symphonie, notre homme persiste à rester au lit par besoin de repos ou par paresse, la mécanique use de son troisième moyen, qui, celui-là, est infaillible : cette fois, et sans aucun accompagnement d'orchestre, un ressort opère sur le fond du lit, qui bascule inopinément et fait rouler par terre l'opiniâtre dormeur.

En France, on se sert de pendules réveille-matin quand on ne veut pas se laisser entraîner au charme du *far niente*, et faire, comme on dit, la grasse matinée ; mais on finit au bout de quelques jours par s'habituer à la pendule et on dort parfaitement au bruit qu'elle fait pour vous réveiller. Mais allez donc résister au lit réveille-matin des Américains, qui vous jette par terre au milieu des matelas et des couvertures en désordre ! On se réveillerait d'une tragédie même.

Un journal américain, l'*Uncle Sam*, a raconté, à propos du lit réveille-matin, une historiette assez piquante et dont il garantit l'authenticité.

M. W. D. S. avait récemment épousé la fille d'un riche négociant, une aimable et charmante personne à peine âgée de dix-sept ans. La noce eut lieu dans la maison du père de la fiancée, où il se trouvait un lit réveille-matin.

Rien ne manquait à la fête ; l'assemblée était nombreuse, élégante, et tout se passa pour le mieux au milieu des joies d'un pareil jour.

Minuit ayant sonné, les invités se retirèrent peu à peu, et les lumières diminuèrent dans la maison. Il ne resta plus bientôt que les grands parents, qui sortirent les derniers, laissant à leur félicité l'heureux couple qu'ils bénirent une dernière fois.

Vers la première heure du jour, et quand après les douces et vives émotions de la journée précédente, l'époux et sa

tendre compagne goûtaient enfin les tranquilles bienfaits d'un sommeil tout rempli de rêves délicieux, ils
furent soudainement réveillés par un affreux craquement
qui sortait de leur lit. Au même instant ils se sentirent
soulevés par une force invincible, et lancés au milieu de
la chambre.

Pressés dans les bras l'un de l'autre, ils jurèrent de
mourir ensemble, se croyant victimes d'un tremblement
de terre.

Ne doutant plus du triste sort qui leur était réservé, ils
attendirent la mort avec courage. L'époux trouva pour
consoler sa jeune femme les expressions d'une tendresse
passionnée.

Cependant la mort n'arriva pas, et ils ne tardèrent pas
à reconnaître qu'il n'y avait eu de tremblement que dans
leur lit.

Le lit réveille-matin, fort beau du reste, avait été assi-
gné comme couche nuptiale par le père de la mariée, sans
qu'il pût se douter du tour imaginé par le petit Tom, le
plus jeune enfant de la famille Ce terrible gamin avait
trouvé charmant de monter la mécanique du lit, après avoir
mis l'aiguille du réveil à cinq heures du matin. Il avait
pensé, l'espiègle, que les mariés seraient à cette heure
trop bien endormis pour se réveiller tout à fait au seul signal de la musique, et qu'ils seraient précipités au bas de
leur lit par la machine impitoyable.

Mais voici une machine d'un genre entièrement nouveau, digne de Mesmer et de Cagliostro. Cette machine
lugubre et pleine de mystère est, j'ose à peine le dire, une
machine à faire parler l'âme des défunts.

Jusqu'à ce jour, les esprits frappeurs, en Amérique, se donnaient de faux airs de coquette, et ne répondaient pas, ou répondaient si lentement qu'il fallait, pour ainsi dire, leur arracher les paroles une à une. C'était vraiment désespérant, surtout pour les Américains, qui n'aiment pas à perdre le temps. Grâce enfin à la mécanique du docteur Hare, de Philadelphie, les esprits sont devenus plus traitables ; si on ne les force pas positivement à parler, on comprend du moins mieux et plus vite ce qu'ils disent, et la conversation ne languit pas. Cette machine ingénieuse s'appelle SPIRITOSCOPE. Elle se compose de six parties parfaitement distinctes, mais ne pouvant cependant pas fonctionner isolément. Au lieu de compter un nombre de coups correspondants aux lettres alphabétiques, ce qui devenait beaucoup trop long pour peu que l'esprit fût loquace, on n'a plus qu'à jeter les yeux sur un cadran réunissant toutes les lettres, lesquelles viennent d'elles-mêmes former les mots suivant la volonté du muet interlocuteur. Pour M. Hare, qui, soit dit en passant, est un chimiste des plus distingués et un homme d'une réputation inattaquable, rien n'est plus aisé, au moyen du spiritoscope, que de se mettre en rapport avec les âmes de l'autre monde. C'est ainsi que ce docteur a eu de longues conférences avec César, qui lui a dit des choses étonnantes ; — avec la belle Cléopâtre, qui a été pour lui d'une amabilité charmante ; — avec Washington, qui a fortement approuvé l'invention du spiritoscope.

Mais on ne peut pas toujours causer avec les esprits, et, pour mettre son *esprit* à la diète, comme disait Buffon quand il lisait certains livres, M. Hare fait volontiers dan-

ser des tables. La table apparaît à l'inventeur du spiritoscope l'objet le plus intéressant et le plus charmant... après
le spiritoscope, bien entendu :

« Qu'y a-t-il au monde, s'écrie-t-il avec enthousiasme,
» qui soit préférable à la table? Avons-nous rien de plus
» cher? Elle est inséparable de notre existence. C'est sur la
» table que se traitent toutes les affaires : les achats, les
» ventes, les contrats, les lettres, tout se signe sur la table.
» La table, Messieurs, occupe la première place dans le
» fameux tableau de Trumbull, représentant la signature
» de la Déclaration de l'Indépendance. La table nous voit
» trois fois par jour réunis autour d'elle, et, quand l'ap-
» pétit nous manque, nous ne nous en écartons cependant
» pas, nous allons dans son voisinage jouir des douceurs
» de la conversation. C'est à tort que le coin du feu est
» regardé comme le symbole de la vie intime, car il arrive
» souvent qu'on le laisse de côté. Dans les pays tro-
» picaux, notamment, on s'en passe toujours. De la ta-
» ble, jamais ! »

Malheureusement pour M. Hare, il n'en est pas du spiritoscope comme des tables, dont on ne peut pas se passer,
et la spéculation du docteur me paraît très-hasardée, malgré la recommandation de Washington.

Mais si les esprits frappeurs sont un peu démonétisés en
Amérique aujourd'hui, ils peuvent au moins se glorifier
d'avoir eu un moment de vogue sans égale. Le sénat de
Washington a été saisi de la question des esprits frappeurs
en répondant à une pétition qui lui était adressée par
quinze mille signataires.

Aussi bien, et puisque le *spiritoscope* nous a amené sur

le terrain des farfadets tapageurs de l'Amérique, faisons quelques extraits de cette curieuse pétition. Ce sera un moyen de nous acquitter envers ces esprits frappeurs, tout en donnant une idée des plus exactes de la sensation produite aux Etats-Unis par cette apparition merveilleuse, adorable *blague* que n'a pas inventée M. Barnum, mais qui a dû l'empêcher de dormir bien mieux encore qu'aucun lit réveille-matin.

M. Shields prend la parole ; nous citons textuellement :

« J'ai l'honneur, dit-il, de présenter au sénat une pétition portant quinze mille signatures sur un sujet aussi singulier que nouveau.

» Les signataires représentent que certains phénomènes physiques et moraux, d'une nature toute mystérieuse, attirent l'attention publique en ce pays et en Europe. L'analyse partielle de ces phénomènes dévoile l'existence d'une force occulte qui se manifeste par le soulèvement, le glissement, la suspension, enfin par le mouvement qu'elle communique aux corps pondérables, contrairement aux lois naturelles.

» En second lieu, cette force se manifeste par des lueurs qui apparaissent tout à coup dans des lieux où aucune action chimique ni aucune phosphorence ne sauraient se développer, et par des sons mystérieux semblables, tantôt à des coups frappés par un esprit invisible, tantôt au murmure des vents et au grondement du tonnerre. Quelquefois, on entend le son de voix humaines ou de quelques instruments de musique étrange. Enfin cette force se manifeste aussi par des cures merveilleuses.

» Les pétitionnaires sont divisés d'opinion quant à l'origine de ces phénomènes. Les uns les rapportent à la puissance intelligente des esprits délivrés de l'enveloppe matérielle ; les autres prétendent qu'on les peut expliquer d'une manière rationnelle et satisfaisante. Mais tous s'entendent sur la réalité des phénomènes et demandent qu'une commission soit nommée pour procéder à une investigation patiente et scientifique. »

Après cette lecture, M. Weller demande ce qu'il convient de faire de cette pétition.

M. PETLER. Il faut la renvoyer aux trois mille ministres. (Rires.)

M. WELLER. Je propose le renvoi de la pétition au comité des affaires étrangères. Nous pouvons avoir occasion d'entrer en relations étrangères avec les esprits. Il importe donc que ce comité dont je fais partie décide si les citoyens américains perdent leurs droits en quittant ce monde. (Nouveaux rires.)

M. SHIELDS. J'y consens certainement, pourvu que le président du comité se sente la force de traiter un sujet aussi sérieux. Mon premier mouvement eût été pour le renvoi au comité des routes postales, parce qu'il peut y avoir moyen d'établir un télégraphe entre ce monde et le monde spirituel. (Hilarité générale.)

Terminons ce chapitre en mentionnant un fait qui intéresse singulièrement l'histoire des machines à vapeur appliquées à la marine. Nous trouvons ce fait relaté dans un petit livre très-curieux et devenu fort rare aujourd'hui. Ce sont les récits d'un voyage en Amérique écrit par Brissot le conventionnel, et imprimé à New-York, en

1792, par Berry et Rogers, 35, Hanover square. Nous y voyons que, dès l'année 1788, on faisait sur la Delaware, près de Philadelphie, des essais dispendieux de bateaux à vapeur. L'inventeur, M. Fitch, avait trouvé des associés pour partager avec lui les dépenses, et il se voyait déjà disputer sa découverte par M. Rumsey, qui construisait un navire destiné à traverser l'Océan en quinze jours. Sur le bateau de M. Fitch, la machine à vapeur mettait en mouvement trois larges avirons d'une force considérable, qui devaient donner soixante révolutions par minute. Mais les Américains n'accordaient aucune foi à une invention qui devait plus tard opérer une si prodigieuse révolution dans l'industrie et le commerce, et leur indifférence découragea bientôt les hardis et ingénieux inventeurs. Fulton, né dans la Pensylvanie, avait alors vingt ans ; les essais de Fitch ont dû lui être connus. C'est seulement en 1802 que Fulton fit des expériences en grand à Paris, et en 1807 qu'il lança son premier steamboat sur la rivière de l'Hudson. Mais, cent ans auparavant, un médecin français, Denis Papin, n'avait-il pas fait marcher par la vapeur un bateau à roues sur la rivière Fulda, à Cassel ?

Quoi qu'il en soit, on le sait, ce ne sont jamais ou presque jamais les premiers inventeurs qui récoltent le fruit de leurs découvertes. Christophe Colomb découvre l'Amérique, et on donne au nouveau continent le nom d'Amérique, qu'on aurait dû appeler Colombie. A différentes époques Papin, Fitch, Rumsey, inventent successivement les bateaux à vapeur, et c'est Fulton qui en porte la gloire, pour en laisser toutefois à d'autres les immenses bénéfices.

Ainsi vont les choses dans ce monde d'exaspérante sottise, où rien n'est à sa place, où la fortune marche les yeux bandés, distribuant ses faveurs à tort et à travers, bien ou mal, au milieu d'une cacophonie morale à rendre insensé de désespérance si elle ne faisait rire de pitié.

IX

LA NAVIGATION EN AMÉRIQUE.

Le nombre des navires américains qui sillonnent toutes les mers est vraiment prodigieux. Si les Américains n'avaient pas recours aux marins de toutes les nations pour le service de leur commerce maritime, il y aurait en vérité plus d'Américains vivant sur mer que sur terre. Partout, au sud comme au nord, à l'est comme à l'ouest, en pleine mer comme sur les côtes, on voit les navires américains dans une proportion considérable. L'Amérique ne périrait pas s'il survenait un tremblement de terre qui bouleversât son territoire ; la population flottante des mers suffirait, avec les richesses provenant des navires, pour reconstruire de nouveaux et florissants Etats.

Dans tous les ports si nombreux des Etats-Unis, ce ne sont que navires serrés étroitement les uns contre les autres, formant comme d'immenses forêts de mâts. Les chantiers de construction s'augmentent tous les jours, et l'activité qui y règne partout tient du merveilleux. Je ne sais pas si la marine marchande américaine est la meilleure au point de vue de la science des marins et de la composition des équipages ; je ne le crois pas, et, si l'on en juge par les nombreux sinistres de navires américains, cette marine est, au contraire, la plus mauvaise. Je ne sais pas non plus si leurs bâtiments, généralement bons marcheurs, sont les plus solides ; je ne le crois pas davantage, eu égard à la nature du bois qu'ils emploient. Et, .quant à leur marine de guerre, peu considérable du reste, elle est, de l'avis même des Américains, pourtant si orgueilleux, inférieure sous plusieurs rapports, et surtout comme discipline, à notre marine française et à la marine anglaise.

Dernièrement, le ministère de la marine avait proposé un plan relatif à l'établissement d'un corps permanent de marins, et donné des instructions ayant trait à l'organisation d'une académie navale. M. Fillmor était encore à cette époque président de la république. Il répondit à ces propositions par ces paroles, qui peignent parfaitement l'état de la marine de guerre américaine :

« Le premier de ces projets doit, dans mon opinion,
» contribuer grandement à l'amélioration du service, et je
» le considère comme ayant d'autant plus droit à la faveur
» publique qu'il devra exercer une influence salutaire *sur*
» *la discipline maritime, fort ébranlée en ce moment par*
» *l'esprit d'insubordination qui augmente chaque jour et*
» *qui résulte de notre système actuel.* »

M. Fillmor approuvait aussi la réorganisation de l'académie navale. Mais il trouvait dangereuse l'abolition des peines corporelles dans la marine. « Je crois, disait-il, que
» tout changement ayant pour objet d'abolir à jamais ce
» genre de punitions devra être précédé d'un système
» d'enrôlement qui fournisse à la marine d'excellents ma-

» telots, dont la bonne conduite et la dignité de caractère
» ôtent toute occasion de recourir à des châtiments d'une
» nature dure et dégradante. »

Ce qu'il y a de fort étrange, c'est qu'en 1850, quand
passa la loi de l'abolition des peines corporelles à bord
des navires de guerre, il y eut une véritable insurrection
de la part des matelots. Ils menaçaient de déserter en
masse si on ne rétablissait pas la loi primitive, et si on
persistait à les priver des coups de pied, des coups de
poing et des coups de corde auxquels les matelots américains avaient toujours eu droit.

Quelques passes de garcettes vigoureusement appliquées, et une distribution convenable de coups de pied et
de coups de poing, rétablirent l'ordre compromis, et
prouvèrent aux marins satisfaits qu'ils n'avaient pas trop
préjugé de la bonté de leurs chefs et de leur complaisance,
en réclamant comme ils l'avaient fait le rétablissement
des châtiments corporels.

Il est vrai que cette réclamation était faite par les bons
matelots, qui avaient tout à craindre de la séquestration
et rien de la corde, ou fort peu. En effet, l'arrestation d'un
matelot coupable imposait un double travail à ceux des
matelots qui étaient restés fidèles à leur devoir, et les plus
punis en ce cas étaient précisément ceux qui n'avaient pas
commis de faute. La chance de se voir exposé à un service
trop pénible et hors de tour aurait fini par éloigner de la
marine de guerre les meilleurs matelots. Ainsi donc, dans
le pays de la liberté par excellence et sous le régime
d'une constitution éminemment démocratique, il faut,
comme en Russie, l'intervention du knout pour rappe-

ler certains hommes à leur devoir ! Pauvre humanité !

Quoi qu'il en soit, il est impossible, pour peu qu'on ait l'amour de la navigation, de ne pas être vivement frappé de la beauté des clippers américains, véritables poissons volants ; de la grandeur imposante de leurs steamers, et de la magnificence de leurs steamboats de rivière. Ce n'est pas dans les villes des Etats-Unis qu'il faut chercher les monuments de l'Amérique ; les monuments sont les navires à vapeur, qu'il faut aller voir sur l'Hudson, l'Ohio et le Mississipi, promenant leur triomphante majesté.

Tout en Amérique commandait le progrès et l'impulsion de la navigation : le génie commercial de ce peuple, l'immense étendue des rivières et des lacs, la nature même des produits d'exportation. Le coton que les Américains cultivent en si grande quantité dans le sud de leurs Etats, n'a pas peu contribué à donner à leurs navires les larges proportions qu'on admire. Le coton, plus volumineux que lourd, exige des cales profondes et une structure particulière de bâtiments. En agrandissant ainsi dans une proportion considérable la dimension des navires de commerce, les Américains ont accompli un progrès réel et résolu un problème.

On croyait naguère encore que les navires d'un tonnage moyen tenaient mieux la mer dans les gros temps et avaient une meilleure marche. Cette erreur a été victorieusement démontrée par les navires de deux et trois mille tonneaux, qui, au contraire, luttent mieux contre la tempête et sont généralement plus fins voiliers. L'arche de Noé, dont quelques historiens n'ont pas craint de donner les dimensions colossales, ne serait aujourd'hui

qu'un méchant bateau couvert, que les grands clippers
américains chargeraient sur leur avant en guise de cha-
loupe. Noé eût dû être fort humilié dans son amour-
propre de constructeur de navire à la vue du *Great-
Republic*, ce géant des mers, le mastodonte des clippers.

J'ai eu le plaisir de visiter en détail ce chef-d'œuvre
naval, quelques jours seulement avant que le feu, fléau de
l'Amérique, l'eût consumé dans la baie de New-York, où
il se trouvait en chargement. Ce sinistre si imprévu a été
l'objet d'un deuil national de la part des Américains, si
justement fiers de leurs clippers. C'était un spectacle
vraiment douloureux de voir ce noble et beau navire,
destiné à commander les mers, ainsi brûlé sur ses ancres,
sans qu'on pût lui porter secours, et la veille du jour où
il devait prendre la mer pour la première fois. La population entière de New-York est allée contempler ce sinistre
et navrant spectacle. On eût dit que le navire, rongé par
la flamme, souffrait de cette mort prématurée, et on souffrait avec lui. L'intérêt qui s'attachait à ce clipper, le plus
vaste navire du monde, s'augmentait encore de toutes les
difficultés que son constructeur avait eues à surmonter.

C'est un simple ouvrier d'Est-Boston, nommé Donald
Mac-Kay, qui, sans l'appui d'aucun banquier ni d'aucune
maison de commerce, était parvenu, à force d'énergie, à
mener à fin cette gigantesque entreprise, le rêve d'une
vie laborieuse. Le *Great-Republic* avait 325 pieds de long,
53 de large, et autant de profondeur. Il n'avait pas moins
de quatre ponts au complet, et pouvait recevoir de six à
huit mille tonneaux de fret. On évaluait à 2,380 tonnes
le chêne blanc qui entrait dans sa charpente et dans ses

courbes, et à 1,500,000 pieds le sapin dur dont on s'était
servi dans les contre-quilles, les planchers, le tillac, les
faux-ponts, le bordage, etc. On portait à 300 tonneaux le
fer employé sous diverses formes, le cuivre à 56 tonneaux
et les courbes à 1,600. Ce navire, qui était partout doublé
de cuivre, avait vingt-cinq pieds d'élévation, et on estimait qu'il n'avait pas fallu moins de 50,000 journées de
travail pour le construire.

Quoique d'une si vaste capacité, ce navire réunissait
toutes les qualités de beauté, de force et de vitesse. Et, à
ce propos, il est bon de dire qu'en un seul jeu, il étalait
16,000 yards de voiles. De ses quatre mâts, car ce clipper
avait quatre mâts, le second, à l'avant, était gréé comme
l'artimon d'une barque ; les trois autres avaient le grée-
ment carré de torbes. Le grand mât avait quatre pieds de
diamètre et 131 pieds de haut ; la grande vergue avait de
son côté 28 pouces de diamètre et 120 pieds d'envergure.
Le reste de la mâture était en proportion. Les cabines se
trouvaient entre les deux ponts supérieurs. Enfin, dans ses
vastes flancs, le clipper contenait une machine à vapeur
de la force de 15 chevaux, destinée à faire tout le gros ouvrage, tel que charger les voiles, les décharger et les his-
ser. M. Mac-Kay, qui comptait faire naviguer ce léviathan
des mers à ses propres risques et périls, en avait confié le
commandement à son frère, L. Mac-Kay, déjà connu
comme capitaine du *Sovereign of the Seas.*

En quelques heures, le feu, communiqué au navire par
une flammèche détachée d'une maison incendiée sur le
port, a détruit cette merveille, dont il reste pourtant encore quelque chose. Le feu avait tout dévoré jusqu'à la

flottaison, mais n'avait pas atteint plus bas. Sur cette partie intacte du clipper, on a reconstruit un nouveau navire
qui, sans être l'égal du premier, est néanmoins encore le
plus beau de tous les clippers à flot, et l'un des meilleurs
marcheurs que l'on connaisse.

Le culte de la navigation est si général en Amérique
qu'il n'est presque pas un *office* ou un *bar-room* où l'on
ne voie soigneusement encadré le dessin des principaux
steamers ou clippers à côté du schooner de M. Stevens. Ce
célèbre schooner a remporté le prix sur les Anglais dans
la traversée de New-York en Angleterre. La rivalité qui
existe entre les marins américains et anglais dépasse tout
ce qu'on peut imaginer. Je plains de tout mon cœur les
passagers d'un navire américain rencontré en mer par un
navire anglais qui serait meilleur marcheur. l'Américain
ferait voile de toute pièce pour dépasser son adversaire ;
il casserait ses mâts et sombrerait plutôt que d'être vaincu. Il y a à Boston un ancien marin qui s'est fait ministre
protestant de désespoir, parce qu'il avait été dépassé par
trois navires anglais dans un voyage aux Indes. « J'aurais
voulu sombrer avec mon navire et mourir, plutôt que de
supporter une telle vexation, disait-il, mais Dieu ne l'a
pas voulu, et je me suis consacré à lui tout entier. »

Le premier bateau à vapeur qui ait jamais entrepris un
voyage entre l'ancien et le nouveau monde, est le steamer
américain le *Savannah* ; aucune contestation ne paraît
possible à cet égard, car le fait est consigné dans les an-
nales de Liverpool, et les circulaires commerciales du
temps, en relatant cet événement, constatent la priorité du
pavillon américain.

Le *Savannah* était du port de 380 tonneaux, gréé en trois-mâts-barque et muni d'une machine horizontale. Il partit de Savannah (Georgie) le 26 mai 1819, et arriva à Liverpool, après une traversée de vingt-cinq jours, sur lesquels sa machine avait fonctionné seulement pendant dix-huit. D'après une autre version, et suivant le témoignage d'un des officiers du *Savannah*, il n'aurait mis que dix-huit jours, sa machine ayant fonctionné pendant sept jours seulement. Ce qu'il y a de certain, c'est qu'au milieu de l'Atlantique, dans la crainte de manquer de combustible, on démonta les roues, pour épargner le charbon et profiter d'une brise favorable qui s'était élevée ; à la voile, le navire marchait plus facilement lorsque les roues étaient démontées, mais aux approches de la côte anglaise, on replaça tout l'appareil de locomotion, afin de terminer le voyage comme il avait été commencé, c'est-à-dire à l'aide de la vapeur.

La vue de ce nouveau bâtiment, venant du large, sans l'aide de la voile, excita la plus vive admiration, en Angleterre. Comme le *Savannah* remontait le canal Saint-Georges, le commandant d'une division anglaise, voyant venir à lui, du large, un bâtiment à sec de toile et couronné d'une épaisse fumée qui paraissait s'échapper de la mâture, crut à un incendie, et, après avoir mouillé dans ses eaux, envoya deux pirogues à son secours ; mais, dès qu'il eut reconnu son erreur, il se rendit lui-même le long du bord du steamer pour examiner plus attentivement cette merveille. A l'entrée des docks de Liverpool, le *Savannah* fut reçu avec des hourrahs d'enthousiasme, et le capitaine se vit fêté par tous les corps constitués de la ville.

Ce n'est que dix-neuf ans plus tard, soit seulement en 1838, que les premiers steamers anglais traversèrent l'Atlantique. Ce fut d'abord le *Sirius*, venant de Cork, et entré à New-York le 23 avril 1838, suivi, quelques heures plus tard, du *Great-Western*, venant de Bristol. Le *Sirius* avait effectué son voyage en dix-huit jours, et le *Great-Western*, en quinze. Le *Sirius* est ainsi le premier steamer transatlantique anglais qui soit arrivé aux Etats-Unis, et le premier en même temps qui y soit arrivé comme pionnier d'une ligne régulière.

Une question maritime de plus haut intérêt politique et commercial s'agite en ce moment. Cette question n'intéresse pas seulement les Etats-Unis, mais le monde entier.

Dans les conférences qui ont eu lieu à Paris dans les mois de mars et avril dernier, pour le rétablissement de la paix avec la Russie, le congrès a adopté sur la marine les quatre propositions suivantes :

« 1° La course est et demeure abolie ;

» 2° Le pavillon neutre couvre la marchandise de l'ennemi, à l'exception de la contrebande de guerre ;

» 3° Les marchandises neutres, à l'exception de la contrebande de guerre, ne sont pas soumises à la prise sous le pavillon de l'ennemi ;

» 4° Les blocus, pour être réels, doivent être efficaces, c'est-à-dire maintenus par une force réellement suffisante pour empêcher l'approche de la côte ennemie. »

Le gouvernement des Etats-Unis, en adhérant aux trois dernières propositions, refuse nettement d'accéder à la première qui est la plus importante.

Déjà le président actuel, M. Pierce, s'était montré hostile
à la suppression des corsaires, proposée en 1854 par le
roi de Prusse. L'abolition, disait en substance le général
Pierce, ne peut être désirée que par les puissances qui entretiennent un armement naval considérable, en proportion de leur commerce. M. Marcy, l'organe du gouvernement en cette circonstance, reprend cet argument qu'il
développe du reste avec beaucoup de talent. Il arrive à cette
conclusion, que les Etats-Unis, en repoussant l'abolition de
la course, ne servent pas seulement leurs propres intérêts,
mais aussi ceux de toutes les nations qui ne sauraient
prétendre à devenir puissance maritime dominante.

« Les Etats-Unis, dit-il, regardent les marines puis-
» santes et les grandes armées constituées, en tant qu'éta-
» blissements permanents, comme nuisibles à la prospérité
» d'une nation et dangereux à la liberté civile.

» Les dépenses pour les maintenir sont à charge au
» peuple ; ils sont, aux yeux de ce gouvernement, et dans
» une certaine mesure, une menace contre la paix entre
» les nations. Une force considérable, toujours prête à ser-
» vir aux éventualités de la guerre, est une tentation pour
» s'y précipiter. La politique des Etats-Unis a toujours été,
» et jamais plus qu'aujourd'hui, contraire à de tels éta-
» blissements, et jamais ils ne seront entraînés à adhérer
» à aucune modification de la loi internationale qui puisse
» rendre nécessaire pour eux de maintenir, en temps de
» paix, une puissante marine ou une grande armée régu-
» lière.

» S'ils sont obligés de revendiquer leurs droits par les
» armes, ils sont satisfaits, dans la situation actuelle des

» relations internationales, de compter pour leurs opéra-
» tions militaires, sur terre principalement, sur des trou-
» pes volontaires, et pour la protection de leur commerce,
» dans une mesure qui n'est pas peu importante, sur leur
» marine marchande.

» Si ce pays était privé de ces ressources, il serait obligé
» de changer de politique et de prendre devant le monde
» une attitude militaire. »

» En résistant à toute tentative de modifier le code
» maritime existant qui peut amener un pareil résultat,
» le gouvernement des Etats-Unis voit autre chose que
» son propre intérêt, et embrasse dans ses vues l'intérêt
» de toutes les nations qui ne peuvent nullement arriver à
» être puissance maritime dominante. Leur situation, sur
» ce point, est semblable à celle des Etats-Unis, et, pour
» elles, la protection du commerce et le maintien des re-
» lations internationales pacifiques indiquent, aussi éner-
» giquement que pour ce pays, la résistance au change-
» ment proposé dans la loi admise des nations.

» Pour ces nations, abdiquer le droit de recourir aux
» lettres de marque, ce serait se soumettre à des consé-
» quences les plus contraires à leur prospérité commer-
» ciale, sans aucun avantage en compensation. Très-cer-
» tainement on ne peut donner de meilleures raisons
» pour un tel abandon que celui de se priver du droit de
» recevoir les services de volontaires ; et la proposition
» d'abandonner le premier ne mérite pas, dans la pensée
» du président, plus de faveur qu'une proposition sem-
» blable pour le second. »

« Il ne devrait certainement pas y avoir le moindre

» étonnement de ce que des puissances maritimes impor-
» tantes veuillent bien abandonner le système, relative-
» ment peu important pour elles, de se servir de corsaires,
» à la condition que des puissances plus faibles consen-
» tent à abandonner leur moyen le plus efficace de dé-
» fendre leurs droits maritimes.

, » Dans l'opinion de ce gouvernement, il y a sérieuse-
» ment à redouter que, si l'usage des corsaires était
» abandonné, la domination des mers ne soit donnée aux
» puissances qui adoptent la politique de maintenir de
» puissantes marines et en ont les moyens. Celle qui a une
» supériorité maritime réelle serait de fait la maîtresse de
» l'Océan, et, par l'abolition de la course, cette domina-
» tion serait plus fermement assurée.

» Cette puissance, engagée dans une guerre avec une
» nation inférieure en force maritime, n'aurait rien de
» plus à faire pour la sécurité et la protection de son com-
» merce qu'à surveiller les bâtiments de la marine régu-
» lière de son ennemi. Ils pourraient être tenus en échec
» par la moitié au moins de sa force maritime, et l'autre
» moitié pourrait balayer le commerce de son ennemi de
» l'Océan.

» Les effets désastreux d'une grande supériorité mari-
» time ne seraient pas beaucoup amoindris si cette supé-
» riorité était partagée entre trois ou quatre grandes
» puissances. Il est hors de doute de l'intérêt des Etats les
» plus faibles de combattre et de rejeter une mesure qui
» pousse au développement d'établissements maritimes
» réguliers. »

Sans entrer dans ces débats assurément fort graves,

nous opposerons à M. Marcy l'autorité de Benjamin
Franklin, qui a écrit :

« L'usage de piller les marchands sur la mer, reste de
» l'ancienne piraterie, quoiqu'il puisse être avantageux
» à quelques personnes, *est loin d'être profitable* à tous
» ceux qui s'y engagent ou *à la nation qui l'autorise.*
» Dans le commencement d'une guerre, quelques riches
» bâtiments ne se tenant pas sur leurs gardes sont surpris
» et capturés, ce qui encourage les premiers aventuriers
» venus à équiper d'autres navires armés ; mais l'ennemi,
» devenant plus attentif, équipe avec plus de soin ses
» navires marchands ; ils naviguent sous la protection
» des convois, et tandis que les corsaires se multiplient
» pour les prendre, le nombre des navires sujets à être
» pris diminue tellement qu'il y a beaucoup de courses
» où les dépenses excèdent le gain, et que, bien que des
» aventuriers trouvent un butin profitable, la masse y
» perd, puisque la *dépense faite en équipant des corsaires*
» *pendant la guerre excède de beaucoup la valeur des ob-*
» *jets capturés.* Ajoutez à cela la perte nationale du tra-
» vail de tant d'hommes qui dépensent en ivrognerie et
» en excès ce qu'ils pillent ; qui, perdant leurs habitudes
» d'industrie, sont rarement capables d'une occupation
» raisonnable après la guerre, et ne servent plus qu'à
» augmenter le nombre des vauriens et des voleurs. Juste
» punition que le ciel leur envoie pour avoir, de sang-
» froid, ruinés tant d'honnêtes marchands qui gagnaient
» la fortune de leurs familles, en servant les intérêts
» communs de l'humanité. »

Ces paroles pleines de sens sont un excellent commen-

taire de la déclaration du Congrès de Paris, et une réponse
péremptoire aux arguments de M. de Marcy. Je sais que
la seule force maritime, pour ainsi dire, de l'Amérique,
consiste dans la rapidité avec laquelle, en cas de besoin,
elle pourrait convertir ses bâtiments marchands en bâtiments de guerre sous la loi maritime actuelle qui sanc-
tionne la course ; mais la course, comme le dit Franklin,
n'est qu'un reste de piraterie, et la piraterie est un crime
odieux.

Il y a près de New-York, à Brooklin, un arsenal assez
beau et un musée naval assez laid. On ne voit guère dans
ce musée que des peintures médiocres représentant les
combats heureux des Américains contre la flotte anglaise
à l'époque de la guerre de l'Indépendance.

En revanche, dans le Staten-Island nous avons visité la
maison de refuge pour les marins civils. Ce magnifique
établissement a été fondé par un capitaine de navire américain enrichi, pour servir de retraite aux pauvres marins
infirmes ou vieux de tous les pays. Les marins, dont la
vie toute d'abnégation se passe au milieu des dangers et
des privations, dont le salaire mesquin ne leur permet
dans aucun cas de faire des économies, trouvent dans cette
maison, grâce à la généreuse pensée de son noble fondateur, les soins les plus empressés et le repos de leur vieil-
lesse. J'ai vu là plusieurs Français qui, ayant servi quelques années dans la marine américaine, avaient mérité
par cela les bénéfices de la retraite. Le fondateur des inva-
lides civils marins n'a pas voulu avantager son pays au
détriment des autres, et n'a pris en considération que le
dévouement et les services rendus.

Voilà un bel et noble exemple de véritable philan-
thropie.

X

LES RELIGIONS EN AMÉRIQUE.

L'Amérique du Nord est le musée le plus complet de
toutes les doctrines religieuses que produit ce besoin presque universel de l'homme d'espérer dans une autre vie
le dédommagement des misères de celle-ci.

La liberté complète des cultes, fortifiée par l'indépendance indomptable de l'esprit américain, a permis de tout
essayer en matière de religion, aussi bien qu'en matière
de socialisme, dans ce pays où le gouvernement ne peut
mettre aucune entrave à la pensée, où les institutions
admettent toute espèce de progrès, où le peuple enfin ne
connaît aucune sorte de préjugés.

Les États-Unis sont le vaste champ de la pensée humaine ; c'est là que viennent s'ensemencer, prendre racine
et fructifier les idées philosophiques, sociales et religieuses,
que l'Europe ne tolère qu'à l'état de graines desséchées
dans les vitrines de ses bibliothèques. N'eût-elle que cette
gloire, la gloire d'accueillir et de permettre toutes les tentatives de l'esprit philosophique, en vue du bonheur de
l'humanité, l'Amérique aurait droit à l'éternelle reconnaissance du monde. Il n'est point d'idées spéculatives,
utopiques ou mêmes paradoxales, qui n'aient été prati-
quées aux États-Unis. Souvent, pendant que nous autres
Européens nous discutons longuement et savamment sur

les mérites et la possibilité de telles ou telles institutions, pour n'arriver d'ordinaire à aucune conclusion, les Américains, éminemment pratiques, les ont déjà essayées et en ont reconnu les défauts ou les avantages.

Cette grande liberté d'action dont jouissent les États-Unis, loin d'être un danger pour la société, est au contraire le plus sûr moyen de prévenir les éclats de toute révolution. Les révolutions naissent de la contrainte des idées et des empêchements apportés à leur réalisation. Les idées trop longtemps comprimées dans le lit étroit qu'on leur creuse, finissent, comme des flots en fureur, par remplir leurs digues et par déborder. Alors le bien devient le mal ; ce n'est plus le progrès fécondant que la pensée apporte avec elle, c'est le ravage, c'est la destruction qu'elle entraîne à sa suite, comme les flots débordés eux-mêmes, qui, mieux dirigés, eussent fertilisé le sol au lieu de le dévaster.

En Amérique, ce danger n'est pas à craindre ; les tempêtes de la pensée sont impossibles. La liberté, cette grande soupape de sûreté des civilisations avancées, ne permet pas aux idées de s'amonceler pour fondre sur les institutions comme des trombes que rien n'arrête dans leur course destructive ; le trop-plein de la pensée s'écoule doucement et constamment dans les utiles travaux de l'expérience. Une idée de quelque valeur pour le bien-être de la société vient-elle à surgir : elle est aussitôt mise en pratique, simplement, sans efforts, sans résistance ; si l'idée est bonne, tout le monde en profite ; mais si, malgré les apparences contraires, elle est illusoire, on la rejette, et il n'en est plus question. La classe des mécontents, si nombreuse en Europe, n'existe pas en Amérique. En effet, les mécontents n'y peuvent être mécontents que de leur propre conduite, et l'on ne se garde pas longtemps rancune à soi-même.

Un seul danger, à notre sens, est à craindre en Amérique : ce sont les discordes religieuses.

La pratique mal comprise des cultes, en exaltant quelquefois les esprits outre mesure, fausse la raison par le fanatisme, et détruit la liberté par l'intolérance. Si un jour des pages sanglantes viennent ternir le beau livre à peine commencé de l'histoire des États-Unis, il ne faudra en chercher la cause ni dans la politique générale de ce pays, ni dans les intérêts divers de ses États séparés par des lois particulières et rattachés par des principes communs, ni dans les anomalies regrettables, ni dans l'administration de la justice, encore défectueuse en beaucoup de points, ni dans l'inexplicable loi de l'esclavage dans les Etats du Sud, ni dans toute autre circonstance, qui pourra bien entraver l'essor de la prospérité, mais ne l'arrêtera pas. Non, le danger de l'équilibre américain, de l'avis même des plus savants économistes, est tout entier dans les guerres de religion. Le fanatisme religieux risque fort d'apporter dans le nouveau monde, comme il l'a jadis apporté dans l'ancien, son contingent de discordes, de supplices et de massacres. Toutefois, ajoutons vite que si ces funestes symptômes de dissolution sont assez marqués pour qu'on soit en droit de tout craindre dans l'avenir, ils sont encore trop faibles pour menacer le présent, l'intolérance religieuse, source du mal futur, n'ayant encore qu'une influence partielle.

Aussi, grâce à la tolérance générale, voit-on se produire en Amérique les cultes les plus variés et les plus extraordinaires; ils naissent tous de l'interprétation différente de la Bible, que chacun vénère et commente à sa manière.

Nous n'avons pas certes la prétention de faire l'historique, même abrégé, de toutes les sectes qui pullulent dans le nouveau monde; ce travail serait beaucoup trop long. Nous sommes loin d'ailleurs de connaître toutes les doctrines spirituelles qu'enfante presque chaque jour le génie de la spéculation américaine, adroitement mêlée au culte du Très-Haut. Enfin, nous ne voulons pas faire de l'érudition d'emprunt. Nous nous bornerons donc à rapporter, sur les cultes en Amérique, ce que nous avons pu observer par nous-même.

Mais par où commencer? Et...

Devons-nous visiter cette foule d'églises
Que chacun fait bâtir, blanches, rouges ou grises,
Morave, universel, juif, presbytérien,
Réformé, protestant, quaker, luthérien,
Unitaire et mormon, romain et méthodiste,
Baptiste, épiscopal, congrégationnaliste,
Millévite, cheiker et swedenborgien,
Calviniste, dunker et bachelorien?

Nous pourrions allonger de beaucoup cette nomenclature, car, en Amérique, on voit, pour ainsi dire, pousser des temples de toutes parts, comme des champignons après une pluie d'orage.

Le premier temple dans lequel le hasard nous conduisit à notre arrivée à New-York était un temple protestant de la secte des méthodistes. Cette secte est la plus froide et la plus monotone de toutes les sectes puritaines. Les méthodistes ont des chants psalmodiques à côté desquels notre plain-chant catholique ferait l'effet des plus brillantes cavatines de Rossini. La seule audition de ces chants, articulés en tremblant par les voix nasillardes de ces messieurs et de ces dames, me paraît la plus salutaire pénitence que puisse s'infliger tout pécheur un peu bien organisé pour la musique. Sans compter que les méthodistes ont la désagréable habitude de se repentir tout haut dans l'église, pendant le sermon du prédicateur, ce qui fait le plus singulier concert de soupirs et de plaintes qu'on puisse imaginer.

En entrant dans ce temple rigide, que nulle peinture ne décore, qu'aucun ornement architectural n'embellit, je ne pus me défendre d'un sentiment de tristesse. Il me semblait que j'entrais dans un vaste tombeau de famille, et que tous les méthodistes présents étaient des trépassés, habilement embaumés par le procédé Gannal.

Le prédicateur monta en chaire et exhorta les assistants à se repentir de leurs fautes. Aussitôt j'entendis un sourd gémissement partir d'un des côtés de l'église.

— Mon Dieu ! dis-je à mon voisin, quelqu'un ici se trouve mal !

Mon voisin me regarda d'un air surpris et ne me répondit pas.

Un gémissement, plus sourd et plus lugubre encore que le premier, se fit entendre dans une autre partie de l'église sans que le premier gémissement eût cessé.

—Mon Dieu! dis-je encore à mon voisin, une autre personne se trouve aussi mal!

Pour toute réponse, mon voisin se mit à gémir à son tour, comme un fidèle caniche qui a perdu son maître.

Toute l'assistance ne tarda pas de l'imiter; tout ce monde pleurait, soupirait, gémissait, mugissait, autrement dit se repentait.

Les cheikers sont aussi singuliers que les méthodistes. Ils n'ont pas de prédicateurs attitrés. Ils attendent dans le temple, pour prendre la parole que le Saint-Esprit descende en eux, les éclaire et les inspire. Les femmes, comme les hommes, ont le droit de prêcher quand elles se sentent animées de l'Esprit saint. Pour provoquer le Saint-Esprit à descendre jusqu'à eux, les assistants se mettent à trembler de tous leurs membres. Ce tremblement dure plusieurs minutes. Enfin, l'homme ou la femme qui se sent inspiré fait part de la bonne nouvelle à ses coreligionnaires, lesquels cessent de trembler pour l'écouter respectueusement. Souvent, c'est une vieille femme à moitié folle qui prononce le discours; cela ennuie affreusement tout le monde, mais on l'écoute jusqu'au bout, sans jamais l'interrompre.

Les quakers ont, je crois, pour habitude de se mettre à plat-ventre avant de prêcher. Dans cette position, selon toute apparence, leur esprit s'illumine davantage. Les quakers sont les seuls sectaires qui, en dehors de l'Église, aient adopté un costume particulier. Les prêtres catholiques eux-mêmes ne sortent jamais en soutane, et leurs habits sont en tous points conformes à ceux des laïques.

Les quakers, au contraire, portent de larges pantalons, de gros souliers, une redingote longue à taille courte, et un chapeau à larges bords, très-bas de forme.

Les femmes ont adopté un costume hideux : elles portent des robes de soie ou de laine gris-poussière, étroites de jupe et courtes de taille. Un petit châle carré couvre à peine leurs épaules, et elles ont pour coiffure invariable une sorte de capote indescriptible, toujours du même gris-poussière à rendre laide la Vénus de Médicis. Enfin, les quakers ne boivent que de l'eau et ne se nourrissent guère que de légumes bouillis, sans beurre et sans sel, qu'ils mangent comme accompagnement de l'éternel morceau de roast-beef. Du reste, ils sont hospitaliers, charitables pour tout le monde, et se soutiennent entre eux avec un admirable esprit de confraternité.

Les anabaptistes, qui se subdivisent en plusieurs sectes, se trouveraient mal baptisés, à New-York, s'ils ne se faisaient pas plonger entièrement dans la rivière du Nord, au plus fort de l'hiver, par les soins d'un clergyman. Il y a un jour fixé pour le baptême des néophytes, qui tous sont adultes. Ils se rendent sur le bord de la rivière, où ils sont déshabillés et précipités dans l'Hudson, la tête la première. Souvent la rivière est gelée, et il faut rompre la glace pour opérer l'immersion. Les pauvres adultes tremblent de tous leurs membres en chantant des hymnes qu'on croirait consacrés à l'hiver. Un jour un clergyman maladroit, qui baptisait une jeune fille, la laissa choir dans la rivière; où elle disparut sous les glaces. Le clergyman adressa une courte prière à l'Eternel qui reprenait l'âme de la néophyte après la purification du baptême, et la cérémonie continua sans autre incident.

Il y aura deux ans au mois d'août prochain que les milliners s'étaient réunis dans le New-Jersey en meeting extraordinaire. Ils attendaient la fin du monde, annoncée positivement, d'après eux, par la Bible pour cette époque fatale. Ils restèrent trois jours campés, se préparant à la mort, qui n'arriva pas. Quelques-uns furent si vexés de ce contre-temps et se trouvèrent si désappointés de n'avoir pas vu le bouleversement du monde annoncé par la Bible, qu'ils changèrent de religion séance tenante.

Et à ce propos, il est bon de faire remarquer que les Américains changent de religion sans aucun scrupule toutes les fois que leur conscience les pousse vers une nouvelle doctrine. Je ne voudrais pas jurer que l'intérêt n'est jamais pour rien dans leurs conversions. J'ai parfaitement connu à New-York un homme très-estimé et très-estimable qui s'était fait ministre luthérien, puis ministre épiscopalien, puis ministre presbytérien, et finalement prêtre catholique. Mais ce qu'il y a de fort singulier, c'est que cet estimable prélat, dont la parole est entraînante et pleine d'onction, a été assez heureux, dans sa dernière conversion, pour convertir en même temps toutes ses ouailles. Un dimanche donc, il officiait comme ministre presbytérien dans l'Église, qui est sa propriété, et le dimanche suivant, dans cette même église, il disait la messe au milieu de ses mêmes fidèles, qui, comme lui, s'étaient faits catholiques pour ne pas abandonner un si charmant prédicateur.

Les Américains estiment qu'un des plus grands bienfaits de leur constitution est l'absence d'une religion officielle entretenue aux frais de l'Etat. Ils trouvent juste de laisser à chacun le soin de payer les prêtres dont il réclame les services.

Quoi qu'il en soit, une espèce très-curieuse à observer là-bas est celle des spéculateurs bigots. Ceux-là passent d'une doctrine à l'autre, selon l'avantage du moment, guidés par le seul amour du dollar, le dieu des dieux de l'Amérique. Des compagnies de saints capitalistes étudient avec soin les localités où la population des émigrants paraît vouloir se porter; elles suivent avec intelligence les nouvelles lignes de steamboats et de chemins de fer, et comptent les maisons qui se bâtissent sur les points nouvellement défrichés. Dès que les pieux spéculateurs reconnaissent l'utilité d'une chaire, ils se hâtent d'acheter à bas prix de vastes terrains, les font arpenter, tracer en rues, diviser en lots, et font bâtir au milieu de la ville en projet une église de la secte qu'ils présument devoir le mieux convénir à la population qui se forme. Puis ils font construire des maisons en bois qu'ils livrent à bon compte aux nouveaux arrivants, pour encourager les autres et attirer la foule. En même temps ils font insérer des *puffs* dans les annonces des journaux pour exalter les beautés du pays, les prodigieuses ressources qu'il offre aux spéculateurs et aux colons, et finissent par engager vivement les agriculteurs et les marchands à venir s'établir parmi eux. Les réclames de ce genre manquent rarement leur effet aux Etats-Unis; émigrants et commerçants arrivent en foule à l'appel des philanthropes religieux, qui leur louent les bancs de l'église à l'année, qui les baptisent, qui les marient, qui les enterrent aux plus justes prix.

Pour le service du culte, ils prennent à gage un prêtre ou ministre de la religion choisie, auquel ils adjoignent un *sexton*, qui fait l'office de bedeau. Dans leur zèle orthodoxe, ils engagent aussi un professeur de langue qui doit enseigner l'arithmétique, la géographie et l'histoire sainte, et ouvre pour les enfants des deux sexes une école du dimanche (*sunday school*) qui ne laisse pas de leur apporter un modeste mais agréable contingent de dollars.

Mais là ne se borne pas la spéculation de la compagnie des saints actionnaires. A côté de l'église, d'un rapport immédiat, il y a l'industrie des cimetières, qui est bien meilleure encore. Il ont eu soin d'établir le cimetière dans un des bons quartiers, et la ville, quand elle s'est peuplée, finit par racheter ces terrains devenus insalubres. Les saints capitalistes commencent par crier à la profanation, mais finissent par y consentir, moyennant un prix énorme que leur paie la corporation. Le tour est fait, et nos hommes s'en vont porter ailleurs leurs pieuses spéculations.

Rien n'est plus curieux que de visiter à New-York, comme dans toutes les autres villes de l'Union, les différentes églises desservies par les nègres pour les nègres. Nous avons déjà signalé comme une monstruosité l'expulsion des noirs des églises qui ne leur sont pas spécialement affectées. Beaucoup de ces malheureux en sont arrivés à douter par cela de l'existence d'un seul Dieu, et s'imaginent qu'il y a un Dieu pour chaque race d'hommes, et par conséquent un paradis et un enfer pour les nègres, suivant certains ministres de couleur. J'ai été assez heu-

reux pour assister à un sermon débité par un nègre, dans lequel il décrivait les délices du paradis et les horreurs de l'enfer. « L'enfer, » disait-il en s'adressant à la multitude des nègres dont la figure bêtement mobile exprimait en ce moment les sentiments de la crainte et de la douleur ; « l'enfer, mes chers frères, est un lieu de
» supplice horrible où il gèle constamment, où la neige
» tombe sans cesse sur les épaules nues des pécheurs
» condamnés pour l'éternité. Là, mes frères, ce ne sont
» que balles de coton, que sacs de café, que caisses de
» sucre que Dieu, dans sa juste colère, condamne à porter
» éternellement à bord de navires en charge qui ne se
» chargent jamais ! L'enfer, c'est la torture des tortures, le
» malheur des malheurs ; c'est, pour tout dire en deux
» mots, le travail sans repos combiné avec le froid sans
» dégel. »

(Ici beaucoup de nègres frisonnèrent en faisant une affreuse grimace.)

« Mais poursuivit le prédicateur, si, au lieu des châ-
» timents de l'enfer, c'est le paradis que vous aurez mé-
» rité de la clémence céleste, que de bonheurs vous sont
» réservés ! que d'enivrements vous attendent ! » (A ce moment le visage des nègres prit un caractère de félicité indescriptible ; plusieurs d'entre eux ne purent retenir les éclats d'un rire nerveux.) « Dans le paradis, mes
» chers frères, il fait toujours chaud, de cette douce
» chaleur qui fertilise les contrées de notre Afrique
» bien-aimée, et fait du Sénégal le paradis de cette
» terre, avec cette différence, toutefois, que dans le ciel
» la chaleur est encore plus forte et qu'on n'y travaille

» jamais. Là, mes chers frères, les bienheureux élus
» du Seigneur ne sont exposés à rencontrer ni balles
» de coton, ni caisses de sucre, ni sacs de café ! Il n'y a
» point de navires en charge, et les nègres y mangent
» sans cesse les meilleurs haricots, assaisonnés d'un lard
» dont le plus excellent lard de ce monde ne peut donner
» qu'une idée misérable et affaiblie. »

(Beaucoup de nègres, à ces dernières paroles, rirent et
se parlèrent entre eux ; d'autres se léchèrent les lèvres en
silence.)

« Ainsi donc, mes chers frères, comparez : d'un côté,
» l'enfer avec ses frimas et ses glaces incessantes, ses
» balles de coton, ses caisses de sucre et ses sacs de café
» qu'il faut porter sans cesse à bord dé navires en
» charge qui ne se chargent jamais ; de l'autre, les délices
» du paradis, avec sa chaleur éternelle, son loisir perpé-
» tuel, et les succulentes friandises que vous savez. » (—
« Le lard ! oui, le lard ! » cria naïvement un nègre dont
le choix paraissait être fait.)

Et qu'on ne nous accuse pas d'exagération ! Tout ce que
nous pourrions inventer sur les excentricités des nègres
aux offices divins ne semblerait pas plus extraordinaire
que la vérité même. Les nègres, si différents des blancs au
moral, ne peuvent s'empêcher de faire tout haut les réflexions que leur suggère le sermon du prédicateur. Souvent celui-ci y répond, et il s'établit alors, entre paren-
thèse, une polémique des plus vives ; des groupes pour
et contre se forment aussitôt, et la discussion devient générale. Quelquefois le prédicateur, impuissant à calmer la
foule qui discute bruyamment, enjambe la chaire et s'y

tient à califourchon, en criant à tue-tête et en faisant des gestes de moulin à vent.

Du reste, le respect que nous avons en Europe, et particulièrement en France, pour les églises, ce respect n'existe pas en Amérique. Les propriétaires d'églises, qui en font un objet de spéculation, les louent volontiers dans la semaine pour y donner des concerts, des séances de lecture et y établir des expositions publiques. Personne ne voit de mal à cela, et l'on trouve fort convenable et fort juste que le propriétaire d'un temple en tire tout le profit possible, en utilisant les jours laissés libres par le service du culte. Les églises catholiques elles-mêmes sont souvent mises à la disposition des artistes, qui y donnent des concerts spirituels, et les prêtres, en chaire, ne dédaignent pas de recommander ces concerts au dilettantisme des fidèles.

Il y a une secte religieuse que nous ne devons pas oublier de mentionner ici, et qui a son quartier général à quarante milles de New-York. Ces sectaires, très-charitables et fort doux, ont pour principale base de leur doctrine l'extinction complète de la race humaine, non pas violemment, en se tuant les uns les autres, mais passivement et en se condamnant à un célibat perpétuel. Ils sont persuadés que l'homme est né méchant et que moralement il n'est pas perfectible. Ils trouvent dans la Bible, qu'ils considèrent pourtant comme le livre de Dieu, la meilleure preuve à l'appui de leur opinion.

Dans la Bible ils croient reconnaître l'existence de tous les crimes, de toutes les fautes, de toutes les passions et de toutes les hontes qui affligent encore aujourd'hui les hommes nés vicieux, à leur sens. Il leur semble impossible que l'homme soit fait à l'image de Dieu, et sont, au contraire, portés à croire qu'il est tout entier l'œuvre du démon. D'un autre côté, ils mettent en balance les rares instants de bonheur qu'on peut avoir sur la terre avec les chagrins de toute sorte qui sans cesse nous accablent, avec les souffrances physiques auxquelles l'homme est toujours en butte, et il leur semble, tout compte fait, que la vie n'a rien de fort agréable. Ils osent penser qu'il vaudrait mieux n'avoir jamais été que d'être à ce prix. Si on leur objecte que cette vie n'est qu'un temps d'épreuve, et que Dieu punit les mauvais, mais récompense les bons, ils répondent qu'ils ne se croient pas en droit de faire subir cette épreuve à leurs enfants, qui pourraient bien ne pas naître avec les vertus nécessaires à leur salut. Dieu, ajoutent-ils, ne saurait punir ceux qui ne sont pas et n'ont jamais été ; si la récompense est ineffable, le châtiment est éternel, et la sagesse nous dicte l'abstinence. Tout ce que vous pourriez dire à ces sombres logiciens ne pourrait les convaincre de leur erreur.

Les gens qui composent cette secte sont hospitaliers et éminemment charitables. Les étrangers qui passent chez eux y sont logés et nourris gratuitement aux frais de la communauté. Mais ne comptez pas sur le secours des *stériles*, comme on les appelle, pour vous sauver d'un danger imminent qui menacerait votre vie ; ils vous laisseraient bien vous noyer, vous brûler ou vous pendre sans vous tendre la main ni couper la corde. Ils croiraient vous mettre au monde s'ils vous rappelaient à la vie, et il ne faut pas oublier qu'ils veulent l'extinction de la race humaine avant tout. Ils ne font rien pour détruire l'existence que nous tenons de Dieu, mais ils se croient en droit de ne rien faire pour la conserver.

Les praticiens de cette singulière doctrine religieuse possèdent un établissement magnifique sur un point culminant, dans un site enchanté d'où l'on découvre le plus splendide panorama de la nature. D'un côté est situé le bâtiment où demeurent les hommes ; sur le côté opposé est bâti celui qui sert de refuge aux femmes. Les hommes et les femmes ne se rencontrent qu'au temple à l'heure des prières. Ces sectaires cultivent eux-mêmes la terre et font tous les travaux des champs en habit noir et en cravate blanche. S'il advient que quelques-uns se rendent coupables d'infraction à leur vœu de célibat, ils sont aussitôt renvoyés de la congrégation et réintégrés dans la société ordinaire des hommes, qu'ils qualifient de *reproducteurs*. Toutefois, et comme leur doctrine leur prêche le pardon des offenses et l'indulgence pour les faiblesses humaines, ils facilitent aux coupables leur rentrée dans le monde en leur faisant don d'une assez forte somme d'argent. On cite des personnes indélicates qui ne se sont enrôlées dans la secte des *stériles* que pour en violer les lois mêmes et percevoir la prime accordée aux coupables.

Par opposition à cette secte, il y a en Amérique, comme tout le monde le sait aujourd'hui, la célèbre secte des mormons, sur le bord du lac Salé. Ce n'est point la promiscuité qui est en honneur chez les mormons, comme beaucoup de personnes le supposent, c'est la polygamie. Les lois qui régissent la conduite des femmes sont des

plus sévères, et l'adultère est puni de mort. Nous n'avons
pas visité par nous-même le pays des Mormons, et c'est
aux communications de M. Jules Remy, un savant natu-
raliste français qui a demeuré quelque temps sur les
bords du lac Salé, que nous sommes redevable de certains
détails curieux sur les mœurs de cette peuplade extraordinaire.

M. Remy assure que toutes les femmes qu'il a interro-
gées lui ont dépeint leur position comme pleine de charmes. Elles prétendent généralement que la jalousie leur
est étrangère, et l'on cite comme un modèle d'union et
d'harmonie le ménage de Parley Pratt. Cet apôtre patriar-
che n'a pas moins de neuf femmes, et compte trente-trois
enfants. Toutes ses femmes vivent entre elles comme vivent rarement des sœurs.

Une des femmes de Parley Pratt, mistress Belinda Marden, jeune personne jolie autant qu'aimable et spirituelle,
a publié récemment une piquante brochure dans laquelle
elle cherche à prouver que la pluralité des femmes est au-
torisée par Dieu, et qu'elle renferme ici-bas les éléments de
la félicité parfaite. Elle ajoute même que le titre de *grand
polygame* est synonyme de grand saint, et que l'Eternel l'a
pour très-agréable à son oreille.

Mistress Belinda Marden se trompe, du moins en ce
qui concerne les femmes en général, quand elle vante
le système de la polygamie de préférence à tout autre. Il
est impossible que la femme aimante admette un tel système. Les mormonnes ont beau se déclarer satisfaites, je
ne puis les croire sincères, si je les suppose honnêtes.
L'amour, on l'a dit, est de l'égoïsme à deux : elle et lui,

lui et elle ; le reste sort de la nature pour rentrer dans l'aberration.

Du reste, et pour être juste, nous devons déclarer, d'après toutes les personnes qui ont visité les mormons que rien dans leurs manières extérieures n'est de nature à choquer la morale la plus rigide. Les hommes restent fidèles à *leurs femmes*, et les femmes fidèles à *leur mari*. Toutes les femmes d'un même *saint* vivent sous le même toit et ont leur chambre particulière. Elles mangent à la même table, et les lois de l'Eglise mormonne leur recommandent la fraternité comme une des principales vertus. Elles s'occupent tour à tour des soins du ménage, et joignent souvent à ces occupations une petite industrie, comme la filature de la laine ou les ouvrages à l'aiguille. Tous les enfants du mari doivent leur être également chers, et c'est une justice à leur rendre, qu'elles se conforment généralement à cette loi. Elles ne sont jamais admises dans les délibérations publiques, et leur rôle doit se borner à être les amies et les servantes des serviteurs de Dieu. Cette colonie à peine naissante est en grande voie de prospérité. Les mormons ont des villes bien bâties et font un commerce qui s'accroît chaque jour. Les émigrants y sont bien reçus et trouvent à s'employer avec avantage.

Enfin, et comme chaque secte se prétend la plus morale et la meilleure sous peine de ne pas exister, les mormons prétendent, eux aussi, offrir au monde l'exemple le plus parfait de morale et d'organisation sociale. Ils croient se conformer en tous points à la nature, trouvant plus moral d'avouer hautement les lois qui la régissent, selon

eux, que de s'exposer à les enfreindre hypocritement,
— ajoutent-ils pour continuer le paradoxe, — sous le
masque d'une fausse vertu.

En tous cas, j'engage prudemment mes lectrices à ne
pas laisser partir leur mari pour le grand lac Salé.

Il vient de paraître en Allemagne une histoire des Mormons, faisant connaître le nombre constaté des adeptes de
Smith. D'après cet ouvrage, il y aurait en Amérique
68,700 mormons, dont 38,000 en Utah, 5,000 à New-
York, 4,000 en Californie, 5,000 dans la Nouvelle-
Ecosse et le Canada, et 9,000 dans l'Amérique méridio-
nale et les îles.

En Europe, il y en aurait 39,000, dont 32,900 dans la
Grande-Bretagne et l'Irlande, 5,000 en Scandinavie,
1,000 en Allemagne et en Suisse, 500 en France, et les
autres dispersés dans les petits Etats. Il y en aurait un mi-
lier en Asie, 2,400 en Océanie, une centaine en Afrique.
Il y aurait plus de 8,000 schismatiques. Toute la secte se
composerait d'environ 126,000 adeptes.

Nous avons signalé l'intolérance religieuse comme le
danger futur de l'Union américaine. Jusqu'à ce jour, il
faut bien le dire, c'est au parti catholique qu'on peut re-
procher presque exclusivement les faits accidentels qui
révèlent déjà ce danger. Le parti catholique se compose à
peu près entièrement d'Irlandais, ignorants, fanatiques et
batailleurs à l'excès. Tandis que les protestants, pourtant
si divisés de doctrine entre eux, et tandis que tous les
autres sectaires reconnaissent comme un droit imprescrip-
tible la liberté de conscience et le libre exercice de tous
les cultes, le parti catholique irlandais, intolérant et re-

muant, fait tout ce qu'il peut pour restreindre ce droit,
ne pouvant encore le détruire. Quelques zélés poussent
même l'esprit de propagande jusqu'à s'introduire dans les
familles pour y porter leur croyance par des moyens plus
ou moins licites. On en a vu qui, pour les convertir, en-
levaient de jeunes filles à leurs parents ; enfin, maintes
fois déjà ce parti n'a pas craint de porter le trouble et le
deuil dans les populations, en livrant contre le droit, contre les institutions du pays, et surtout contre la liberté de
conscience, des batailles sanglantes, sauvages et vraiment
impies.

Tout le monde en Amérique se souvient avec horreur
des scènes de désordre et de mort provoquées l'année dernière par une classe d'Irlandais et par certains catholiques
canadiens à propos des conférences du père Gavazzi. Le
père Gavazzi est un prêtre catholique italien qui disait
avoir été attaché à la cour de Rome. Les monstrueux abus
qu'il reprochait à quelques-uns des grands dignitaires du
clergé romain, avec lesquels il prétendait avoir été en relations, n'étaient pas de nature sans doute à lui concilier
les sympathies des Irlandais, toujours disposés à jouer du
revolver et du poignard. Pour donner plus d'autorité à ces
prétendues révélations, M. Gavazzi prononçait ses discours
en habit d'ecclésiastique, ce que certains catholiques con-
sidéraient comme une provocation et une insulte dont il
fallait tirer vengeance. Pendant que le gros de l'auditoire
écoutait avec le plus vif intérêt les paroles étranges du
prêtre italien, les Irlandais proféraient des cris de mort et
préparaient leurs armes.

Cependant le père Gavazzi, avec un courage qu'on ne

saurait méconnaître, continuait ce qu'il appelait l'œuvre de sa conscience. Il était en cela fortement appuyé par tous les journaux unanimes à reconnaître le droit de la parole et à prêcher le maintien des libertés de la pensée aux États-Unis. Fort de son droit et confiant dans les institutions libérales qui régissent le Canada, M. Gavazzi se rendit à Montréal et y annonça plusieurs lectures, comme il avait fait à New-York. Là, la partie ignorante et fanatique de la population catholique résolut d'empêcher ces séances par tous les moyens possibles; elle ne trouva pour cela rien de plus simple que de vouloir assassiner le père Gavazzi. Le père Gavazzi, instruit de cette résolution, se mit sous la protection des lois, et n'en annonça pas moins pour le lendemain sa première conférence publique. Alors les catholiques s'armèrent de fusils, de pistolets, de piques et de poignards, et se répandirent dans toute la ville, attendant au passage le prêtre dont ils avaient décidé de se débarrasser.

A l'heure fixée pour la séance, une forte escouade d'hommes de garde vint chercher l'orateur chez lui, et l'escorta jusque dans la salle où il devait prononcer le discours. A peine avait-il articulé quelques paroles que la foule encombrant les abords de la salle voulut y pénétrer de vive force; la garde s'y étant opposée, ce fut le signal d'une bataille meurtrière dans laquelle les perturbateurs furent vaincus. Il y eut dans cette affaire une quinzaine de morts et un grand nombre de blessés. M. Gavazzi n'échappa que miraculeusement au danger, au milieu de cette scène de carnage. Maintenant son droit jusqu'au bout, il donna le nombre de lectures annoncées, et se rendit ensuite dans une ville des États-Unis.

Des scènes semblables, toujours suscitées par l'intolérance du parti catholique, se renouvelèrent sur le passage du prédicateur.

Il y eut encore des batailles, des morts et des blessés, mais partout la liberté triompha de l'émeute intolérante, et le droit de la parole fut maintenu et consacré.

Un orateur d'un genre moins élevé que le père Gavazzi, est celui qu'on désigne communément en Amérique sous le nom de l'*ange Gabriel*. L'ange Gabriel est protestant, et propage sa doctrine en plein air, avec accompagnement obligé de cornet à pistons. Il se rend le dimanche, entre les heures des offices, sur une place publique, monte sur une borne, et prélude à ses discours religieux par une fanfare de cornet à rendre jaloux nos plus habiles marchands de robinets. Comme ceux-ci, il affectionne surtout le trop fameux *allegro* du duo de *I Puritani : Suoni la tromba e intrepido*. C'est aux accents belliqueux de cet air de Bellini que le peuple s'assemble pour entendre les discours orthodoxes de l'ange Gabriel.

Ce singulier personnage a répandu partout aux États-Unis les lumières de sa parole sacrée, agréablement mêlée aux mélodies de son cornet à pistons. Mais plus d'une fois les yeux et le nez de l'ange Gabriel ont porté les traces de l'argumentation catholique irlandaise, quand il se permettait de critiquer trop vivement le gouvernement spirituel et temporel du pape. En matière de religion, la verte Érin n'aime pas qu'on raisonne, et quand on veut raisonner avec elle, elle ne riposte guère qu'à coups de poing.

On le sait à cette heure, si des inondations épouvantables viennent de frapper cruellement quelques-uns de nos départements, cela provient, comme nous l'apprend un mandement du cardinal de Bonald, de ce que la France a beaucoup trop négligé d'observer la loi du dimanche. On serait peut-être fondé à demander comment il se fait que puisque la France entière est coupable du même péché, le châtiment n'ait été infligé qu'à certaines localités. Paris même a été préservé, bien que ce soit sous ce rapport la plus coupable de toutes les villes de France. Mais il ne faut pas être curieux. Il suffit de constater que la fonte subite des neiges qui ont fait déborder le Rhône et la Loire n'ont eu et ne pouvaient avoir d'autre cause que l'inobservance du repos dominical. S'il en est ainsi comme il semble difficile d'en douter, les États-Unis me paraissent, pour longtemps encore du moins, à l'abri de toute inondation.

Sans doute le puritanisme s'est un peu relâché en Amérique dans ces derniers temps, et nous ne sommes plus aux beaux jours où les ardents observateurs du repos le dimanche tendaient, le samedi à minuit, des chaînes dans les rues, et jetaient des chaises dans les avenues pour empêcher les voitures de passer. Il y a vingt ans de cela, et les années sont des siècles en Amérique. Pourtant on empêche encore aujourd'hui, dans l'intérêt de leur salut, les compagnies d'omnibus de l'intérieur de la ville de faire leur service le dimanche; mais il paraît que les cochers de voitures de remise, et ceux des voitures particulières, aussi bien que les compagnies de *cars*, qui font exactement sur des rails ce que les omnibus font sur le pavé, ne pèchent pas en travaillant le dimanche.

On empêche tous les magasins de rester ouverts la journée du dimanche, à l'exception des marchands de cigares et des débitants de liqueurs. Je ne vois pas pourtant ce qu'il y a d'édifiant dans la vente du tabac et de l'eau-de-vie.

Il paraît que ce n'est pas non plus un péché de naviguer le dimanche pour la compagnie des *ferry boats*, qui fait le service entre New-York et Brooklin, et pour les bateaux de plaisir qui portent jusqu'à couler bas les populations empressées dans les cottages d'Hoboken et de Staten-Island. Mais le chemin de fer qui va de Brooklin à *Green-Wood* se damnerait infailliblement s'il ne se reposait ce jour-là.

Les journaux aussi risqueraient fort d'encourir les colères du puritanisme s'ils paraissaient le dimanche dans leur format ordinaire; mais ils ne pèchent pas en diminuant le format de moitié.

Les gamins qui vendent les journaux dans la rue le dimanche matin ne pèchent pas, mais un homme pécherait s'il faisait le même commerce que ces gamins.

Un boucher pécherait horriblement s'il vendait de la viande le dimanche; mais, le dimanche, un cuisinier ne pèche pas en assaisonnant de son mieux la viande du boucher.

Un musicien enfin pécherait beaucoup si, le dimanche, il donnait un concert qui ne serait pas qualifié de spirituel; mais il ne pèche pas du tout en se faisant payer pour jouer en tête des convois funèbres, toujours nombreux le dimanche (car il faut bien passer le temps!), des airs très-profanes, en guise de marches funèbres.

Au reste, il faut bien l'avouer, parce que cela est vrai,

le bon sens de la grande majorité fait tous les jours justice
d'une loi qui, en Amérique, est une anomalie inexplicable. On peut dire que si elle est encore observée en
beaucoup de points, grâce à la routine, elle n'est plus
guère dans les mœurs générales de la population. C'est
ainsi que les ouvriers s'enferment le dimanche pour
travailler, que les négociants se font apporter de leur
office leurs livres de commerce le samedi soir, et travaillent *at home* le lendemain, quand ils ne vont pas s'amuser à la campagne, ce qui est également défendu.

La loi du dimanche interdit, avec le travail productif,
tous les exercices de nature à troubler la piété et la mé-
ditation. La musique est naturellement proscrite, à moins
toutefois que ce ne soit de la musique religieuse. Mais les
Américains sont ingénieux à tourner les difficultés ; ils
ont pour le dimanche des polkas sacrées, des mazurkas
édifiantes, des valses bibliques, des galops célestes et des
quadrilles orthodoxes, qu'ils exécutent sur le piano en
tenant la pédale des étouffoirs constamment levée. Ce n'est
pas tout, et, si j'ose l'avouer, j'ai vu des Américains et
des Américaines qui ne se faisaient aucun scrupule d'accompagner ces airs sacrés de pas et de mouvements de
corps qui avaient toutes les apparences des danses mon-
daines que nous venons de nommer.

Par exemple, si l'on veut savoir au juste comment on
passe le dimanche dans les maisons d'éducation tenues
par des puritains de la vieille roche, voici ce que racontait
à ce sujet un de nos compatriotes, professeur dans un
pensionnat de ce genre.

« Après une matinée passée au temple et dans le *sunday*

school (école du dimanche), viennent les lectures de l'après-midi et le chant des psaumes. Ce double exercice dure six heures consécutives. Si par extraordinaire un visiteur se présente, il est introduit sans bruit ; il s'asseoit, prend un livre, et fait bravement sa partie dans la lecture ou dans le chant.

» Peu à peu le sommeil gagne les enfants, les volumes tombent de toutes les mains, les bâillements se multiplient, le ronflement devient général. Une fois, ajoutait le narrateur, la vieille tante des directrices se disloqua les articulations de la mâchoire en bâillant outre mesure ; elle ne pouvait plus fermer la bouche, ce qui jeta la terreur dans la maison et causa un regrettable scandale de ris et de *capital good fun* (bonnes plaisanteries). »

Mais ce n'est pas à New-York qu'il faut aller pour apprécier la rigidité des mœurs puritaines. Boston et Baltimore les ont conservées plus intactes. En voici un exemple : j'avais observé à Boston que, dans les maisons connues par leur puritanisme, quand il y avait un piano, les pieds de l'instrument étaient soigneusement recouverts d'une housse qui les enveloppait entièrement jusqu'à la caisse. Je n'avais pas eu occasion de faire cette remarque dans les maisons qui passaient pour moins sévères. Cela m'intriguait fort, et je me décidai un jour à en demander l'explication à un facteur de pianos.

« C'est, me répondit très-sérieusement cet industriel, qu'on dit quelquefois en anglais les jambes d'un piano, aussi bien que les pieds, et que, pour certaines personnes rigides, il n'est ni convenable ni décent, mêmes aux instruments de musique, de laisser voir leurs jambes nues.

XI

LES ASSOCIATIONS EN AMÉRIQUE.

Les associations, qui, en dehors de la société générale, ont pour but de former des corporations régies par des lois particulières, le plus souvent unies à des dogmes religieux d'accord avec elles, sont en très-grand nombre en Amérique.

Les associations naissent et se forment partout sans que le gouvernement y puisse mettre aucun obstacle. Le gouvernement des Etats-Unis n'a pour objet unique que la politique du pays; il ne dicte point de lois aux intérêts des particuliers, pas plus qu'il ne leur impose de croyance religieuse, et les citoyens américains sont toujours parfaitement libres de s'associer entre eux comme bon leur semble et d'adorer Dieu sous la forme qui leur convient. D'ailleurs, les associations ne présentent aucun danger dans un pays essentiellement libre comme l'Amérique, doublement libre par l'indépendance innée de ses habitants, et par les institutions généreuses et progressives qui la régissent.

Les hommes qui jouissent des bienfaits de la liberté ne songent pas à en abuser au détriment de leur propre bonheur. L'étonnante prospérité de l'Union américaine, composée dès le principe, et toujours alimentée depuis, par des hommes de toutes les races, de toutes les religions, parlant toutes les langues, et dont un certain nombre, il faut l'avouer, n'étaient ou ne sont encore que le rebut des sociétés européennes, en est une preuve irréfutable.

La liberté en Amérique rend les hommes plus intelligents, parce qu'elle leur ouvre sans difficulté toutes les carrières ; elle les rend plus moraux et plus nobles, parce qu'elle détruit la dissimulation ; elle les rend plus fiers, parce qu'elle établit l'égalité ; elle les rend plus courageux, parce qu'elle détruit la servitude ; elle les rend plus forts enfin, parce qu'elle permet, avec tant d'autres précieux avantages, les associations, qui, en réunissant les forces de tous, décuplent la force de chacun.

Ce besoin, inhérent à l'organisation de l'homme, de vivre en société, de se réunir sous des lois communes tendantes à équilibrer autant que possible, en les multipliant, les chances de bien-être de chaque individu, ce besoin d'association à la recherche du bonheur, a donné naissance, aux Etats-Unis, à certaines corporations qu'il est intéressant d'observer.

Ce que l'homme connaît le moins bien, on l'a dit, c'est l'homme lui-même; ce que l'homme a le plus calomnié, c'est aussi l'homme. Les nobles et généreuses qualités que nous tenons de la nature comme un contre-poids puissant à opposer aux entraînements des passions, ces belles qualités, que la liberté seule développe dans toute leur puissance, sont étrangement méconnues de la généralité des hommes, trop souvent aveuglés par l'intérêt des plus habiles. Croirait-on, par exemple, que des hommes puissent vivre en société sans loi aucune, sans aucun règlement, guidés exclusivement par le bon sens et l'équité naturelle? Une société de ce genre s'est pourtant formée dans le nord des Etats de l'Amérique; elle est en pleine voie de prospérité, et rien jusqu'à présent ne semble devoir en arrêter l'heureux essor.

Les hommes convaincus qui ont essayé de vivre sous ce genre de gouvernement, lequel, on le voit, consiste précisément dans l'absence de tout gouvernement, ont certainement beaucoup compté sur les bons sentiments de l'homme entièrement livré à sa conscience, mais ils ont aussi compté sur l'égoïsme bien entendu de chacun, qui dicte la conduite de tous. D'après eux, en effet, c'est de la bonne conduite de chacun des membres de la corporation que dépend avant tout sa fortune et son bonheur. Les vices, si souvent impunis par les lois insuffisantes à les réprimer, et si souvent heureux aussi, sont, s'il faut les en croire, naturellement condamnés dans cette singulière société où la vertu seule trouve une récompense, où la loyauté seule conduit à la fortune. Ici, ajoutent-ils, l'intérêt particulier, si intimement lié à l'intérêt général. n'a et ne peut avoir pour règles de conduite que la tolérance, la morale et la justice.

L'homme corrompu, poursuivent-ils, qui ment sciemment où manque à sa parole par un coupable esprit de cupidité, voit aussitôt son crédit diminuer, l'honneur et la parole étant la seule garantie offerte dans toutes les transactions commerciales. Pour reconquérir son crédit, le menteur ou l'homme sans parole est obligé de faire de grands efforts de vertu, et il se punit ainsi, pour reprendre sa place dans la société, de la manière la plus efficace et la plus morale, en se corrigeant de son défaut.

Si une personne est emportée, méchante, vindicative,

tout naturellement le vide des relations se fait autour d'elle, et chacun ainsi lui inflige passivement la punition de ses fautes, en provoquant son retour à de meilleures qualités. Mais si la colère se montre sans frein et que la méchanceté soit poussée chez quelqu'un jusqu'au crime, la société tout entière, indignée et menacée par cet ennemi commun, ou s'en débarrasse par la mort, selon le cas, ou l'abandonne simplement à ses remords comme un indigne paria.

Ainsi de suite, et proportionnellement, de toutes les fautes et de tous les forfaits qui menacent les intérêts de l'association ou portent atteinte à la morale, si nécessaire à défaut de lois.

Les membres de cette société exaltent naturellement leur association au détriment souvent de la société commune, qu'ils ne ménagent pas dans leur critique. C'est ainsi qu'ils prétendent, pour répondre à un reproche qu'on a leur a fait quelquefois, que, loin d'avoir consacré l'omnipotence de la force brutale par l'absence de lois protectrices en faveur des faibles, l'absence de lois est précisément la plus sûre garantie qui puisse leur être offerte.

Ils soutiennent, pour pousser jusqu'au bout le paradoxe, que l'abus de la force, au mépris de la morale et de la justice, ne peut s'exercer que dans les sociétés réglementées par des constitutions et des lois de toutes sortes, souvent dénaturées au profit des puissants et des privilégiés, ou même confisquées, en dépit de l'intérêt général, par des minorités ambitieuses. Enfin, et pour être conséquents avec leur fausse théorie, ils prétendent qu'en Amérique, aussi bien qu'en Europe, les lois sont surtout la garantie des forts contre les faibles, et non la garantie des faibles contre les forts. Ces opinions erronées ne font paraître que plus extraordinaire la prospérité d'une association sous la sauvegarde unique de l'intérêt et du bon sens des individus qui la composent.

C'est, je crois, M. Andrews, le fondateur à New-York du fameux club des *Libres amours*, qui est aussi le fondateur de cette association singulière. En tout cas, il en est un des propagateurs les plus ardents. M. Andrews a publié sur ce sujet un ouvrage intéressant et dicté par les sentiments les plus généreux.

Du reste, la Californie s'est longtemps gouvernée ainsi par elle-même, dans les premiers temps de la découverte de l'or, sans lois auxquelles on pût avoir recours, uniquement dirigée par le bon sens et le sentiment de la justice, qui sont dans tous les hommes. Les transactions les plus importantes se faisaient sur parole, comme à la Bourse de Paris, et les voleurs, assez rares, y étaient pendus sans façon par la population qui se faisait juge, d'après l'expéditive loi du *lynch*, ce qui n'a jamais lieu à la Bourse.

Par opposition à la société sans règlements, on a essayé en Amérique de la vie beaucoup trop réglementée du phalanstère, d'après les théories de Fourier. Mais s'il est vrai que le phalanstère présente des avantages quant au côté matériel de la vie, l'uniformité qui y règne partout, dans les travaux comme dans les plaisirs, influe d'une manière si fâcheuse sur le moral, que les avantages ne compensent pas les inconvénients. Il résulte de cette vie uniforme, sans luttes et sans incidents, le dépérissement fatal et progressif de toutes les facultés de l'intelligence. On s'est aperçu des dangers de cette triste vie en commun, et l'on a craint d'aboutir à l'anéantissement moral où tombèrent les habitants du Paraguay, sous la paterne mais abrutissante administration des jésuites, dont la communauté ressemblait à une sorte de phalanstère religieux.

Le phalanstère de Fourier a été vendu il y a quelques mois, et ses membres sont rentrés dans la société générale, qui, malgré ses imperfections, vaut encore mieux que le phalanstère.

M. Victor Considerant, l'un des apôtres du communisme, comme on sait, a aussi établi depuis peu une sorte d'association agricole dans le nord du Texas. Je lui souhaite beaucoup de bonheur ; mais je mets fortement en doute la réussite complète et durable d'une telle société. Le communisme est une véritable machine humaine, fontionnant avec toute la régularité d'une machine, et dont chaque homme est un rouage. Mais la nature, heureusement, a fait de l'homme un être complet et non une fraction de chose, et son individualité est trop vivace pour qu'il puisse s'accommoder longtemps d'un rôle semblable. D'ailleurs, la lutte manque dans le communisme, et la lutte, dans l'ordre moral comme dans l'ordre physique, est la grande loi de la nature. Tout ce qui vit lutte et doit lutter pour vivre. La vie amène la mort, et la mort engendre la vie, par une lutte incessante de tous les êtres entre eux, dans ce vaste champ de bataille qu'on appelle l'univers. Ainsi le veut la nature dans ses lois mystérieuses, que l'homme serait enclin à juger bien sévèrement s'il les appréciait seulement avec sa raison et les sentiments de son cœur généreux et bon.

Il y a à Brooklin, sur le côté est de New-York, une société plus que mormonnienne, qui vit dans la communauté la plus étendue de fortune et de sentiments. Je n'ai pas eu l'honneur d'être introduit parmi ces messieurs et ces dames, mais l'on m'a assuré que la concorde la plus parfaite n'avait jamais cessé de régner au sein de cette société nouvelle.

Les femmes, dans cette communauté, possèdent en tout les mêmes avantages et les mêmes prérogatives que les hommes. Les jeunes gens y font parfois la coquette, et les femmes y sont audacieuses à leur tour. Les enfants sont élevés à frais communs, et cette société, parfaitement convenable d'ailleurs, se pose comme un modèle de bonnes mœurs et d'organisation sociale. La morale, toujours invoquée par toutes les religions et par toutes les sociétés, est plus particulièrement exaltée par les membres de cette association, qui prétendent se conformer en tout aux lois de la nature, et user du plus inviolable et de plus sacré de tous les droits : le droit d'aimer et de se faire aimer librement.

Ce sont là des aberrations que condamne la délicatesse des sentiments autant que la raison.

Comme le *humbug* se faufile partout en Amérique, M. Barnum, l'illustre puffiste, a eu, lui aussi, la pensée, dans l'intérêt de la morale, de fonder dans le Connecticut une association de buveurs d'eau et de légumistes. Mais les vertueux projets de ce grand homme auraient avorté, dit-on, par suite de la faillite qu'il se serait vu obligé de déclarer tout dernièrement. Mais cette faillite est-elle réelle, et les légumistes et buveurs d'eau doivent-ils se désespérer? Nous ne le pensons pas.

M. Barnum, possesseur d'une fortune évaluée à quinze millions de francs; M. Barnum, qui sollicite en ce moment l'autorisation d'établir à New-York un vaste jardin de plaisance, avec théâtres, cafés, restaurants, amusements publics de toutes sortes, n'aurait-il pas eu pour but, en simulant une faillite considérable, d'augmenter d'autant son crédit? Cela n'aurait rien d'impossible, et cela nous amène à dire quelques mots des faillites, en dehors, bien entendu, de ce qui concerne M. Barnum.

Les faillites, en Amérique, ont deux conséquences contraires : elles tuent commercialement ceux qui les font, ou bien elles ajoutent à leur crédit. Cette dernière conséquence peut paraître étrange au premier abord, mais on va voir qu'elle est parfaitement logique.

PREMIER CAS. — Si l'homme qui a fait faillite est vraiment malheureux, et que, pour payer intégralement ses créanciers, il se soit dessaisi de tout ce qu'il possédait, c'est un homme perdu sans ressource. Supposons qu'il veuille recommencer les affaires, et que, confiant dans la délicatesse dont il a donné des preuves, il aille retrouver ses anciens créanciers pour leur demander un nouveau crédit : il y a tout à parier qu'il échouera.

— Nous n'avons, commercialement, aucune confiance en vous, lui diront-ils. Etes-vous heureux dans les affaires? Non, puisque vous avez fait faillite. Avez-vous des garanties à nous offrir? Non encore, et personne ne le sait mieux que nous, puisque, pour nous payer intégralement, capital et intérêt, vous avez épuisé vos dernières ressources... Vous le voyez, cher monsieur, les affaires avec vous ne sont plus possibles.

DEUXIÈME CAS. — Mais si, plus adroit, le négociant en faillite s'arrange de manière à n'offrir qu'un faible dividende à ses créanciers et qu'il garde pour lui la belle part du gâteau, oh ! alors les choses changent de face. Notre homme peut, s'il le veut, recommencer le commerce dès le lendemain même de sa faillite et se présenter avec assurance devant les créanciers qu'il a frustrés : il est sûr d'obtenir d'eux tout le crédit désirable.

Puisque cet homme, diront-ils, s'est montré assez habile pour nous tromper, c'est qu'il est adroit en affaires et doit réussir. D'un autre côté, il a de l'argent, et personne mieux que nous n'est à même de le savoir, puisque nous sommes ses victimes. Donc nous devons avoir confiance en lui.

A côté des associations qui ont la prétention de révolutionner l'ordre social, il y a en Amérique un nombre considérable de corporations dont le seul but est de se réunir et de se secourir mutuellement. Toutes ces corporations, sorte de compagnonnage, se promènent dans les rues les jours de fête, bannière en tête et au son des instruments de musique.

Les Américains sont passionnés pour les défilés de soldats citoyens, pour les processions de tous genres, pour les mâts pavoisés, pour les pavillons qu'ils arborent partout, à propos de tout, et pour les musiques militaires qui précèdent tous les cortéges en général.

On ne saurait se faire une idée exacte du spectacle sin-

gulier que les nombreuses corporations politiques et philanthropiques, toujours agréablement mêlées à des compagnies de pompiers ornés de leurs pompes, présentent à
New-York le jour de l'anniversaire de la naissance de
Washington, le jour anniversaire de l'indépendance et le
jour d'actions de grâces. Ce ne sont partout, dans Broadway et sur la place de l'hôtel de ville, que gigantesques
bannières avec force rubans de toutes couleurs, dessins
emblématiques, guirlandes et inscriptions, portées par les
corporations, marchant au son de la grosse caisse, des
fifres, des cimbales, des ophicléides. Le but de ces cérémonies est certes des plus louables, et les Etats-Unis ne
sauraient choisir de meilleures occasions de se réjouir.

Mais toutes les occasions sont bonnes en Amérique
quand il s'agit de parader en procession, et je ne voudrais
pas jurer que le plaisir de marcher au pas, de porter sur
l'habit noir ou le paletot une ceinture de couleur, sur la
poitrine des insignes quelconques et des rubans autour
du bras, ne fussent pour beaucoup dans l'empressement
des citoyens américains à faire partie de toutes les corporations. Quatre gardes nationaux en costume militaire ne
se réunissent jamais pour aller à la campagne, tirer à la
cible, sans marcher gravement au pas, précédés d'une
bande de musique militaire, et suivis de deux ou trois
nègres qui portent la cible, des guirlandes et des couronnes de fleurs destinées aux plus adroits.

En faisant toutes ces manifestations, ils créent ce qu'ils
appellent *an excitement*.

Les sociétés secrètes, comme les knownothings autrefois, et tous les différents corps de francs-maçons, ont tou-

jours marché ainsi en grande pompe et bannière en tête.

Supprimez les bannières, les rubans, la grosse caisse, les écharpes bariolées et les fifres, et vous portez à la franc-maçonnerie, si en honneur aux États-Unis, le plus redoutable de tous les coups. Le peuple américain est si absorbé presque constamment par les affaires, il a si peu de temps à donner au plaisir, que c'est un bonheur véritable pour lui de se promener ainsi bras dessus, bras dessous, avec des bannières et de la musique. On l'a dit avec raison : des goûts et des couleurs il ne faut pas discuter. Quant à moi, j'aimerais mieux me faire poser vingt-cinq sangsues ou entendre deux tragédies dans la même soirée que de figurer dans un pareil cortége.

Mais n'oublions pas de signaler une des plus curieuses corporations, du moins en ce qui concerne les insignes dont les membres sont revêtus.

Voici comment j'ai découvert l'existence de cette corporation. Un jour j'entrais dans un *bar-room*, en compagnie d'un Américain qui m'avait offert de me rafraîchir. Après nous entrèrent deux gentlemen. L'un d'eux ayant aperçu un groupe d'individus s'en approcha en prononçant à demi-voix le mot *parapluie!* A ce mot magique, chacun tourna la tête, et le groupe entier salua le nouveau venu par le même mot de *parapluie!* trois fois répété.

J'avais oublié cette scène à laquelle je n'avais rien deviné, quand quelques jours après je vis défiler dans Broadway et par un très-beau temps une bande d'individus ornés chacun d'un parapluie ouvert. Je compris alors que le gentleman et le groupe de personnes que j'avais vues dans le *bar-room* devaient appartenir à la corporation des parapluies, dont j'ignore le but.

En imitation des doctrines saint-simonniennes, qui proclamaient l'égalité de la femme et ses droits à remplir dans la société, à l'égal des hommes, toutes les charges et tous les emplois, il y a eu Amérique la fameuse secte sociale des blooméristes.

Les grandes prêtresses du bloomérisme sont Mmes Lucrezia Mott, Rose et Antoinette Brown, la plus célèbre de toutes par l'indépendance de ses idées et la hardiesse de ses discours. Ces dames assurent que si la femme se dégrade et se perd si souvent, que si le vice est si répandu dans tous les grands centres de population, où les besoins sont plus considérables, c'est que les hommes accaparent pour eux seuls toutes les fonctions lucratives et ne laissent aux femmes que les travaux infimes, d'une culture abrutissante pour l'esprit et d'un rapport insuffisant aux besoins de celles qui les entreprennent.

— « Élevez-vous donc, » disait un jour avec indignation miss Antoinette Brown, en s'adressant aux hommes dans un grand meeting à Boston; « élevez-vous donc contre l'immoralité des femmes, et faites bien les hypocrites, quand c'est vous qui les corrompez en leur retirant d'une main, par égoïsme, ce que vous leur rendez en partie de l'autre, par vénalité! Ah! vous savez que le vice naît souvent de la misère, que la faim est souvent plus puissante que la vertu, et dans votre despotisme infernal, dans votre lâcheté, vous appauvrissez les femmes pour les rendre vicieuses!... Mais donnez-leur une part des emplois lucratifs que vous occupez seuls, qu'enfin dans leur impuissance elles n'aient plus besoin, pour vivre, de vos infâmes et humiliantes largesses, et, j'en suis parfaitement assurée, vos séductions, Messieurs, feront beaucoup moins de ravage dans nos rangs. »

C'est très-bien, et il est évident que les hommes, plus forts que les femmes, se sont toujours fait dans la société la part du lion. Mais il me semble que les bbooméristes oublient trop qu'on ne déjeune pas directement de places brillantes et qu'on ne dîne pas en avalant des pièces d'or. Le pot-au-feu, le modeste mais impérieux pot-au-feu doit être là, tout prêt, à la fin de la journée et au bout de toutes les spéculations. Or, s'il n'était confié aux soins de *madame*, ce serait donc *monsieur* qui devrait le préparer? Cela ne me semble pas naturel et par conséquent pas raisonnable; sans compter qu'il y a pour les femmes une occupation plus grave qu'elles seules peuvent remplir, à l'exclusion de toutes les autres : le soin de nourrir et d'élever leurs enfants. Mais les bbooméristes, qui ont certainement raison en beaucoup de points, tombent dans l'exagération des réformes quand elles veulent être avec les hommes juge, avocat, prêtre, soldat, médecin, représentant, ambassadeur, ministre et même pompier.

J'ai eu l'occasion de voir réunies un assez grand nombre de bbooméristes au club des *Libres amours*, à New-York ; elles portent des pantalons, des jupes courtes, des pèlerines et des chapeaux ronds. Toutes celles que j'ai rencontrées étaient maigres, vieilles, laides et douées d'une voix détestablement criarde. Elles aiment à pérorer, et s'insurgent avec bonheur contre les hommes mariés et contre le mariage.

Mais en fait de mariage, il faut toujours se méfier de
l'opinion des vieilles filles maigres, laides et criardes.

XII

LES JOURNAUX EN AMÉRIQUE.

On disait en France, il y a quelques années, que le
journalisme était le quatrième pouvoir de l'Etat. Je ne sais
s'il y a lieu de le dire encore, mais ce qui est incontestable, c'est qu'en Amérique, où tout le monde sait lire, dans
le fond des campagnes comme au sein des villes, le journalisme doit être placé, non pas seulement au quatrième
rang des pouvoirs, mais bien au premier, et l'Amérique
ne s'en trouve pas plus mal.

Nulle part, en effet, autant qu'aux Etats-Unis, les journaux n'exercent d'influence sur les décisions du gouvernement et sur l'opinion publique. Bien rédigés pour la
plupart, ils sont les échos éclairés des besoins de la population et les appuis les plus solides des grands principes
de la constitution. La polémique si vive, si virulente
même à l'approche des grandes élections où les partis
sont en présence, où les idées s'entre-choquent avec force,
redevient calme, courtoise même, après le jugement pro-
noncé par le plus grand nombre. Sans doute les majorités ne sont pas infaillibles, elles peuvent se tromper quelquefois ; mais, dans un pays comme l'Amérique, où chacun a le droit et la liberté de voter, où tout le monde sait
lire et peut éclairer sa propre raison par la raison des

autres, la qualité doit se rencontrer, presque toujours du coté de la quantité.

L'amovibilité de toutes les fonctions publiques aux Etats-Unis rend, d'ailleurs, les erreurs facilement réparables, en même temps qu'elle offre au progrès un accès continuel et un vif stimulant. Il est inutile d'ajouter que la presse américaine, entièrement libre, a pour mission première la propagande de toutes les mesures politiques et économiques propres à fortifier la liberté des citoyens et à augmenter le bien-être de tous.

A côté de l'innombrable chiffre des feuilles libérales et progressives à divers points de vue qui se publient aux Etats-Unis, c'est à peine si l'on remarque l'existence de certains journaux, de coterie religieuse plus encore que sociale, dont la voix, chétive quoique criarde, s'efforce de troubler par de fausses notes l'accord parfait des sentiments. Les feuilles catholiques de ce genre, dont quelques-unes prêchent l'amour de Dieu dans un style de possédé, ont le triste courage, au sein même du pays le plus avancé et le plus florissant, grâce à ses institutions libérales, de combattre ces institutions mêmes, qu'elles voudraient voir remplacées par un gouvernement bien absolu, bien intolérant. Elles assurent contre tout le monde que tout le monde a tort, que la prospérité des Etats-Unis est une prospérité factice, que la liberté dont ils jouissent a toute sorte d'inconvénients, et elles prophétisent les plus grands malheurs pour le nouveau monde s'il continue à adorer Dieu de plusieurs manières et à jouir des avantages perfides de la liberté. Peu d'adeptes lisent ces journaux énergumènes, et quand on les lit. c'est pour en rire,

comme on rit d'un enfant faible et rageur qui vous fait
des grimaces et vous menace du poing.

Les journaux, utiles partout, sont indispensables en
Amérique, où la raison ne se gouverne que par elle-
même.

La discussion libre est la plus sûre garantie de l'ordre
social en Amérique, en même temps qu'elle est, par une
conséquence naturelle, la source de tous les progrès.

Partout où cinq cents Américains se réunissent en société, on peut être sûr de trouver une église d'une secte
quelconque et un journal politique. L'église et le journal sont là des objets de première nécessité. Le reste vient
ensuite.

D'ailleurs, les journaux américains, à l'imitation des
journaux anglais, sont parfaitement combinés pour servir
les intérêts de la classe commerciale, qui est pour ainsi
dire, avec les agriculteurs, la seule classe qui existe aux
Etats-Unis.

Les journaux américains sont une collection incessante
de renseignements, d'avis de toutes sortes, sur toutes
choses et sur tous les pays. La *nouvelle commerciale* est la
grande affaire des journaux américains, qui ont le tort de
ne pas s'occuper assez de littérature. Imprimés en petits
caractères compactes et dans un format double de celui des
grands journaux français, exempts de cautionnement et
de timbre, ils se vendent au prix d'environ 10 centimes.
Or, 10 centimes sont bien peu de chose en Amérique, où
l'argent a relativement moins de valeur qu'en Europe.
Tout le monde achète donc et lit les journaux. Quelle que
soit la nature des renseignements qu'on désire avoir, il est

rare de ne pas les y trouver. Tout y est : le départ des steamers et leur arrivée, le départ des trains de tous les chemins de fer ; — le prix des places dans tous les steamboats, sur tous les railroads, à tous les spectacles et à tous les autres divertissements publics ; — les prix courants des marchandises, — le mouvement des importations, — des articles de finance, — les nouvelles de la cité, — le mouvement des ports, — le nom de tous les passagers arrivants ou partants, — les discours officiels *in extenso*, — les nouvelles étrangères annoncées par des correspondances particulières, — des comptes rendus quotidiens sur tout ce qui peut intéresser à un titre quelconque le public, — une quantité prodigieuse d'annonces de tous genres : pour demander ou offrir des logements, — pour demander ou offrir des domestiques, — pour acheter ou vendre n'importe quoi, — pour se marier, — pour divorcer, — pour se donner des rendez-vous d'amour, — pour se proposer des affaires, — pour réclamer des femmes égarées, — pour demander des hommes qu'on voudrait trouver, — pour s'écrire, — pour se répondre, — pour se menacer et pour se pardonner.

Je ne sais pas de lecture plus originale que la lecture des journaux américains, et l'on pourrait faire un très-curieux volume en réunissant certaines annonces qui s'y publient chaque jour.

J'en ai recueilli sur place quelques-unes qui m'ont paru piquantes.

Les voici fidèlement transcrites :

« On demande une cuisinière catholique et borgne, pour le service d'une petite famille. On exige de la cuisinière la perte d'un œil, pour des raisons sérieuses qu'on expliquera à la personne qui se présentera Prince-street, 9. »

« Je suis J. O. K. d'Edimbourg. Il y a bientôt quatorze ans que je n'ai pas vu ma femme ; c'est depuis le jour fatal (13 janvier !) où l'infâme W. Smith, du Michigan, l'a séduite pour l'abandonner ensuite dans la misère et le désespoir. Aujourd'hui, je désire voir ma femme pour des raisons du plus haut intérêt. Je prie donc instamment les personnes qui ont pu la connaître, de vouloir bien m'a-dresser les renseignements que je demande au bureau de ce journal. Ma femme a aujourd'hui trente-quatre ans. Elle était blonde, d'une taille moyenne, et je la trouvais jolie. Elle a sans doute beaucoup changé. Les initiales de ses noms sont : M. L. B. »

« Le docteur R... (Office, 164, Broadway) demande des têtes de ver solitaire destinées par lui à être ajustées à des corps sans tête de ce botryocéphale dont il possède une belle collection. Les personnes qui ont des têtes de ver solitaire et qui désireraient s'en défaire avantageuse-ment peuvent s'adresser à l'office du docteur, de trois à cinq heures. Le docteur pourra aussi, si on le désire, échanger quelques corps de ténia, tous en parfait état de conservation, contre des têtes du même intestinal. »

« Une jeune demoiselle de dix-neuf ans, d'origine an-glaise et sans aucun parent, désirerait se mettre en pen-sion dans une famille américaine ou étrangère. Elle don-nerait en échange de la pension des leçons de piano, de chant et de couture, et aussi de langue anglaise si on le désire. Ses manières sont distinguées, son esprit est vif, son caractère enjoué.

» Écrire M. N. L. Post-Office-Box, 331. »

« PHRÉNOLOGIE. Clinton-Hall, 131, Nassau street — Ce cabinet, visible tous les jours, renferme le modèle moulé des hommes les plus distingués dans tous les genres, tels que littérateurs, savants, hommes politiques, corsaires, empoisonneurs, voleurs, meurtriers, femmes adultères et idiots. »

« CHAMPAGNE. MARC CAUSSIDIÈRE, 15, Beaver street, est le seul agent aux Etats-Unis de la maison Delbeck et Lebegard, de Reims. Bonne marque! bon vin! bon accueil! »

« AVOCAT. Louis Pignolet, *attorney at law*, 187, Greenwich street. Conscience et savoir. »

« BUREAU DE PLACEMENT, 522, Broadway nourrices, professeurs, gouvernantes, couturières, modistes, etc. Commission modérée, discrétion à toute épreuve. »

« A vendre à l'Hippodrome, pour cause de cessation d'affaires, un magnifique tigre du Bengale, une panthère de Java, un ours très-joli, un lion superbe, et plusieurs autres animaux féroces parfaitement élevés, en bon état de santé et à des prix modérés. »

« Un médecin spécial pour les maladies nerveuses demande un ou plusieurs paralytiques d'un naturel doux et tranquille. Ce médecin se propose de les guérir par un procédé entièrement nouveau, de son invention, qui exige de la part du malade autant de patience et d'abnégation qu'il réclame d'intelligence et de dévouement de la part du médecin. Cure infailllible. »

« Une jeune femme anglaise et protestante, parlant un peu le français et l'italien, désire se placer comme gouvernante chez un monsieur âgé avec ou sans enfants, et qui aurait le goût des voyages, aimant elle-même beaucoup à voyager.

» S'adresser, poste restante, aux initiales L... W... »

« M. Beebe a l'honneur d'informer sa clientèle (remarquez le mot clientèle) qu'il vient de joindre à sa belle fabrication de cercueils, avantageusement connue, un magnifique assortiment de faux-cols, cravates et soieries. Il espère, comme par le passé, mériter la confiance du public pour la bonne qualité de ses marchandises. Grand choix de cercueils de luxe à ventilateur. »

« CHIRURGIEN-DENTISTE, — M. Gaweau, 412, Broadway, mérite sa réputation. Son talent est d'arracher le plus tard possible ; mais quand il se résout à cette dure nécessité, c'est avec calme, douceur et sang-froid. »

« FEBRIFUGE PÉRUVIEN, chez Sands, 100, Fulton street. Pour les affections du foie, les dyspepsies, les maladies bilieuses, la décomposition du sang, les humeurs froides, l'élargissement de la rate et le ramollissement des os. »

« LITS ÉLASTIQUES. — Cette admirable invention, ennemie des punaises, assure la circulation de l'air et ne réclame que le plus mince matelas pour devenir la couche la plus délicate et la plus saine.

» Chez Demeure et Mauritz, 43, Centre street. »

« On demande, pour compléter une troupe d'artistes ambulants, un pianiste accompagnateur, un clarinettiste et un phénomène humain, une géante, une naine, une femme colosse ou une femme barbue. On donnerait la préférence à une femme qui aurait une tête de mort. »

« M. A. Derne, opticien de Paris, 510, Broadway, a l'honneur de prévenir le public et ses nombreux amis qu'il vient de recevoir par le dernier steamer une collection complète de pince-nez dans le goût le plus nouveau. »

Ces quelques annonces suffisent à donner une idée exacte de la publicité en Amérique. Les journaux américains, si différents par tant de côtés des nôtres, ne sont pas destinés à être lus en entier; le temps manque pour cela. Chaque lecteur aux Etats-Unis cherche dans les journaux la partie qui l'intéresse : politique sociale, industrielle, commerciale, ou bien simplement les annonces, qui intéressent tout le monde. Au reste, comme nous l'avons déjà dit, on est presque sûr de trouver dans les bons journaux américains tous les renseignements désirables, et, sous ce rapport aussi bien que sous le rapport des correspondances à l'étranger, le *Times* de Londres lui-même n'est pas au-dessus du *Herald*, de New-York.

Les trois principaux organes de la presse à New-York sont le *Daily-Times*, la *Tribune* et le *Herald*.

Le *Daily-Times* est abolitionniste, légèrement cagot dans son puritanisme, et tempérant à tout briser quand on lui parle de vin et que l'eau lui monte à la tête. Du reste, il est rédigé avec talent.

La *Tribune* est l'expression outrée du parti avancé. La *Tribune* est tout ce que les autres ne sont pas : elle est fouriériste, elle est bloomériste, elle est partisan des libres amours, elle donne dans les esprits frappeurs, et espère que la mer, qui reste salée depuis si longtemps, se changera enfin en limonade gazeuse quand le temps aura rendu les hommes assez parfaits pour qu'ils aient une queue postérieure ornée d'un œil vigilant.

Enfin, pour comble d'étrangeté, la *Tribune* est l'organe du parti russe. Pendant toute la durée de la guerre de Crimée, la *Tribune* n'a cessé d'exalter les Russes à nos dépens, les proclamant les plus habiles diplomates, les meilleurs soldats, les plus savants capitaines, et proclamant leur gouvernement le plus humain et le plus parfait des gouvernements de l'ancien monde.

La *Tribune*, c'est évident, n'a pas toujours assez de ses deux yeux pour voir clair dans certaines questions, et ce ne sera pas trop de la queue phalanstérienne pour augmenter sa lucidité.

Quant au *New-York-Herald*, il est voltairien et sagement progressiste. C'est le plus influent de tous les journaux américains.

Comme on le voit, cet abominable esprit de Voltaire s'est propagé en Amérique tout aussi bien qu'en Europe.

C'est ainsi que le *Herald* et d'autres écrits périodiques de la même école comptent leurs lecteurs par centaines de mille aux États-Unis, tandis qu'on y néglige certains journaux bien pensants, bien modérés, bien tempérants, bien dévots, très-peu républicains, et qui affectent de. n'être pas du tout spirituels, pour s'éloigner, sans doute, autant que possible de Voltaire.

La presse française est représentée dans plusieurs des grandes villes de l'Union par des journaux et des revues écrits en français. Le *Courrier des États-Unis*, publié à New-York, passe à juste titre pour le meilleur journal

français de l'Amérique. Il doit sa prospérité première aux
efforts intelligents et au talent d'écrivain de M. Gaillardet,
qui en a été le propriétaire, le rédacteur en chef, et un
peu d'abord l'imprimeur et même le colporteur. L'Amérique n'est pas un pays comme les autres, et le talent,
aussi bien que la noblesse, s'y démocratise souvent dans
l'exercice de travaux qui peut-être en Europe paraîtraient
humiliants à beaucoup de gens, mais que tout le monde
accepte là-bas de très-bon cœur quand ils rapportent de
l'argent sans ôter de la considération personnelle.

M. Gaillardet, après une lutte difficile, longue et méri-
tante, est enfin parvenu à faire du *Courrier des Etats-
Unis* un organe important, même à côté des journaux
américains les plus influents. Après avoir cédé la propriété
de son entreprise, M. Gaillardet est revenu à Paris, où il
vit paisiblement du fruit de ses labeurs ; ce qui ne l'empêche pas d'enrichir son ancien journal d'une correspon-
dance hebdomadaire, faite avec beaucoup de tact et beaucoup d'esprit, et que tous nos compatriotes, en Amérique,
attendent par chaque steamer comme une voix consolante
et amie qui leur parle de la patrie absente.

Le rédacteur en chef du *Courrier des Etats-Unis* est
actuellement M. Emile Masseras, qui continue l'œuvre de
M. Gaillardet avec le concours actif de M. de Trobriand,
et sous la direction générale du propriétaire-gérant, M.
Charles Lassalle.

Si la couleur politique du *Courrier des Etats-Unis* est
parfois singulièrement changeante, et si, souvent même,
ce journal se montre à la fois et dans un même numéro
de tel ou tel parti, il est du moins toujours franchement

français, ce qui rachète un peu ses contradictions sur d'autres points.

La presse américaine, qui me paraît oublier beaucoup trop souvent les services rendus par la France à l'Amérique, n'est pas toujours bienveillante et juste pour nous. Ses éloges cachent parfois des épigrammes, et les critiques ne sont presque toujours qu'une appréciation cruelle quand elle est juste, envieuse quand elle est fausse.

Le *Courrier des Etats-Unis*, s'inspirant alors de la devise si éminemment patriotique des Américains : « Mon pays, qu'il ait tort ou raison, » se fait le défenseur chaleureux et souvent éloquent de la France, abstraction faite de tout sentiment politique, de tout intérêt de parti. Aussi estimé, pour son caractère obligeant et affable que pour les qualités de son talent facile, élégant et incisif, M. Masseras remplit ses difficiles fonctions à la satisfaction de tout le monde.

M. de Trobriand, à qui nous aurons bien de la peine, en notre qualité d'artiste musicien, à pardonner d'avoir méconnu entièrement la belle voix et le beau talent de Mirate, l'un des meilleurs ténors, sinon le meilleur, qui ait jamais visité New-York, est un écrivain fort agréable et dont la collaboration au *Courrier des Etats-Unis* est une excellente acquisition pour ce journal. Que M. de Trobriand nous permette seulement de lui conseiller la modération dans ses critiques, moins d'enthousiasme pour la tragédie et plus d'indulgence pour cette pauvre musique de Mozart, qui a pourtant bien son mérite.

Ajoutons que sous l'habile direction de son propriétaire, Charles Lassalle, notre feuille française à New-York est

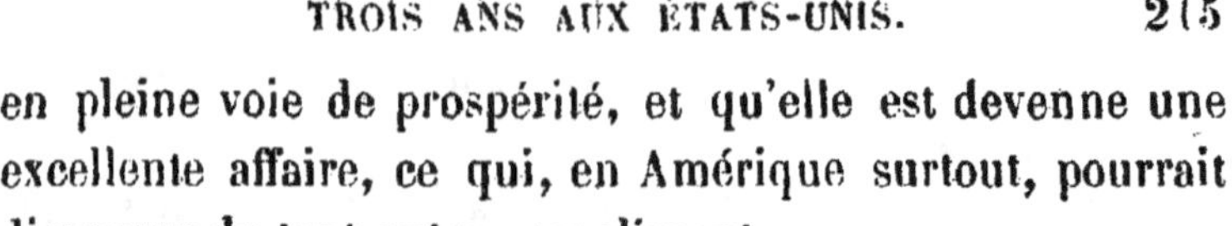

en pleine voie de prospérité, et qu'elle est devenue une excellente affaire, ce qui, en Amérique surtout, pourrait dispenser de tout autre compliment.

Les nouvelles d'Europe sont les plus intéressantes pour l'Amérique, si intimement liée à l'Europe par son immense commerce. Aussi les journaux américains s'efforcent-ils de multiplier le nombre des correspondances européennes et ne négligent-ils rien pour les faire connaître le plus promptement possible à leurs lecteurs.

Chaque arrivée de steamer transatlantique est annoncée par la vente dans toutes les rues de suppléments qui donnent un abrégé des principales nouvelles. Il n'y a point d'exagération à dire que la vente de pareils suppléments cause là-bas la plus vive émotion.

A peine si le steamer venant d'Europe est entré dans le port, qu'on voit surgir de toutes parts des jeunes garçons de dix à quinze ans, pieds nus pour la plupart, mal vêtus d'un pantalon soutenu par une ficelle en guise de bretelles, et d'un paletot de pilote trop long pour leur taille, courir en tous sens, la tête haute et l'œil intelligent, un énorme paquet de journaux sous le bras, qu'ils distribuent lestement aux passants, moyennant six sous par numéro. Ces journaux se font au moment où le steamer arrive, avec une promptitude qui tient du merveilleux. Les machines à imprimer ont jusqu'à neuf cylindres, et sont desservies par trente-quatre hommes. Ces machines formidables vomissent des milliers d'exemplaires que les vendeurs de journaux s'arrachent à la porte des imprimeries. Ce n'est partout que la voix aiguë et prolongée des *boys*, qui crient à perdre haleine l'arrivée du steamer apportant d'*importantes* nouvelles sur toutes sortes de choses.

Quand un steamer est en retard, les vendeurs de journaux, qui, pas plus que les hommes graves, n'aiment à perdre le temps, remédient à ce désavantage par un petit moyen qui réussit toujours. Ils ajoutent sur des vieux suppléments rendant compte de l'arrivée de steamers correspondant au steamer qu'on attend une date nouvelle adroitement collée, et vendent ces suppléments comme nouveaux. Beaucoup de personnes se laissent prendre au piége, jettent un coup d'œil rapide sur le précieux *extra*, et lisent avec émotion de vieilles nouvelles qu'ils ne tardent pas à reconnaître antidatées. On jette alors son journal au vent, et l'on continue son chemin en pressant le pas pour rattraper le temps perdu.

Certains journaux de l'Union cependant sont loin de déployer l'activité fiévreuse des principaux organes de la publicité. Pour donner une idée du sans-gêne de quelques-unes de ces feuilles, nous citerons textuellement cet avis du *North-Caroline Time*, qui s'excuse d'avoir suspendu sa publication.

« Le *North-Caroline Time* n'a pas été publié les deux
» semaines passées, par deux raisons : la première est
» que la semaine avant-dernière, nous étions absent pour
» affaires ; la seconde est que la semaine dernière nous
» étions souffrant d'un gros rhume. »

Il se publie à New-York et dans toutes les grandes villes des États-Unis un nombre prodigieux de journaux dans tous les genres. Il y a des journaux industriels, des journaux d'agriculture, des journaux de médecine, des journaux de peinture, des journaux de marine, des journaux de toutes les sciences, des journaux de modes, des journaux de musique, des journaux de religion, des journaux littéraires, des journaux pittoresques, des journaux socialistes, etc. Chacun de ces journaux contient considérablement de matière, prise dans tous les livres d'Europe ou d'Amérique.

On peut juger de la consommation de livres et de journaux qu'on fait aux Etats-Unis par cette seule observation que sept cent cinquante fabriques de papier entretiennent plus de deux mille machines continuellement en activité ; l'an dernier ces machines ont produit l'énorme quantité de deux cent cinquante-deux millions de livres anglaises de papier. Or, comme il faut une livre et quart de chiffons pour produire une livre de papier, c'est donc une consommation de quatre cents millions de livres de chiffons que l'industrie de la papeterie a faite en Amérique en une seule année.

Ajoutons que c'est l'Italie qui expédie aux Etats-Unis la plus grande partie de ces chiffons. Cela ne fait pas honneur à son industrie papetière, mais le despôtisme qui pèse sur ce malheureux pays, ne permet pas, on le sait, le libre développement de la pensée qu'elle comprime, au contraire, et réglemente avant toute autre chose. Les journaux et les livres sont des objets de luxe, presque des objets de curiosité dans certaines parties de ce pays, si beau par la nature, si dégradé par l'ignorance, les préjugés religieux et toutes les tyrannies.

XIII

LA MÉDECINE EN AMÉRIQUE.

La médecine en Amérique est la grande ressource des
personnes qui n'ont jamais rien étudié, la médecine homœopathique surtout. Il est si facile d'être un mauvais
médecin homœopathe ! Quelques petites fioles contenant
des boulettes d'amidon qu'on administre à ses malades
pour le froid, pour le chaud, pour le tiède, pour le frais,
pour le sec et pour l'humide ; ce n'est ni embarrassant,
ni coûteux, ni désagréable à avaler.

A côté de la médecine homœopathique en Amérique,
la médecine végétale mérite d'être citée. Voici comment
on peut la pratiquer : vous prenez une gibecière, vous
chaussez de gros souliers, vous vous armez d'un gros bâton et vous partez pour la campagne, guidé par l'amour
de la science et le désir d'être utile à vos semblables. Arrivé à la campagne, vous entrez chez un restaurateur et
vous vous faites servir un bon dîner que vous arrosez
gaiement de quelques bons verres de vin. Après le dîner,
vous allez prendre votre demi-tasse de café en plein air,
sous de frais ombrages, tout en fumant philosophiquement
un trabuco *puro havana*. Peu à peu vos paupières s'a-
lourdissent, votre tête s'incline légèrement sur votre
épaule, votre cigare s'éteint en s'échappant de vos doigts
inertes, et vous vous abandonnez aux douceurs d'un demi-
sommeil entretenu poétiquement par les senteurs embau-

mées de la brise qui murmure dans les arbres les mélodies de la nature.

Le soir, vous revenez chez vous, courbé, harassé de fatigue, mais heureux et fier, et la gibecière amplement garnie des plantes rares et précieuses dont vous seul connaissez les vertus suprêmes, et qu'au péril de votre vie vous êtes allé disputer aux ronces épineuses et arracher aux entrailles de la terre, sur des sommets abruptes ou dans le fond de quelque gouffre.

Des malades, impatients de vous revoir, attendent les précieux breuvages que vous leur préparerez, et qui, sous une étiquette mystérieuse, cachent les sucs honnêtes et inoffensifs de la carotte, de la laitue, du navet et du vulnéraire suisse. Si cela ne fait pas de bien, cela du moins ne fait pas de mal, et il me semble que c'est déjà une assez bonne médecine celle qui ne peut pas faire de mal.

Mais si la médecine végétale est pratiquée un peu par tout le monde en Amérique, l'homœopathie est particulièrement exploitée par les Allemands.

Quand vous voyez passer dans une rue en Amérique un Allemand orné de lunettes, passablement vêtu d'un pantalon trop large, d'un habit trop large, d'un gilet de piqué blanc ou de satin noir trop large, la tête couverte d'un chapeau à larges rebords et bas de forme, — ne faites aucune question à cet homme, à moins que cela ne vous plaise, et appelez-le docteur ; c'est un homœopathe. Quand un Allemand aux États-Unis n'est pas médecin, il est pianiste ou clarinettiste, à moins qu'il ne soit tout cela à la fois.

En combien de catégories faudrait-il classer les différentes espèces de médecins qui droguent les Etats-Unis?
C'est assurément ce que je ne saurais dire, et les médecins
du corps sont aussi divisés d'opinion là-bas que les médecins de l'âme. — Avalez-moi ça, disent les uns : — Ne
l'avalez pas, disent les autres : — Faites cette prière,
disent ceux-ci : — Ne la faites pas, disent ceux-là. —
— Croyez-moi et buvez de l'eau, — disent les apôtres de
la tempérance et les médecins hydropathes.

Il y a assurément beaucoup et de fort bons médecins
étrangers et indigènes dans toute l'Amérique, et nous
sommes heureux, puisque l'occasion se présente, de payer
ici notre dette de profonde gratitude à la science et au
dévouement dont M. Bolton a fait preuve à notre égard
dans une maladie des plus dangereuses que nous avons
eue à New-York. C'est bien certainement à cet excellent
docteur, aussi instruit qu'il est aimable et généreux, que
nous devons la vie. Nous avouons que cela nous eût singulièrement contrarié de mourir à New-York ; non pas
que les cimetières y soient laids et manquent de comfortable, tout au contraire ; le cimetière de Green-Wood surtout est remarquable à plus d'un titre ; d'abord il est
placé sur une hauteur d'où les morts jouissent d'une vue
admirable ; ensuite il y a de très-beaux monuments funèbres ; enfin, la ville de New-York n'ayant pas de promenades publiques, c'est dans les allées tortueuses et pleines
d'un mystérieux silence que la *flirtation* américaine
donne ses plus tendres rendez-vous. Mais j'étais un peu
comme ce personnage célèbre d'Henri Monnier, qui voulait absolument aller mourir chez le richard, malgré les

remontrances de sa femme qui lui disait avec conviction : « Meurs ici, mon ami, on y est très-bien ; je te donnerai un bon oreiller et des draps blancs ; rien ne te manquera. » A quoi le malade répondait invariablement : « Je veux aller mourir chez le richard. » Maintenant que je suis chez mon richard à moi, c'est-à-dire à Paris, je ne pense plus à mourir, et fais tous mes efforts pour vivre le plus possible.

On n'a plus aujourd'hui le droit, comme autrefois, de faire en Amérique de la médecine sans avoir obtenu de diplôme. Mais les médecins qui pratiquent sans diplôme, et sans même avoir passé d'examen, sont malheureusement très-nombreux partout aux Etats-Unis. Le ministère public ne poursuit jamais d'office les médecins non reçus par la Faculté, et il faut, pour que les tribunaux les condamnent, qu'une personne se porte partie civile contre eux. Les jugements en pareils cas sont quelquefois rigoureux. J'ai connu un homme qui a obtenu cinq mille dollars de dommages-intérêts d'un faux docteur qui, en le soignant pour un bras cassé, le lui avait replacé de travers. Mais il est toujours permis à un médecin muni de son diplôme de vous estropier suivant les saines doctrines et de vous tuer dans les règles de l'art. « Il y a parmi les morts, a dit M. La Palisse, une grande honnêteté et une discrétion les plus grandes du monde, et jamais on n'en vit se plaindre du médecin qui les a tués. » Cela est très-heureux pour les médecins de tous les pays, et particulièrement pour cette classe nombreuse de médecins américains qui ont fait du calomélas un spécifique universel. Le remède est presque toujours pire que le mal, et il est effrayant de voir les ravages du mercure observés en Amérique sur le visage d'un grand nombre de personnes.

La dissection des cadavres n'est pas permise dans certaines parties puritaines des Etats-Unis, où l'on exagère le respect pour les morts. Mais les médecins ne se privent pas pour cela des utiles travaux de la dissection ; ils achètent en cachette des cadavres et les dissèquent chez eux.

Je n'oublierai jamais le fait suivant, dont le souvenir m'impressionne encore vivement aujourd'hui.

J'allai un jour rendre visite à un professeur d'anatomie de l'école de médecine de New-York ; je sonnai chez le professeur, et une jeune Irlandaise, domestique dans la maison, vint m'ouvrir.

— Monsieur est occupé pour l'instant, me dit-elle ; mais si vous désirez le voir, donnez-vous la peine de passer dans cette chambre, à droite, au fond du corridor. Je vais dire à monsieur que vous êtes ici.

— Ne le dérangez pas ; j'attendrai tout le temps nécessaire ; je ne suis pas pressé.

Et je me dirigeai au fond du corridor qui m'avait été désigné. Seulement, au lieu de prendre à droite, je me trompai, et je pris à gauche. J'entrai dans une chambre dont la porte se trouvait entr'ouverte.

C'était en hiver. Un grand feu était allumé dans la cheminée et éclairait la chambre de la lueur bleuâtre et faible du charbon de terre incandescent. Autour du feu, trois personnes étaient silencieusement assises. Elles ne se dérangèrent pas quand j'entrai, et ne parurent même pas remarquer ma présence. Je pris une chaise et m'assis à une certaine distance du groupe. Personne ne parla. Seulement, de temps à autre je distinguai dans l'ombre le mouvement brusque d'une des personnes assises, comme] un mouvement nerveux et involontaire, qu'accompagnait toujours un léger bruit d'articulation des membres rendu sensible par le profond silence qui régnait partout autour de nous. Bientôt parut le médecin en sifflant un air de polka.

— Vous ici? me dit-il d'un ton surpris. Ma foi! je ne m'attendais guère à vous rencontrer en pareille société, aussitôt du moins et chez moi.

— A propos de société, veuillez donc me dire, repris-je tout bas, quelles sont les personnes qui se chauffent si opiniâtrement, sans plus se déranger pour vous qu'elles ne l'ont fait pour moi? Ce sans-gêne me surprend, car je sais que vous ne recevez que des gens comme il faut.

— Comment! vous ne savez donc pas avec qui vous étiez là?

— Sans doute, puisque je vous le demande.

— Approchez, approchez, me dit-il en me prenant le bras et en me conduisant vers les inconnus, en même temps qu'il demanda de la lumière.

— Je vis alors trois cadavres, dont l'un, au moment où je l'examinai, fit un brusque mouvement de bras.

— Mais comment se fait-il?... dis-je au docteur sans achever ma question et d'une voix presque tremblante de terreur.

— Ce sont, me répondit-il d'un air indifférent, trois

sujets que j'ai achetés hier d'un infirmier d'hôpital, un assez bon garçon avec lequel j'ai déjà fait quelques affaires ; il est un peu cher, mais il donne du bon.

— Et pourquoi avez-vous assis ces cadavres autour du feu ?

— Pour les dégeler, mon ami ; nous dégelons toujours nos sujets avant de nous en servir. Quant aux mouvements que vous les avez vus faire, ils sont déterminés par la chaleur qui détend les muscles.

— Permettez-moi, dis-je au professeur d'anatomie, de ne pas prolonger plus longtemps ma visite ; je reviendrai vous voir dans un moment plus opportun.

— Restez, restez donc ; vous ne me gênez pas le moins du monde.

— A la bonne heure ; mais vous, vous me gêneriez infiniment avec votre société de dégelés.

Et je me retirai profondément ému de cette scène étrange.

On trouve aux Etats-Unis, compris dans une immense longueur de terrain, tous les climats et la plus belle collection des maux dont M. Purgon menaçait les gens. Dans le Sud, la fièvre jaune fait tous les ans, au moment des grandes chaleurs, des ravages effroyables, surtout parmi les nouveaux débarqués. Dans l'Est et dans l'Ouest, ce sont particulièrement les fièvres tremblantes qui font le plus de victimes. Dans le Nord, la partie la plus saine, toutes les maladies, en bonnes sœurs, se partagent la besogne.

New-York, réputé comme une des villes les plus saines de l'Union, est néanmoins, par ses changements subits de température, fatale aux personnes qui ont les entrailles délicates et les poumons faibles. D'un autre côté, il meurt considérablement d'enfants en bas âge d'une maladie qui se produit en été, et qu'on appelle *cholera infantum.* Les médecins sont impuissants à guérir le *cholera infantum,* et le changement d'air, l'air vif de la mer surtout, est le seul remède en pareil cas. Il est vrai qu'il est presque infaillible.

Nous avons sous les yeux le tableau de la mortalité de New-York de l'année 1852.

Il ne sera peut-être pas sans intérêt d'en faire ici l'analyse sommaire, ne fût-ce qu'à titre de renseignements à donner aux personnes qui désirent aller s'établir en Amérique.

Le nombre des décès s'est élevé cette année-là, sur la population de la seule ville de New-York, qui était alors de 500,000 personnes, à 22,024. C'est un peu moins que le nombre correspondant de 1851, sans doute parce qu'en 1852 les variations de température ont été moins brusques et moins sensibles. Ce nombre se partage entre des individus de huit ou dix nations différentes aujourd'hui réunis sur le même sol. La part des Américains y est de 13,296 ; celle des Irlandais de 4,362 ; celle des Allemands de 1,044 ; celle des Français de 90 seulement.

Si nous examinons quelles sont les maladies les plus obstinées et celles qui ont le plus contribué à faire faucher par la Mort, comme disaient les poëtes du temps de Delille, cette trop riche moisson de victimes, nous verrons que les affections pulmonaires tiennent de beaucoup le premier rang. Ainsi nous comptons 2,462 morts de consomption, 2,462 morts d'inflammation des poumons, 256 bronchites et 252 congestions. Total, 4,000 maladies des poumons.

Les maladies qui atteignent d'ordinaire les jeunes enfants viennent ensuite. Choléra infantum, 907 ; convulsions, 1,676 ; croup, 590 ; rougeole, 320 ; petite vérole, 562 ; morts-nés, 1,506.

Les maladies d'entrailles ont la troisième place : 1,372. Puis viennent les fièvres, le choléra, les maladies du cœur, les maladies du cerveau, les maladies nerveuses, les maladies bilieuses, les scrofules, l'hydropisie, la paralysie, l'apoplexie, la rage, l'étisie. Enfin, nous voyons dans ce tableau que 19 personnes sont mortes assassinées, 35 suicidées, 86 brûlées, et 169 écrasées, coupées, noyées, etc.

Un excellent métier en Amérique, comme ailleurs du reste, c'est de vendre des remèdes quand on est en position de faire beaucoup de publicité pour les annoncer. On cite à New-York des fortunes considérables faites par la vente de certaines drogues dont on voit les annonces partout, dans les journaux, dans les omnibus, dans les stemboats, sur les murs des maisons récemment incendiées, sur les arbres dans la campagne, gravées par terre, estampées sur les éventails, collées jusque dans des carrières de pierre. Par ces moyens de publicité extraordinaires, M. Benjamin Brandreth a gagné deux millions cinq cent mille francs en vendant des pilules purgatives. M. Townsend, l'homme à la salsepareille dont nous avons dévoilé la recette dans un chapitre précédent, a fait une fortune plus considérable encore. Les *life pills* (pilules de vie) et les *phœnix bitters* ont aussi rapporté des millions à

M. Moffat; enfin M. Pease n'a pas été moins heureux en vendant du *horehound candy* pour les rhumes de poitrine.

Nous avons dit qu'il n'était pas permis aux Etats-Unis de faire de la médecine sans être reçu médecin, bien qu'un grand nombre de personnes enfreignent les lois à cet égard. Nous serions tenté, d'après le fait suivant, de croire que le titre seul d'officier de santé ne suffit même pas.

Un de nos compatriotes, M. Onésime Pernicieux, vint il y a quelques mois s'établir à Saint-Louis pour y exercer la médecine. N'étant qu'officier de santé, soit qu'il craignît de n'être pas suffisamment en règle avec les lois du pays, soit qu'il eût voulu se donner plus de poids aux yeux de ses clients, il chercha le moyen de rendre son titre d'officier de santé plus respectable encore. Pour cela, il trouva l'expédient suivant, qui escomptait sa science future en faveur de son insuffisance présente. M. Pernicieux (singulier nom pour un médecin) fit imprimer des cartes sur lesquelles il y avait :

ONÉSIME PERNICIEUX

(de Paris),

OFFICIER DE SANTÉ, BIENTOT DOCTEUR.

Que dites-vous des bonnes dispositions de ce cher M. Pernicieux? En vérité, la seule vue d'une carte semblable suffirait à rendre la santé au malade le plus récalcitrant.

Les discours sur l'émancipation de la femme en Améri-

que, commencent à porter leurs fruits. Si les Américaines
ne sont encore ni électeurs, ni éligibles, si elles ne peuvent devenir ni président de la république, ni ministre
d'état, ni avocat, ni général, ni pompier, elles ont du
moins le droit de se faire nommer médecin et d'exercer
cette profession. En effet, une école spéciale de médecine
à l'usage du beau sexe vient de s'ouvrir à New-York. Les
dames se montrent des plus empressées à prendre leurs
inscriptions et à recevoir les leçons d'une science qui jusqu'à présent avait été le partage exclusif des hommes.
Voici une petite anecdote qui donne la mesure de la science
médicale de quelques-unes de ces étudiantes en médecine.
Un citoyen américain envoie chercher un jour pour sa
femme malade une bloomériste-médecin. La bloomériste
tâte le pouls de la malade, examine, la langue et lui déclare qu'elle est atteinte d'une maladie de foie. Cette
dame exerçait la médecine homœopathique, elle tire aussitôt d'une petite fiole des globules et lui prescrit d'en avaler trois matin et soir. La malade suit rigoureusement
l'ordonnance de la femme de l'art, mais elles ne ressent
aucun soulagement.

— Je ne me trouve pas mieux, lui disait-elle à chaque
nouvelle visite.

— Vraiment! lui répondait la bloomériste, sans paraître
trop étonnée ; eh bien ! je vais changer le remède.

Puis elle prenait une autre fiole contenant des globules
nouvelles dont elle lui ordonnait l'usage.

Dix fois la malade se plaignit ainsi de n'éprouver aucun
soulagement, et dix fois le docteur femelle changea le remède, espérant toujours tomber enfin sur le bon.

Impatienté, le mari voulut consulter le docteur Bolton, dont nous avons parlé plus haut.

Le savant docteur examina cinq minutes la malade, se mit à rire de ce rire franc et sympathique que nous lui connaissons, et déclara l'état de sa nouvelle cliente fort peu alarmant, mais très-intéressant.

Survint la bloomériste, munie de nouvelles fioles de globules pour changer encore le remède si cela était nécessaire.

— Ma femme n'a aucune espèce de maladie, lui dit le mari un peu irrité, et son malaise n'est que la conséquence naturelle d'une indisposition plus naturelle encore.

— Eh! que ne me l'avez-vous dit plus tôt! répliqua naïvement la femme-médecin, je ne lui eusse administré aucun remède.

Cette anecdote, du reste, ne conclut nullement contre l'aptitude possible du beau sexe en matière médicale. Elle constate simplement l'état présent de son instruction scientifique, laquelle, sans aucun doute, est susceptible d'amélioration

XIV

LE 4 JUILLET EN AMÉRIQUE.

Le 4 juillet, jour anniversaire de la déclaration de l'indépendance américaine est célébré aux Etats-Unis par des centaines de millions de pétards de toute espèce qu'on tire partout dans les villes comme dans les campagnes, avec des coups de pistolet, des coups de fusil et des coups de canon à faire trembler le sol. Il faut véritablement avoir passé un 4 juillet aux Etats-Unis pour se faire une idée exacte du vacarme qui signale cette journée mémorable.

Assurément, le motif de cette assourdissante manifestation est des plus louables, et l'on comprend très-bien l'enthousiasme que doit éveiller dans toute la population le souvenir glorieux d'une indépendance qui, en donnant la liberté aux Etats-Unis, lui a donné la force et la richesse, mais il est impossible de se réjouir plus bruyamment.

La manie des pétards est universelle, et tout le monde en tire le 4 juillet, depuis les plus petits enfants, les demoiselles et les femmes, jusqu'aux hommes les plus graves de tous les âges et de toutes les conditions.

Dès la pointe du jour, la population est sur pied, et le tapage commence. On voit des hommes, debout devant la porte de leur maison, en manches de chemise, des caisses de pétards à leur côté, une mèche allumée au bout d'un bâton, en tirer sans désemparer, autrement que pour prendre leur repas, jusqu'à minuit et deux heures du matin. Des bandes de jeunes gens parcourent les rues avec des pistolets, des carabines, des fusils, et tirent partout à tort et à travers.

Quelquefois les armes dont on se sert sont vieilles ou rouillées et crèvent dans les mains de ceux qui en font usage ; mais ces sortes d'accidents sont si fréquents le 4 juillet que personne n'y apporte la moindre attention. J'ai vu des hommes, une main brûlée ou meurtrie par un éclat d'arme, mettre leur bras en écharpe et se servir de la main qui n'avait pas été blessée pour continuer à tirer des coups de pistolet en chantant l'air du *Yankee doodle*.

Cet air, très-peu martial et très-mauvais au point de vue de l'art, est une chanson, d'origine anglaise, dont les Américains ont fait leur air patriotique pour mystifier l'armée anglaise qui voulait les mystifier.

Les Anglais avaient composé la chanson du *Yankee doodle* pendant la guerre de l'indépendance pour se moquer de l'armée citoyenne des Américains, dont ils croyaient pouvoir se rendre maîtres facilement, grâce à la bonne tenue et à la discipline de l'armée britannique qui les combattait. Piqués au vif, les Américains jurèrent de vaincre les Anglais et les chassèrent de leur territoire, devenu indépendant au son même de l'air qui avait été fait contre eux, et qui est devenu, avec le *hail Culombia*, leur chant national.

Le *Yankee doodle*, qui en tout temps a le pouvoir en Amérique d'exciter l'enthousiasme des populations, produit plus d'effet encore le jour du 4 juillet, où il se trouve pour ainsi dire mis en scène au milieu des détonations d'armes.

Mais le soir de ce même jour, 4 juillet, on renchérit encore sur ce qu'on a fait dans la journée. L'oreille blasée trouve faibles les éclats des pétards, les pistolets qu'on charge jusqu'à la gueule semblent monotones et les carabines même n'ont qu'une voix sourde et enrouée au milieu de ce tapage universel. C'est par caisses entières qu'on fait alors partir les pétards et les bombes. Des détonations formidables se font entendre jusque dans l'intérieur des maisons, où des barriques sont disposées au milieu des chambres pour contenir des pétards chinois qu'on brûle par paquets de cinq cents à la fois. Ce ne sont partout que débris de pièces d'artifice à moitié éteints, et les toits des maisons sont jonchés de queues de fusées qui sillonnent l'air en tous sens. On ferme les lucarnes pour empêcher les fusées de pénétrer dans les maisons et d'y mettre le feu. Mais malgré ces précautions, les incendies sont toujours nombreux le 4 juillet, qui est aussi la fête particulière des pompiers. Au bruit général des détonations se joint invariablement le glas lugubre du tocsin qui sonne au feu, et le bruit indescriptible des pompes traînées par leurs nombreux servants.

C'est à la lueur des maisons incendiées dont les étincelles s'étendent sur toute la ville, que la population étourdie, haletante, ivre de bruit, les mains et le visage noircis par la poudre, la gorge enflammée par les *hurras* répétés, tire ses derniers pétards, brûle ses dernières cartouches et rentre chez soi goûter le repos, rendu si nécessaire après les excitations de la journée.

Les personnes qui se piquent de donner le bon ton, s'absentent de la ville le 4 juillet, et vont à la campagne tirer en petit comité leurs pétards.

Les statisticiens, qui calculent tout, ont calculé, d'après les pétards qui se consomment le 4 juillet et la poudre qui se brûle ce jour-là dans tous les Etats-Unis, que chaque citoyen américain représentait, en moyenne, cinq cent trente-cinq détonations.

Tout le monde pourtant ne fait pas partir des pétards à l'exclusion de tout autre plaisir, et de nombreux amusements sont offerts au public le jour du 4 juillet.

De magnifiques steamboats peints en blanc et élevés au-dessus de l'eau comme des maisons sont unis deux à deux par un large plancher, et servent de salle de danse à plus d'un millier de danseurs, tout en les promenant sur la rivière. Dès que les bateaux élégamment pavoisés quittent les quais pour se mettre en marche, une musique nombreuse établie sur une estrade élevée au milieu des deux steamboats exécute des polkas, des valses, des mazurkas et des gigues. La masse des danseurs s'ébranle au son de la musique, et tout le monde part au bruit cadencé des instruments et des roues des machines en mouvement. Rien n'est plus pittoresque, quand on est à terre au bord de la rivière si large de l'Hudson, à New-York, que de voir au loin glisser sur l'eau tranquille ces immenses bateaux de plaisir sur lesquels on aperçoit les danseurs comme de petites marionnettes se mouvant au son vague de l'orchestre perdu dans le lointain.

Ces excursions sont des plus agréables en été, où la chaleur est aussi forte à New-York que le froid y est rigoureux dans les mois de décembre, janvier et février.

Les promenades en steamboat sont un des plaisirs favoris des Américains, et, comme tous les plaisirs publics aux États-Unis, accessibles à tous par le bon marché.

Les plaisirs, en France, coûtent fort cher par suite de certaines habitudes aristocratiques que l'orgueil conserve pour empêcher le mélange des classes de la société. En Angleterre, c'est pis encore, et les amusements, on peut le dire, sont le privilége exclusif des gens riches. Mais en Amérique, où la population n'est point divisée par l'orgueil des castes, où le costume du pauvre est absolument le costume du riche, un peu moins frais ou un peu

moins élégant de forme, voilà tout, les spéculateurs en
toutes choses ne visent et ne doivent viser qu'à satisfaire
le plus grand nombre. Plus les prix sont réduits, plus par
conséquent ils sont accessibles à tous, et plus grands sont
les bénéfices de la spéculation, toujours basée en Amérique, autant par intérêt pur que par libéralisme, sur la
participation du plus grand nombre au bien-être et à toutes
les jouissances de la vie.

A côté des excursions dont la danse est l'objet principal, il y a dans le courant de l'été, mais plus particulièrement le 4 juillet, des excursions spéciales pour des
promenades en mer et pour la pêche à la morue.

La pêche à la morue est certainement la plus amusante
de toutes les pêches. On n'a pas idée de la stupidité et de
la voracité de ce poisson, qu'on pêche à la ligne, et qui,
au fond de l'eau, fait littéralement queue pour attendre
son tour d'être pris. Le pêcheur de morue, quand ce poisson est abondant, n'a que le temps juste d'amorcer et
de jeter sa ligne à l'eau, entraînée rapidement au fond
par un lourd morceau de plomb, pour amener une morue
suspendue à l'hameçon.

La morue voisine prend alors dans l'eau la place de
celle que l'on vient de pêcher, et semble attendre avec
impatience, quoiqu'elle attende avec calme, le retour de
la ligne pour se faire pêcher de même. Et ainsi de suite
de toutes les morues jusqu'à la dernière, qui a vu successivement disparaître toutes ses compagnes aquatiques sans
concevoir pour cela le moindre soupçon.

Quelquefois les pêcheurs de morue s'amusent à lâcher
sur l'eau un de ces poissons qu'ils viennent de prendre,

pour se donner le spectacle curieux des efforts que fait la
morue pour plonger et gagner le fond de la mer sans que
jamais elle puisse y parvenir. Quand elle quitte les bas-
fonds où seulement elle peut vivre, et qu'on la force à
remonter à la surface de l'eau, la morue se remplit d'air
aussitôt et surnage malgré elle, comme une vessie souf-
flée, sans pouvoir descendre au delà de quelques pouces
à fleur d'eau. Après avoir vu la morue se débattre ainsi
quelque temps en essayant de plonger, il est toujours
facile de la rattraper avec la main.

Le 4 juillet, avec le jour anniversaire de la naissance
de Washington et le jour d'actions de grâces où l'on
remercie Dieu de tous les bienfaits, on ne peut plus réels,
ceux-là, qu'il s'est plu à répandre sur les Etat-Unis,
sont les trois grandes fêtes patriotiques de l'Union américaine.

XV

LE COMFORTABLE EN AMÉRIQUE.

Le comfortable est la science du bien-être matériel.

C'est dans le comfortable du *home* (du chez soi) que les
natures calmes et froidement sensuelles des Anglais et des
Américains du nord aiment à se retrancher aux heures du
repos, pour y vivre seuls et aussi bien que possible.

On sent l'imagination se refroidir en soi quand on par-
court certaines rues fashionables et profondément silencieuses de New-York, de Boston, de Philadelphie et de
toutes les grandes villes de l'Union, tant la tranquillité est

personnifiée dans ces maisons de briques et de pierres
grises, hermétiquement fermées comme de larges et somptueux tombeaux de familles vivantes. Rien ne manque
pour éveiller dans l'âme de l'étranger ces funèbres illusions.
Les maisons américaines, creusées de chaque côté par les
basements, sont entourées de grilles de fer ; elles sont
flanquées d'étroits jardins extérieurs, et sur la porte d'entrée toujours fermée, et par laquelle on arrive au moyen
d'un escalier de pierre, on lit comme une épitaphe le nom
de l'habitant de la maison, écrit en lettres noires sur
une plaque de métal blanc.

L'intérieur de ces maisons est beaucoup moins triste,
quoiqu'il y règne partout une symétrie de froide étiquette.
On y trouve un luxe et un comfort véritables qui ne laissent rien à désirer, et dont nous autres Français, avec nos
grandes maisons à six et sept étages et nos petits appartements, nous n'avons aucune idée. On peut dire que les Parisiens n'ont en général que des logements pour s'y camper
à l'abri des intempéries, tandis que les Anglais et surtout
les Américains demeurent réellement chez eux. Mais il y
a tant d'autres compensations à Paris !

Si on excepte les maisons dites d'Irlandais, qui se
louent aux pauvres par chambres et par petits appartements, il n'y a que deux manières de vivre dans tous les
Etats-Unis : chez soi, dans la maison qu'on occupe seul
avec sa famille, ou à l'hôtel, ou en *boarding-house*, sorte
de pension bourgeoise, dont quelques-unes déploient un
grand luxe de mobilier. L'ameublement d'une maison
américaine *respectable* représente presque seul une fortune. Des tapis recouvrent toutes les chambres, depuis le

salon jusqu'aux compartiments les plus modestes du grenier (*attic*) et même jusqu'à la cuisine.

Les Américains ont une sorte de culte pour les tapis ; ils se passeraient des choses les plus utiles, plutôt que de n'avoir pas de tapis à mettre dans le *parlor*. Les nègres eux-mêmes ont des tapis au milieu des bouges infectes qu'ils habitent dans Woster street, dans Church street, dans Laurens street et dans Christy street à New-York.

L'été on enlève les tapis de laine, trop chauds pour la saison, et on y substitue des nattes chinoises, à carreaux jaunes et rouges, très-jolies et très-fraîches. Dans toutes les maisons les escaliers de tous les étages sont garnis de très-beaux tapis de Bruxelles, assujettis par de larges baguettes de métal blanc.

Les maisons de la cinquième avenue, à New-York (une rue magnifique), et du haut de la ville jusqu'à la quarantième rue (car on compte les rues par numéros à partir d'un certain endroit), sont toutes bâties sur le même modèle à l'extérieur comme à l'intérieur. Elles ont toutes au rez-de-chaussée un splendide salon qui tient toute la longueur du bâtiment. Ce salon se divise par moitié au moyen d'une porte à coulisse en bois d'acajou qui s'ouvre et se ferme à volonté en disparaissant complétement dans le mur. Cette disposition est excellente et permet de mesurer la grandeur du salon au nombre des convives, ou, si l'on veut, de former deux salons parfaitement indépendants l'un de l'autre. Les meubles et les rideaux qui garnissent les salons des maisons américaines sont d'ordinaire fort beaux. Ils sont, pour la plupart, importés de Paris ou fabriqués à New-York par des ébénistes et des tapissiers français.

Il n'est assurément pas de maisons mieux tenues que les maisons américaines. La plus grande propreté règne partout, et le luxe et le comfort se retrouvent jusque dans les chambres de domestiques. L'orgueil, — quand ce n'est pas l'intérêt de certains marchands qui veulent donner le change sur une fortune douteuse et augmenter leur crédit par l'étalage d'un luxe trompeur, — a fait des maisons américaines, dans ces dernières années, de véritables palais royaux.

C'est dans le *basement*, sorte de cave peu profonde et rendue habitable, que la cuisine est d'ordinaire installée, non loin de la salle à manger. Mais, dans les maisons où la salle à manger se trouve au premier étage, les plats arrivent de la cuisine par l'intérieur du mur et au moyen d'une boîte attachée par une corde roulant sur des poulies, comme on transporte les livres à la bibliothèque de la rue Richelieu. Par ce moyen, l'odeur de la cuisine ne se répand pas dans la maison, et le service se fait plus promptement.

Toutes les maisons de toutes les grandes villes aux États-Unis, ont une salle de bains parfaitement organisée, avec des douches combinées d'eau froide et d'eau chaude. Les Américains ont pour habitude de prendre un bain de quelques minutes tous les matins avant le déjeuner.

L'eau froide et l'eau chaude sont à discrétion, non-seulement dans la salle de bains, mais aussi dans toutes les chambres à coucher garnies dans le cabinet d'une toilette en marbre blanc adhérente au mur, et sur laquelle sont enchâssées de riches cuvettes d'où l'eau s'écoule à volonté par des tuyaux invisibles jusque dans la rue. Des conduits font monter l'eau chaude de la cuisine dans toute la maison. Quant à l'eau froide, elle arrive à New-York dans chaque maison par des tuyaux souterrains qui serpentent dans la ville en tous sens depuis les grands réservoirs situés à la 42e rue, alimentés par un grand et très-bel aqueduc. Cet aqueduc, admiré de tous les ingénieurs, est porté par de magnifiques arcades, et fournit l'eau excellente et très-digestive du Crotone.

L'emploi du gaz pour l'éclairage des maisons est universel en Amérique. Toutes les chambres sont munies d'élégants becs à gaz, qui donnent une clarté commode, prompte et à très-bon marché. Les lampes à l'huile sont pour ainsi dire inconnues aux États-Unis, et on ne se sert guère que de lampes alimentées par une espèce de gaz portatif, qu'on appelle fluide, dans les rares maisons qui sont privées de gaz. Des calorifères, dont les fourneaux sont bâtis dans les caves, répandent dans toute la maison une chaleur fort agréable. Ces fourneaux sont chauffés au charbon de terre, qu'on introduit dans les caves par un trou donnant sur le trottoir de la rue, et qu'on bouche au moyen d'une plaque de fer.

Il n'est pas de maisons à New-York, comme dans toutes les autres villes de l'Union, qui n'aient un long jardin avec un carré de gazon, où l'on fait sécher le linge que chacun fait blanchir chez soi. Les seules choses qui manquent au comfortable des maisons américaines, ce sont des écuries et une remise. Les personnes qui ont équipage sont obligées de les remiser dans des maisons spéciales qui en prennent soin.

Mais à côté de ces maisons si somptueuses, si vraiment comfortables, les négociants ont leur *office* où ils passent

les trois quarts de leur vie et qui forme avec leur maison
particulière le contraste le plus étonnant.

Il y a deux hommes bien tranchés chez l'Américain :
l'homme d'affaires (*the business man*), que tout le monde
peut voir à toute heure, sans se faire annoncer, sans être
connu de lui, sans cérémonie aucune, et le chapeau sur
la tête, depuis huit heures du matin jusqu'à six heures du
soir, et l'homme particulier, l'homme privé, comme on
dit en anglais, qui, dans son luxueux intérieur, n'est abor-
dable que pour un petit nombre de connaissances intimes.

Nous avons dit sommairement ce qu'était la maison
particulière ; jetons maintenant un coup d'œil sur l'*office*.

L'office du *business man* est en général quelque chose
de repoussant. Il faut que le bonheur du trafic soit bien
puissant chez certains hommes pour qu'ils se condamnent
ainsi volontairement à la plus insupportable des prisons.
L'office du véritable *broker* américain est une chambre
sombre et misérable, mal garnie d'un bureau incommode
pour éviter tout soupçon de luxe, de quelques chaises de
paille raccommodées que l'on casse souvent, je crois, pour
les pouvoir raccommoder ; d'une vilaine petite fontaine et
d'une méchante cuvette pour se laver les mains ; enfin,
de plusieurs fauteuils de cuir vert portant l'empreinte profonde du zèle et de l'assiduité au travail du patron et des
commis aux écritures.

L'homme d'affaires, dont les qualités sont trop souvent
l'opposé de la générosité, de la poésie, de l'amour du beau
dans les arts, se refuse par système, à son office, toute espèce de comfortable. Il croit prouver en cela le sérieux de
son caractère, qu'il prouve à peu près comme les gens qui

se laissent pousser de grandes moustaches prouvent leur force et leur courage. De plus, l'homme d'affaires affecte le dédain de tout luxe à son usage personnel pour flatter et plaire aux petits marchands qui viennent traiter avec lui. Il est inconcevable, mais il est très-vrai que les trafiquants aiment, chez les hommes d'affaires qu'ils savent riches, l'apparence de la misère et le dédain affecté du luxe. Ces contrastes frappent l'imagination sordide des uns et des autres, inspirent la cupidité et provoquent les rapprochements.

Un homme d'affaires qui serait bien installé dans un office bien propre, bien aéré, bien meublé, dont le langage serait poli et avenant, les manières courtoises, contenterait certainement beaucoup moins ses clients et ferait beaucoup moins d'affaires qu'un cuistre ratatiné sur son vieux fauteuil de cuir, qui reçoit ses clients d'un ton bref et indifférent. Le ton de ce cuistre, ses manières, son langage, les meubles misérables de son office, quand on sait qu'il possède une maison somptueuse où vit sa famille, plaisent beaucoup plus au chaland, qui trouve cette manière d'être la seule convenable à un véritable homme d'affaires.

Des négociants sont convenus avec moi de cette vérité, et des joueurs de profession, comme il y en a tant en Amérique, m'ont avoué que l'or le plus précieux à leurs yeux était l'or qu'une main sale puisait dans une bourse cachée dans la doublure de quelque vieil habit graisseux. La cupidité a des voluptés âcres qui s'observent plus aisément qu'elles ne s'expliquent.

Les maisons si singulièrement bâties, dont les chambres

se louent pour en faire des offices, ne servent qu'à cet usage, et personne n'y couche. Le dimanche, dans le quartier des affaires, il règne un silence de mort, qu'interrompent seuls de loin en loin les pas lents de quelque *policeman* de ronde. Les hommes d'affaires sommeillent dans les salons somptueux de leur maison particulière, mais ils ne dorment pas ; ils combinent les ruses savantes, entre deux versets de la Bible, qu'ils mettront en jeu le lendemain pour aider la chance des affaires, qui a toujours besoin d'être aidée.

Les chemins de fer américains sont loin d'offrir sur quelques points le comfortable de nos chemins de fer français ; mais ils sont préférables sur quelques autres. Sans parler des constructions mêmes des chemins de fer aux Etats-Unis, constructions qu'on croirait provisoires, tant elles offrent peu de garantie de solidité, et sont faites négligemment, les vagons sont laids de forme, et on n'y est pas, à beaucoup près, aussi commodément assis que dans les bons compartiments de nos lignes ferrées.

Les vagons américains sont très-longs et peuvent contenir une centaine de stalles en bois nullement rembourrées. Mais au milieu des stalles mobiles de manière à faire vis-à-vis à la personne placée derrière soi, si l'on veut converser avec elle, un passage est laissé libre pour les promeneurs fatigués de se tenir assis. Les vagons, en outre, sont rattachés étroitement ensemble, de manière qu'on peut, sans aucun danger, parcourir toute la longueur du convoi et s'arrêter où l'on veut. J'avoue que cela est fort agréable, surtout pour les voyages de longue durée, comme ils sont presque tous aux Etats-Unis, où les villes se trouvent à de grandes distances les unes des autres. Dans l'hiver, des poêles chauffent les vagons.

Il n'y a pas sur les chemins de fer américains, comme en France et comme en Angleterre, différentes catégories de places, et le riche ne s'étale pas sur des coussins moelleux, garnis de belles étoffes, à côté du pauvre assis sur des banquettes de bois. Ces distinctions n'existent pas là-bas, et ce n'est certes pas nous qui nous en plaindrons. L'ouvrier voyageur, aussi bien que le plus malheureux émigrant, partage avec le banquier le plus opulent tous les ennuis comme tous les avantages du voyage. L'égalité existe du moins en chemin de fer ; c'est toujours quelque chose. Ajoutons, comme nous l'avons déjà dit, que les voyages se font à bon marché sur les voies ferrées de l'Union comme sur les steamboats.

Nous avons fait connaître dans un chapitre précédent une partie du comfort des bateaux à vapeur américains, où l'on trouve des salons de lecture, des salles de concert, des restaurants, des *bar-rooms*, et sur quelques-uns, comme dans les grands hôtels, une chambre meublée avec le plus grand luxe, tendue de rideaux de soie, de velours et de dentelles, et qu'on désigne sous le nom de *chambre de la mariée*. C'est dans cette chambre que les jeunes mariés vont, quand ils le désirent, enfermer leur vaniteux amour.

Les Américains sont en général fort loin d'éprouver comme nous les délicatesses de la modestie et de la décence. Les femmes, les jeunes filles même les mieux élevées n'ont pour la plupart qu'une pudeur naturelle fort douteuse, et ce qu'elles affectent de décence n'est le plus souvent que conventionnel. Je pourrai, citer mille preuves à l'appui de cette opinion, mais je me borne à signaler comme très-concluant l'usage général de la *chambre de la mariée.* Ainsi une jeune Américaine, au sortir de chez ses parents et à peine mariée, n'éprouve aucun scrupule ni aucune gêne à mettre son innocence en spectacle devant une foule curieuse et complétement étrangère, qui épie tous ses mouvements et la suit de l'œil en souriant jusque dans la chambre de l'hyménée. Est-il une jeune femme en France qui voudrait et qui oserait afficher, sans une nécessité urgente, sa position de nouvelle mariée, et voudrait publier le programme de ses sentiments les plus tendres et les plus intimes? Assurément non.

Au comfortable déjà si grand des steamboats américains, les journaux nous apprennent que l'*Isaac-Newton,* un des bateaux de la rivière de l'Hudson, vient de supprimer l'usage de l'éclairage à l'huile pour adopter l'éclairage au gaz, qu'on avait considéré jusqu'ici comme dangereux pour la navigation. Cent quarante becs de gaz distribués dans le bâtiment jettent dans toutes ses parties leurs vives et inaltérables clartés. Des lustres immenses complètent l'ornementation des salons et éclairent en même temps les cabinets adjacents. Le gazomètre, placé sur le pont et dans des conditions de sécurité parfaite, peut contenir jusqu'à cinq cents pieds cubes. Enfin, il paraît qu'entre autres avantages, le nouveau mode d'éclairage offre sur l'ancien une grande économie. Cette dernière considération surtout pourra déterminer les autres steamboats à imiter l'*Isaac-Newton.*

Rien de plus singulier et aussi de moins comfortable

que les omnibus à New-York. Ce sont des voitures de forme anglaise ne pouvant guère renfermer plus de douze personnes assises, mais susceptibles d'en recevoir un plus grand nombre les jours de pluie, et quand les *ladies*, surprises par le mauvais temps, s'installent, comme nous l'avons dit, sans façon, sur les genoux des messieurs. Les omnibus n'ont pas de conducteur debout sur le marche-pied, comme cela existe en France, et c'est le cocher qui, du haut de son siége, fait le double office de conducteur et de cocher. Un trou pratiqué dans le haut de l'omnibus permet aux voyageurs de se mettre en contact avec le cocher, et c'est par ce trou qu'en se tenant debout on paye sa place. Quand on veut faire arrêter la voiture, on tire une lanière de cuir qui passe par ce même trou, pour se rattacher à l'un des pieds du cocher. Celui-ci, se sentant tirer la jambe, arrête la voiture.

Pour parler au cocher, la position n'est pas des plus agréables : on est forcé de pencher la tête en tournant son visage jusqu'à l'entrée du trou où de l'autre côté le cocher a collé son oreille. Un semblable système serait impossible partout ailleurs, en Europe, où il paraîtrait très-incommode et surtout ridicule; mais encore une fois le ridicule n'existe pas en Amérique, où il est tué par l'esprit de liberté, assurément fort louable. L'Américain, essentiellement spéculateur, ne voit dans cette détestable organisation d'omnibus que l'économie d'un conducteur, et il applaudit à cette économie sans songer à se plaindre.

Le prix d'une course en omnibus est, comme à Paris, de trente centimes. Mais s'il advient que vous n'ayez pas sur vous les trente centimes ou que vous n'en ayez qu'une partie, le cocher accepte ce que vous pouvez lui donner et vous laisse descendre sans difficulté. Il est d'ailleurs le maître absolu de sa voiture, qu'il loue à forfait. Souvent même, pour ne pas se donner la peine de changer, ou dans la crainte de recevoir un faux billet de banque (on sait que les billets de banque sont à peu près la seule monnnaie courante en Amérique, l'or et l'argent étant fort rares dans la circulation), il préfère vous laisser partir sans payer.

A l'intérieur des omnibus, comme à l'extérieur, ce ne sont que portraits de femme en grande toilette de bal, mêlés à des portraits d'artistes en vogue. Mme Sontag, Alboni, Grisi, Mario, et quelques autres chanteurs célèbres décorent les omnibus de New-York, véritables musées artistiques. Jenny Lind y figurait partout ; mais depuis le mariage si imprévu de cette grande cantatrice, les cochers d'omnibus, désillusionnés comme le reste de la population, ont fait disparaître des portières de leur voiture la gracieuse image de l'ange déchu.

Il n'est pas d'endroit où l'on consomme plus de glace qu'aux États-Unis. Les Américains, grands buveurs d'eau, ne boivent que de l'eau à la glace, été comme hiver. Tous les matins, des charrettes chargées de glace déposent devant la porte de chaque maison, dans le *basement*, la provision de la journée. Tous le monde fait usage de glace, jusqu'aux gens les plus pauvres. C'est un comfort que les nègres eux-mêmes se donnent. La glace coûte deux centimes la livre environ. Quand les Américains ne boivent pas de l'eau glacée, ils mangent des crèmes glacées. A toute heure du jour, et dès le matin, on voit des dames en grande toilette attablées dans les *ice cream saloons*, où elles dévorent des glaces plutôt qu'elles ne les mangent. Avant comme après dîner, le jour comme la nuit, les Américaines prennent des crèmes glacées. Une crème glacée d'un schelling américain (soixante centimes) équivaut à deux glaces comme celles qu'on a coutume de prendre dans les cafés de Paris, et qui coûtent un franc chacune.

Les dames et aussi beaucoup de messieurs ont l'habitude, entre le déjeuner et le dîner, d'entrer dans un *ice cream saloon* pour y manger une soupe aux huîtres arrosée d'un grand verre d'eau à la glace. Les huîtres occupent la première place dans les soupers américains. On les sert accommodées de différentes manières ou crues. Beaucoup d'Américains font leur *lunch* avec des huîtres qu'ils assaisonnent de poivre et de sel, et qu'ils mangent avec des *crakers*, sorte de petits biscuits excellents. Souvent on sert les huîtres dans une assiette et sans leur coquille. L'aspect de ces huîtres, très-grandes et très-grasses, a quelque chose de repoussant quand on n'y est pas habitué.

Rien n'est plus curieux que les restaurants à l'usage des négociants dans le bas de la ville, à New-York. De longs comptoirs, très-élevés, servent de table à manger aux *business men*, qui s'asseoient, comme de grands enfants sur des chaises très-hautes. Des fourneaux sont allumés à côté de ces comptoirs-tables, et en moins de cinq minutes le cuisinier cuit une soupe aux huîtres qu'on ne sert jamais sans une petite assiette garnie de cresson ou de choux coupés qu'on prépare en salade. L'homme d'affaires, qui n'a jamais de temps à perdre, avale en deux tours de mâchoire la soupe très-abondante, le cresson ou les choux

avec des biscuits à discrétion, et tout cela ne lui coûte
que 60 centimes.

On peut même, si on le désire, faire son *lunch* à meilleur compte, en allant à certaines heures dans les hôtels
où l'on sert le *free lunch* (libre lunch ou lunch gratis). Des
viandes froides très-appétissantes sont offertes dans des
plats d'argent, et chacun a le droit de prendre part à ce
repas, à la seule condition de consommer, en le payant,
un verre d'une boisson quelconque d'un prix fort modéré.
Ainsi, pour trente centimes par exemple, que coûte un
verre de bière, on peut faire un excellent repas, comforta-
blement servi et en bonne compagnie.

L'eau-de-vie coûte cher aux Etats-Unis, mais quand on
entre dans un *bar-room* et qu'on demande de l'eau-de-
vie, le garçon vous en apporte une bouteille entière avec
un grand verre ; vous vous servez vous-même à votre guise
sans jamais payer plus cher ni meilleur marché que le
prix fixé d'avance d'après la moyenne d'une consommation ordinaire. En outre, dans les *bar-rooms*, il y a toujours à
la disposition des buveurs, et gratis, du fromage, des biscuits et du tabac à fumer. Mais tel est le salutaire effet de
la liberté, qu'en laissant aux hommes toute leur dignité,
elle leur inspire des sentiments de délicatesse et de discrétion. Personne, en Amérique, pas même les ivrognes,
n'abusent de la liberté qui leur est offerte de se servir outre mesure des vins et des liqueurs mis à leur disposition;
ils savent à peu près ce qu'il convient d'en prendre pour
le prix fixé et n'en prennent pas davantage. Il en est de
même du fromage, des biscuits et du tabac, dont personne
ne fait abus.

Le comfortable américain s'étend jusque dans les temples et dans les églises disposés en stalles, avec une galerie qui fait tout le tour de l'édifice. Des tapis sont tendus par terre et des calorifères entretiennent en hiver une douce chaleur.

Les barbiers ont fait des progrès dans la science du comfortable depuis Figaro, qui se rendait d'un pied leste chez Bartholo, une savonnette sous le bras, des rasoirs et une lancette dans sa poche.

Les barbiers de nos jours, mais surtout les barbiers américains, que je place bien au-dessus de tous les autres, ont des établissements magnifiques et véritablement curieux. C'est presque un plaisir que de se faire raser à New-York, tant les barbiers sont excellents et tant leurs boutiques, sont comfortables, somptueuses et vastes. Le fauteuil sur lequel on s'assied vaut seul l'argent, comme on dit vulgairement. Tout le corps y est délicieusement calé, depuis les pieds jusqu'à la tête que le barbier, pour la mettre à sa main, monte ou descend à volonté au moyen d'un simple ressort. C'est avec de larges pinceaux à barbe trois ou quatre fois plus volumineux que ceux dont on fait usage en France que les barbiers américains vous barbouillent le visage. Après les premiers coups de rasoir, le barbier vous barbouille de nouveau et vous rase de très-près, très-légèrement et très-vite. Ce n'est pas des barbiers américains qu'on pourrait dire :

> Lambin, mon barbier et le vôtre,
> Rase avec tant de gravité
> Que, tandis qu'il rase un côté,
> La barbe repousse de l'autre.

Mais quand la barbe est faite, l'opération n'est pas terminée, tant s'en faut. Le barbier vous demande si vous désirez avoir la tête savonnée. Si vous dites oui, en un instant votre tête est enduite de savon, et les mains actives et intelligentes de l'artiste passent et repassent dans vos cheveux et sur le cuir chevelu, de manière à vous rendre la peau plus blanche que la blanche hermine, comme dit la romance, et les cheveux irréprochables de pureté. D'abondantes ablutions d'eau froide et d'eau chaude enlèvent jusqu'au dernier vestige de savon, de larges serviettes vous sèchent ensuite la tête, que le fer, le peigne, la brosse et la pommade achèvent d'embellir. Mais si vous ne voulez pas avoir la tête savonnée, le barbier se contente de vous asperger les cheveux d'une eau odoriférante qui rafraîchit agréablement la tête et maintient parfaitement les cheveux dans la position qu'on veut leur donner.

Ce serait, j'en suis sûr, une excellente spéculation que de monter dans un des beaux quartiers de Paris un établissement de barbier entièrement à l'américaine et desservi par des Américains. Les Français, que certains étrangers se plaisent à qualifier de coiffeurs, pour les molester, sont très-certainement surpassés par les Américains dans l'art fameux de Figaro, pour la barbe du moins.

Si jamais un barbier américain lit ces lignes et qu'il se décide à venir à Paris tenter la fortune, il pourra me compter au nombre de ses pratiques les plus assidues, et je le prie dès à présent de recevoir l'expression de mon admiration reconnaissante.

Les architectes américains ont la manie des constructions grecques pour les maisons de campagne. Ces maisons, en bois pour la plupart et peintes en blanc, présentent toutes une façade à colonnes, surmontée de chapiteaux
corinthiens, et dont la Bourse et la Madeleine de Paris
peuvent donner une idée. Il résulte de toutes ces constructions uniformes, entièrement blanches partout et entourées de beaux jardins, un fort joli et fort riant coup d'œil,
et avec un peu d'imagination on pourrait prendre les rives
du *Staten Island* pour une des anciennes îles de la mer
Egée.

Les maisons de campagne dans le nord de l'Amérique,
sans être en tous points aussi comfortables que les maisons
de ville, sont néanmoins généralement bien meublées
Des nattes chinoises recouvrent le parquet, du reste fort
laid, de toutes les chambres, et il n'est pas de salon sans
un lourd et large piano carré, aux pieds de mastodonte.
Parmi les chaises et les fauteuils de forme ordinaire se
mêle l'indispensable *rocking-chair*. Le *rocking-chair*
(chaise-berceuse) est une espèce de fauteuil de crin dont
les pieds reposent de chaque côté sur des demi-cercles de
bois relevés par derrière, ce qui permet de se balancer
agréablement et sans fatigue aucune. Il y en a de toutes
les dimensions, et on en fait même pour les petits enfants.
J'avoue qu'il est très-agréable, en été surtout, de se balancer ainsi sur ces fauteuils où le corps se trouve appuyé de
toutes parts.

Les chambres à coucher des maisons de campagne en
Amérique sont garnies d'une façon charmante et originale de meubles en bois peints. Sur un fond qui varie du

blanc au vert-pomme, au jaune citron, au bleu de ciel, se détachent des fleurs isolées et des bouquets des couleurs les plus vives et les plus diverses. Cela est frais, léger, coquet et parfaitement approprié à l'ameublement d'une maison de campagne.

Les Américains, chez qui le comfortable perce à peu près partout, ont pour l'usage de la toilette des vases plus grands et généralement plus commodes que les nôtres, bien que moins élégants. Mais, à des lits de cinq pieds et demi de large, ils mettent des draps de lits d'enfants, et leurs serviettes de toilette et de table couvrent à peine le visage ou les genoux. Encore dans beaucoup de *boarding houses*, à la campagne comme à la ville, ne donne-t-on pas de serviettes à table. Chacun s'essuie comme il peut, à la nappe, avec son mouchoir, ou pas du tout.

De vastes hôtels construits en bois reçoivent l'été, aux environs de toutes les grandes villes, et jusqu'à vingt et vingt-cinq lieues à la ronde, les familles très-nombreuses qui, n'ayant pas en propriété de maisons de campagne, veulent néanmoins goûter les plaisirs de la villégiature, et fuir la ville pendant les horribles chaleurs des mois de juin, juillet et août. Beaucoup d'Américains prolongent leur séjour à la campagne jusqu'au mois de septembre, d'octobre et même de novembre.

Mais le temps qu'on passe à la campagne n'est un temps de vacance que pour les femmes et les enfants. La chaleur n'arrête pas chez les hommes l'ardeur indomptable des affaires. Ils partent tous les matins par les *railroads* ou les *steamboats*, et se rendent en ville à leur office, qu'ils ne quittent que le soir, pour venir coucher à la campagne.

Maintenant est-il nécessaire de dire ce que font, en l'absence de leurs maris et durant les longues heures du jour, bon nombre de jeunes et tendres ladies? Elles *flirtent*, mon Dieu! elles *flirtent* dans les sombres allées, elles *flirtent* dans le *parlor* de l'hôtel, elles *flirtent* sur les bords de la mer, dans quelque grotte à l'abri du soleil, et au murmure mystérieux des vagues dont les plaintes monotones éveillent dans l'âme de douces pensées d'amour, des sentiments poétiques.

Je ne crois pas qu'un jeune homme puisse passer son temps plus agréablement que l'été en Amérique dans un hôtel, et il n'est aucun étranger qui ne parle avec une sorte d'enthousiasme du séjour de la campagne aux Etats-Unis, et qui ne vante très-justement le caractère enjoué des Américaines, leur mélange de ruse et de naïveté, la fraîcheur et la blancheur de leur teint, la finesse et l'harmonie de leurs traits délicats.

Dans quelques endroits plus à la mode, le luxe de la toilette y est vraiment excessif. On peut dire que quand ces dames ne flirtent pas, elles sont dans leur chambre, occupées à se déshabiller et à s'habiller de nouveau. La toilette des enfants est surtout remarquable par l'élégance, le bon goût et l'originalité. Les femmes américaines, qui, entre toutes les femmes, aiment et gâtent leurs enfants, les élèvent d'une façon toute particulière, qui paraîtrait et qui serait peut-être très-dangereuse en France, où le climat est généralement beaucoup plus humide que presque partout aux Etats-Unis.

Dès les premiers jours de leur naissance et quelle que soit la saison, les enfants sont laissés tête nue et entière-

ment libres dans leur berceau. Des bandes de flanelle leur
soutiennent seules le corps pendant les cinq ou six premières semaines. L'horrible maillot dont on emprisonne
encore chez nous les enfants, malgré les remontrances des
médecins, est inconnu en Amérique comme en Angleterre. Dans certaines provinces en France on ficelle littéralement les enfants en bas âge en leur liant étroitement,
comme à des momies d'Egypte, les jambes et les bras,
incapables du moindre mouvement. Cela est stupide, contraire en tous points au développement de l'enfant, lequel
souffre d'un régime qui est une torture ; aussi cela a-t-il
de grandes chances de se conserver longtemps encore
dans les usages d'un peuple qu'on appelle le plus incons-
tant et le plus éclairé de tous les peuples.

Jusqu'à l'âge de quatre ou cinq ans, les petits garçons
sont habillés de robes décolletées et les bras nus. Les petites
filles, jusqu'à l'âge de dix et douze ans, sont mises de la
manière la plus charmante, en robes courtes et décolletées,
et les bras nus en toute saison. On a pu contester les
avantages d'un pareil régime ; quoi qu'il en soit, je ne
crois pas que nulle part au monde il y ait de plus jolis
et de plus beaux enfants que dans le nord des Etats-
Unis.

Nous avons dit déjà quelques mots de la cuisine américaine, si peu variée et généralement très-médiocre. Nous
n'y reviendrons pas. Seulement, nous ajouterons que la
viande de boucherie, le gibier, la volaille, le poisson, les
fruits et les légumes, d'une apparence fort belle, sont loin
de valoir, comme saveur et comme délicatesse, les produits de même nature que nous avons si parfaits en

France. Les Américains dédaignent en outre certains produits que nous estimons beaucoup en Europe. Ainsi, parmi les poissons, ils ne mangent ni la raie ni les jeunes requins, qui sont pourtant fort bons, ni un autre poisson blanc très-délicat, mais trop rempli d'arêtes ; enfin, ils se bornent à tuer, pour le rejeter à la mer, une sorte de monstre marin, hideux de forme, j'en conviens, et plus propre à inspirer l'effroi qu'à développer l'appétit, mais dont la chair, blanche et ferme comme celle du turbot, en a toute la saveur délicate. Les Américains du Nord dédaignent en outre l'oseille, et commencent à peine aujourd'hui à manger les rognons de mouton et le foie de veau. En revanche ils se régalent à manger rôtis des écureuils qui ont toute l'apparence de gros rats de gouttière.

Au reste, les rats sont considérés comme un mets excellent par tous les Chinois qui habitent les États-Unis, et particulièrement la Californie, où ils sont en très-grand nombre. Mais que ne mangent pas les Chinois ! Voici ce que m'a raconté un Français, mineur en Californie : une fois, il vit un Chinois armé d'un long couteau pointu avec lequel il fouillait la terre. Il cherchait ainsi des vers de terre, qu'il plaçait, au fur et à mesure qu'il les trouvait, dans une large boîte de fer-blanc suspendue à son cou. « C'est un pêcheur sans doute, se dit notre Français, et je veux voir comment pêchent les Chinois, qui font tout différemment que les autres hommes. » Et il suivit des yeux le Chinois, qui ne cessa de fouiller le sol que pour se diriger, sa boîte pleine de vers, dans une petite cabute en bois où il demeurait avec sa femme et ses enfants. Le Chinois lava les vers avec le plus grand soin, un à un, et les réunit en-

suite dans une casserole, où ils bouillirent environ vingt
minutes. « Les poissons, déjà si friands des vers crus, les
préfèrent cuits sans doute, » se dit notre compatriote, bien
décidé à suivre jusqu'au bout le pêcheur chinois. Mais
quelle ne fut pas sa surprise quand, ayant retiré les
vers du feu, le Chinois et sa famille en firent un repas délicieux !

En Californie, du reste, on mange beaucoup de choses
qu'il serait bien difficile de se procurer ailleurs, telles que
perroquets qu'on accommode au riz, certains singes qu'on
mange à la broche, oiseaux divers parmi lesquels figurent
souvent des brochettes de bengalis. L'ours, sur les marchés
de toutes les villes de la Californie, est très-abondant, et
il paraît certain que c'est une viande excellente quand on
la sait bien préparer.

Disons, puisque nous venons de parler des marchés, que
ce sont les hommes, dans tous les États-Unis, qui vont
eux-mêmes, un panier sous le bras, faire les provisions
nécessaires à la consommation journalière de la maison.
Cette coutume, à la vérité, commence à se perdre dans certaines villes, mais elle se maintient ailleurs dans toute sa
force, et il n'est pas rare, même à New-York, de voir à
Washington-Market des gentlemen très-estimables et en
très-grand nombre, faire leur provision de beurre, débattre le prix d'une volaille, acheter un gigot et se faire
peser du poisson, qu'on vend à la livre.

Mais ce qui étonne le plus les étrangers, c'est le costume des maraîchers, d'une propreté et d'une coupe irréprochables. Les bouchers, par exemple, sont, dans leur
étal, habillés comme de véritables gentlemen, en habit ou

en redingote de drap noir, en pantalon de belle étoffe, en gilet bien taillé, en chemise fraîchement empesée, en faux-col roide comme du carton, soutenu par une cravate à l'américaine élégamment nouée. Un tablier toujours blanc les garantit du contact de la viande, et c'est le chapeau sur la tête qu'ils coupent, taillent, scient et servent les acheteurs, envers lesquels ils sont polis et complaisants.

Les ouvriers qu'on appelle chez soi pour les petits travaux, tels que réparer une cheminée, remettre en place un bec de gaz, ou pour arranger les fragiles, laides et incommodes croisées à guillotine que les Américains ont héritées des Anglais; ces ouvriers, vêtus d'un habit noir ou d'une redingote de drap, travaillent le plus souvent sans rien déranger à leur toilette et en conservant leur chapeau sur la tête. Conserver le chapeau sur la tête n'est considéré, en Amérique, ni comme un manque d'éducation ni comme une impolitesse, et il est à remarquer que les ouvriers américains, bien que très-indépendants, sont très-convenables et toujours polis, de cette politesse vraie qui consiste à prévenir les désirs en se rendant utiles, sans grimaces et sans fausse obséquiosité.

La garde-robe d'un Américain, même d'un riche Américain, est tres-bornée, et les maisons les plus comfortables n'ont de linge que le strict nécessaire. Ce n'est pas comme dans certaines villes de France, particulièrement dans le Midi, où le luxe consiste à avoir toujours bien garnies d'immenses armoires remplies de linge inutile, et à ne faire la lessive qu'une fois l'an.

En voyage, l'Américain n'apporte de bagage qu'une petite malle ou une simple valise. Il achète dans chaque

ville le linge et les habits qui lui sont nécessaires et abandonne à l'hôtel le linge qu'il a porté. Les femmes en
voyage ne font guère autrement que les hommes, et il
n'est pas rare d'en voir, avec une simple malle, entreprendre des voyages de plusieurs centaines de lieues.

M. Jobard, le fameux savant de Bruxelles, a dernièrement combattu, dans un spirituel rapport, l'usage des
brosses qui usent et nettoient mal les habits, pour préco-
niser l'usage des éponges humides, qui, beaucoup mieux
que les brosses de crin, enlèvent la poussière et les taches
sur le drap. « Ce que je dis, écrit M. Jobard, ne fera pas
plaisir aux marchands de brosses, mais fera sourire de
contentement les marchands d'éponges. » Ce que j'ai à
dire à mon tour sur la manière dont on nettoie les habits
en Amérique ne fera pas plus de plaisir aux marchands de
brosses qu'aux marchands d'éponges ; mais il égayera très-
fort les marchands de balais. En Amérique, en effet, on ne
brosse pas plus les habits qu'on ne les éponge : on les
balaye. C'est avec un petit balais de paille, plat, en forme
d'éventail, qu'on enlève la poussière sur tous les vêtements
des hommes, et ce mode de nettoyage est excellent.

A la porte du vestibule de tous les hôtels, des nègres
balayeurs d'habits, un petit balai à la main, attendent les
voyageurs et les époussettent rapidement partout, depuis
le collet de l'habit jusqu'au bas du pantalon, sans demander la permission, sans dire un seul mot, et avec une gravité toujours plaisante chez les nègres.

Les Américains n'ont pas hérité des Anglais le goût des
courses de chevaux. Il n'y a que fort peu de *steeple chases*
aux Etats-Unis, mais en revanche il y a beaucoup de

courses en cabriolet par des chevaux trotteurs. Les Américains, à tort ou à raison, ont la prétention d'avoir les meilleurs trotteurs du monde entier. Ils ont souvent envoyé de leurs chevaux sur les turfs anglais, mais les Anglais ne les ont jamais voulu admettre par la raison qu'ils galopent avec les jambes de derrière, accusation grave que les Américains ont vivement repoussée, mais que les Anglais ont toujours maintenue. Les Américains prétendent que les Anglais n'ont imaginé cette odieuse calomnie que pour échapper à l'humiliation d'être battus par eux. Cela pourrait bien être, et je m'en informerai auprès de mon ami Léon Gatayes, qui doit le savoir.

En Amérique, où l'on mange généralement mauvais, on boit des breuvages excellents. On n'a pas l'idée en France du genre et de la variété de ces boissons, qu'on prend, ou chaudes ou à la glace, et dans ce dernier cas avec un chalumeau de paille ou de jonc. Le chalumeau, en répandant petit à petit le breuvage dans la bouche, rafraîchit mieux et fait aussi mieux savourer les parfums. Je ne sais pas ce que pouvaient être l'ambroisie et le nectar, mais je doute que ces breuvages des dieux pussent paraître plus agréables que certaines boissons américaines dont on ne fait guère à Paris que de mauvaises imitations. Comment se fait-il que Brillat-Savarin, le célèbre auteur de la *Physiologie du goût*, et qui a séjourné quelques années en Amérique, n'ait pas parlé dans son ouvrage des boissons américaines? Sans chercher à pénétrer le secret de cette omission, nous allons tâcher d'y remédier en donnant ici les noms des principales boissons américaines et la recette pour la composition de quelques-unes.

Je ne serais pas surpris qu'à la suite de ces recettes, les limonadiers de Paris ne m'élevassent un temple; mais Dieu m'est témoin que, cet honneur, je ne l'aurai pas désiré.

Le MINT JULEP se fait en mettant dans un fond convenable de vin de Madère un peu de glace concassée, du sucre en poudre et de la noix muscade râpée. Le tout se mélange en transvasant rapidement cette boisson dans deux gobelets qu'on tient à une certaine distance l'un de l'autre. Les limonadiers américains opèrent ce mélange avec une adresse et une promptitude remarquables. Le *mint julep* se verse dans un grand verre qu'on couronne de feuilles de menthe verte, de quelques fraises et d'une douzaine environ de petits morceaux d'ananas. On hume ensuite cette boisson fraîche, tonique et agréablement parfumée, au moyen d'un chalumeau de paille ou de jonc, comme nous l'avons dit.

Le SHERRY COBBLER, d'un goût tout différent, n'est pas moins agréable, et beaucoup de personnes le préfèrent même au *mint julep*. Le *sherry cobbler* se compose de vin de *Sherry*, d'un peu d'eau-de-vie, d'un peu de sucre en poudre, d'un peu de noix muscade râpée et de morceaux de glaces concassés; le tout mélangé au moyen de deux gobelets, comme on fait pour le *mint julep*. Le *sherry cobbler* se boit généralement aussi au moyen d'un chalumeau.

Le COCK TAIL, littéralement *queue de coq*, se fait avec du *bitter*, de l'eau-de-vie, de la noix muscade râpée et de petits morceaux de glace. Le *cock tail* est considéré comme une liqueur tonique, et on n'en boit guère qu'un quart de grand verre à la fois.

Il y a plusieurs espèces de *cock tails*, parmi lesquels avec le *bran y cock tail*, nous avons remarqué *the sling* d'un goût très-fin.

Le GIN TODDLY se boit ordinairement chaud et se fait avec du gin, de l'eau très-chaude, du sucre râpé et du citron.

Viennent ensuite :

THE MOUNTAIN DEW (la rosée de la montagne.)

HALF AND HALF (moitié par moitié ; c'est-à-dire moitié eau et moitié eau-de-vie.)

THE WHISKY PUNCH (punch au wisky.)

THE THOROUGH KNOCK ME DOWN (littéralement casse poitrine.)

THE TOM AND JERRY.

THE OLD TOM (le vieux Tom.)

THE EGG-NOG. Cette dernière boisson, plus particulièrement en usage dans le sud des Etats-Unis, et qu'on boit de rigueur à l'époque du Christmas, c'est-à-dire le jour de Noël, est une sorte de punch à la romaine, *The egg-nog* se compose d'œufs crus mélangés à de l'eau-de-vie et qu'on prépare de la manière suivante. Ce sont ordinairement les créoles elles-mêmes qui, de leurs blanches et indolentes mains, font le *egg-nog*, qu'elles offrent aux invités de Noël. Après avoir cassé un certain nombre d'œufs, elles séparent les blancs des jaunes, qu'elles mettent à part ; puis elles battent les blancs comme pour faire des œufs à la neige et jusqu'à ce qu'ils aient produit, en se gonflant, une sorte d'écume blanche et légère. Les jaunes d'œufs sont ensuite mêlés avec du sucre et de l'eau-de-vie, puis réunis avec les blancs. Cette boisson est rarement du goût des étrangers; mais ils s'y habituent bientôt et finissent par la trouver excellente.

Un des côtés comfortables des villes américaines, mais particulièrement de New-York, ce sont les arbres qui bordent la majeure partie des rues, et donnent en été, tout en assainissant l'air, une fraîcheur des plus agréables. La chaleur est si grande en été à New-York qu'il n'est pas rare de voir dans les rues et sur les quais des hommes et des chevaux tomber morts, foudroyés par l'ardeur du soleil. Aussi, indépendamment des arrosoirs publics, chaque particulier, sans que pourtant il y soit obligé par la police, rafraîchit matin et soir les trottoirs de sa devanture avec une pompe dont il se sert aussi pour laver sa maison du haut en bas.

Les gares des chemins de fer, si belles en France, et dont quelques-unes peuvent être considérées comme de véritables monuments, sont dans toute l'Amérique si laides qu'on s'en ferait difficilement une idée exacte. Il en est de même de presque tous les édifices publics. Nous citerons à New-York la bourse, les différents tribunaux, les prisons et la poste aux lettres qui ne sont que d'affreuses baraques. Sans compter que le service laisse partout beaucoup à désirer.

Ainsi, pour ne parler que de la poste, nous dirons que les lettres restantes et les paquets sont délivrés sans formalité aucune à quiconque se présente pour les réclamer. On n'exige même pas du réclamant qu'il dise son nom, et pourvu qu'il paye le port, il pourrait emporter toutes les lettres, si telle était sa fantaisie. Il est vrai qu'il y va des galères pour s'emparer, sans autorisation, d'une lettre adressée à un autre qu'à soi ; mais, malgré la sévérité des lois à cet égard, on comprend tous les inconvénients qui doivent résulter et qui résultent parfois d'un pareil état de choses.

Quant aux facteurs chargés de distribuer les lettres à domicile, ils les portent réunies pêle-mêle dans un mouchoir de poche dont ils retiennent les quatre coins avec la main. On se demande comment ils n'ont pas une boîte pour renfermer les lettres, toujours en danger de se perdre dans un mouchoir qui s'entr'ouvre sans cesse.

Après avoir, dans ce chapitre sur le comfortable, mentionné le système des stalles dans les théâtres, à l'exclusion des loges et de toutes les autres places, il ne nous restera plus pour clore cette énumération qu'à signaler comme un comfort à l'usage d'un grand nombre de ladies... les râteliers postiches.

Les dents se gâtent vite dans certaines parties de l'Amérique, par l'usage incessant de la glace, par l'abus des bonbons et par les eaux, souvent trop chargées de calcaire. Mais la coquetterie joue un des rôles principaux, sinon le rôle principal, dans l'emploi si général des râteliers postiches.

Il n'est pas rare en effet, et je tiens le fait de plusieurs dentistes americains et étrangers, de voir de jeunes femmes, des demoiselles même, se faire arracher toutes les dents pour s'en faire poser de fausses, et cela uniquement parce que leurs dents sont jaunes, trop longues ou mal rangées. Il est vrai que les dentistes américains ont la réputation d'être les premiers dentistes de l'univers, et que ces dames ont pour les aider à supporter la terrible extraction, les paralysantes émanations du chloroforme. Mais il faut être furieusement coquette pour préférer à des dents véritables et saines, quoique jaunes, mal rangées ou trop longues, des dents postiches, si blanches et si bien alignées qu'elles puissent être.

Il y a donc considérablement de faux râteliers en Amérique autant par nécessité que par coquetterie. Personne n'éprouve de répugnance à orner sa mâchoire de fausses dents, et si j'en crois une historiette qui m'a été racontée, un râtelier postiche serait un présent fort acceptable, quand on veut, comme a dit Horace, joindre l'utile à l'agréable.

Voici l'historiette :

Des demoiselles, élèves dans un pensionnat à la campagne, aux environs de Boston, avaient remarqué depuis longtemps la difficulté qu'éprouvait leur chère maîtresse à mastiquer la croûte du pain, la salade et certaines viandes. En élèves attentionnées et généreuses, elles résolurent de lui acheter un faux râtelier, et se cotisèrent à cet effet. Elles avaient d'ailleurs entendu leur maîtresse se plaindre à plusieurs reprises de la cherté des râteliers postiches, dont les riches seuls peuvent se passer le luxe.

— Ah ! si mon pauvre mari vivait encore ! avait-elle dit un jour dans un moment de tendre expansion et se croyant seule. C'est dans un mois l'anniversaire de ma naissance ; il voudrait fêter cet heureux jour, me donner une nouvelle preuve d'amour, et il m'achèterait un râtelier dont j'ai tant besoin ! Cher époux !... cher râtelier !...

Ces touchantes paroles furent accueillies, et à l'aide d'un dentiste adroit qu'on mit dans la confidence et qui prit discrètement la mesure de la mâchoire de l'institutrice, le râtelier — un râtelier de luxe, — se trouva prêt pour le jour anniversaire.

Dès le matin de ce jour mémorable, les pensionnaires en grande toilette attendirent la venue de l'institutrice. Le râtelier fut soigneusement placé dans un plat d'argent entre deux bouquets, et finalement offert par la plus jeune pensionnaire, qui, en outre, débita un compliment à la maîtresse d'école d'une voix entrecoupée par l'émotion. Celle-ci accepta le présent de l'air modeste qui convient à toute maîtresse de pension, mais ne chercha pas à dissimuler son contentement. Elle adressa en remercîment un speech à ses élèves, lequel se terminait par ces paroles :

— J'ai pu parfois, chères élèves, me montrer sévère envers vous, et pincer des lèvres, comme on dit. Je n'aurai plus désormais que gracieux sourires, ne fût-ce que pour montrer mes jolies dents et faire honneur à vos largesses.

Quelque extraordinaire que puisse paraître un pareil fait, il n'a rien d'étrange aux États-Unis pour les personnes qui connaissent les mœurs si simples de la campagne, et l'esprit si éminemment positif et pratique des Américains.

XVI

L'ÉDUCATION PUBLIQUE EN AMÉRIQUE.

A un peuple essentiellement libre et éminemment progressiste comme celui des Etats-Unis, il faut l'enseignement libre et l'instruction gratuite pour tous.

L'absence d'une Eglise dominante en Amérique a rendu facile la liberté de l'enseignement, dont les bénéfices sont offerts à tous les citoyens, sans distinction de secte religieuse.

Chaque personne étant entièrement libre d'obéir à sa conscience et de choisir entre tous les cultes celui qu'elle croit préférable, on n'impose aux enfants aucune doctrine religieuse. Ce à quoi l'on s'attache avant tout dans les *public schools*, c'est à former des hommes en nourrissant l'intelligence des enfants des éléments de l'instruction, si précieuse dans la société, où savoir lire et savoir écrire sont aussi indispensables que savoir comprendre la parole et que savoir parler.

L'enseignement n'est pas obligatoire aux Etats-Unis, et il n'était pas nécessaire qu'on le rendît tel. Cette mesure peut être utile momentanément dans les pays dominés par certains préjugés et par l'incurie des esprits trop longtemps comprimés, mais elle serait superflue en Amérique où le peuple, avec la liberté et la conscience de sa dignité, a le bon sens de comprendre tous les avantages de l'instruction.

Ainsi donc, la classe la plus nombreuse, qui, en Amérique comme partout ailleurs, n'est certainement pas la moins utile, sait lire, écrire et suffisamment calculer pour le besoin de ses intérêts. Ce don gratuit et magnifique, vraiment républicain, de l'instruction primaire, fait loyalement à tous les déshérités du sort, est sans aucun doute une des causes principales de l'incomparable prospérité de l'Union, et restera sa sauvegarde dans l'avenir.

Quoi qu'on ait pu dire contre la raison humaine, et malgré les déclamations intéressées de certains raisonneurs qui seuls veulent raisonner pour prouver qu'on ne raisonne pas, les Etats-Unis démontrent parfaitement que, pour garantir les grands principes de la liberté, on doit surtout compter sur l'instruction et le bon sens populaire.

Quant à l'éducation purement morale, aussi indispensable à notre avis que l'instruction proprement dite, elle n'est pas négligée, tant s'en faut, dans les écoles gratuites en Amérique.

La morale, unie partout aux principes de toutes les religions, est enseignée au moyen de livres rudimentaires excellents sous tous les rapports. Ces livres prêchent l'amour de Dieu, sans toutefois indiquer sous quelle forme il convient de l'adorer; ils enseignent à honorer notre pere et notre mère, à ne pas voler, à ne pas assassiner, à faire autant que possible le bien, à éviter autant que possible de faire le mal, à aimer son prochain comme soi-même. Pénétré de ces doctrines invariables, l'enfant grandit sans danger pour la société, et sans crainte de fausser sa conscience. Devenu homme, et quand sa raison est suffisamment éclairée, il choisit alors librement l'Eglise de ses sympathies. Quelle que soit la secte de son choix, dans la Bible comme dans le Coran, dans le Coran comme dans l'Evangile, dans l'Evangile pur comme dans tous les systèmes qui le divisent, partout il retrouvera les mêmes principes de morale. Les religions sont diverses, la morale est une.

En ce qui concerne les écoles particulières, elles sont, comme les écoles gratuites, un terrain neutre fermé à toutes les compétitions de sectes. L'instruction et la morale y sont répandues avec le respect de toutes les religions. Aussi voit-on figurer au bas des prospectus des écoles bien dirigées, des avis sur lesquels on assure, aux élèves, des bancs dans les différentes Eglises de toutes les religions.

On a reproché excessivement aux Américains de se contenter en général d'une instruction superficielle. On semble l'oublier parfois, l'Amérique, qui doit tout à son indépendance, n'est indépendante que depuis 1776. C'est le 4 juillet de cette année mémorable de 1776 qu'a été signé à Philadelphie l'acte de déclaration de l'indépendance. Or, depuis et dans le dernier demi-siècle, le nombre des Etats de l'Union a plus que doublé, sa population a quadruplé ; ses frontières se sont étendues du Mississipi au Pacifique. Le commerce et la navigation ont pris un développement extraordinaire. Les facultés inventives des Américains, excitées au plus haut degré, ont produit les plus remarquables découvertes. Le vaste territoire de l'Union est sillonné en tous sens de chemins de fer et de canaux.

Le génie d'un Américain a soumis les vents et les flots aux volontés du commerce ; le génie d'un autre a dirigé

la foudre ; un autre a supprimé la distance par la transmission de la pensée ; un autre enfin, comme le génie du
bien, a paralysé la douleur physique en découvrant le
chloroforme. Mais ce n'est pas assez, et l'on s'étonne que
ce peuple, le seul qui sache lire, ne réunisse pas aussi la
culture générale et approfondie des sciences et des lettres!

D'ailleurs, il faut le reconnaître, l'enseignement est en
progrès partout, et il existe aux Etats-Unis des colléges supérieurs qui seraient remarquables partout en Europe.
Nous citerons le collége de Cambridge, près de Boston,
Howard collége, et le collége militaire de Westpoint pour
l'infanterie et la cavalerie.

Mais, s'il est évident que l'instruction aux Etats-Unis
tend chaque jour à devenir plus complète, il n'est pas
moins évident qu'un très-grand nombre d'écoles sont encore dirigées par des professeurs incapables. Les diplômes
n'étant exigibles nulle part, chacun peut ouvrir une école
à son gré. On se fait professeur en Amérique quand on ne
sait plus que faire, et l'on ouvre un pensionnat quand le
malheur des affaires vous a forcé de fermer boutique. Il
n'est pas d'étranger dans l'embarras qui n'ait cherché à
donner des leçons de toutes les branches des sciences et
des arts, depuis l'astronomie jusqu'à la gymnastique. J'ai
connu à New-York un Auvergnat, ancien porteur d'eau et
garçon dans un *bar-room* qui, sachant à peine lire et ne
sachant pas du tout écrire, s'était bravement annoncé
comme maître de français. Sa méthode, très-simple et entièrement nouvelle, consistait à parler auvergnat à ses
élèves et à leur dire : Imitez-moi.

Ce singulier professeur ayant été présenté à un Allemand qui donnait aussi des leçons de français, les deux *maîtres* voulurent se parler, mais ils ne purent parvenir à se comprendre, malgré tous leurs efforts.

— Fitchtra! disait l'Auvergnat, chelui-là peut che vanter de parler drôlement le franchais! Che n'est pas comme dans l'Auvergne. Chan doute que chaque pays a chon franchais que les jautres ne comprennent pas.

— Tarteixfle! guel trôle t'homme, murmurait de son côté l'Allemand en jetant sur l'Auvergnat un air d'envie. Bour barler vrançais, il barle; il barle bien même! Mais che ne barle bas mal non plis, et je ne bois bas bourguoi il fait gomme s'il ne me gombrennait bas. Ce être bar jalisie et barce gue nous sommes dous les teux tes brovesseurs te lankue.

Mais voici un fait plus curieux encore, et dont on nous a assuré l'exactitude.

Un Bordelais, après avoir essayé en Amérique de tous les métiers, se trouvait un jour près de Louisville dans un état de complet dénûment. Il pensait peut-être au moyen de suicide par lequel il pourrait, le plus doucement possible, se débarrasser du pesant fardeau de la misère, quand il recontra par hasard un Américain qu'il avait connu autrefois. Le Bordelais se hâta d'exposer sa triste position à l'Américain en se recommandant à lui.

— Well, lui dit le Yankee, si vous saviez l'italien, vous pourriez entrer tout de suite comme professeur dans une école de garçons, située aux environs, et qui est renommée pour ses études de langues vivantes.

— C'est donc un Italien seulement et non pas un

Français qu'il faut? demanda notre compatriote avec anxiété.

— Il ne faut qu'un professeur d'italien, ajouta l'Américain.

— Le professeur auquel je dois succéder est-il encore à l'école? demanda le Bordelais.

— Il n'y a jamais eu de professeur d'italien dans cette école, et c'est une lacune qu'on désire combler ; mais savez-vous l'italien, oui on non ?

— Si je le sais ! répondit le Bordelais avec assurance, je le crois bien ! Il fut un temps même où à force de parler italien, j'avais complétement oublié le français.

— Very well, cher monsieur, et je suis charmé de pouvoir vous être utile. Vous pouvez vous présenter de ma part à l'école en question, et je ne doute pas que vous n'y soyez agréé.

— Merci, cher monsieur, *a revedere*, *mio caro*, comme nous disons en italien. Et le Gascon, qui ne savait d'italien que cette seule phrase, un peu courte, et *felicita*, pour avoir entendu chanter ce dernier mot à la fin d'une infinité de *cabalette* italiennes, prit congé de son protecteur.

Il se mit à réfléchir profondément au moyen d'enseigner l'italien quand on ne le sait pas ; mais il ne trouvait pas ce moyen. Cependant il se dirigea vers la maison fortunée qui devait lui offrir un gîte et la nourriture dont il avait grand besoin.

Tout à coup, et comme frappé d'une heureuse inspiration, il passa la main sur son front. Un sourire de bónheur avait illuminé sa figure attristée ! Il pressa le pas et se trouva bientôt devant le directeur de la pension, qui ne fit aucune difficulté de l'installer chez lui.

Dès le lendemain de son arrivée, le Bordelais prenait possession de sa classe d'italien. Les élèves firent bientôt des progrès remarquables sous l'habile direction du professeur, doublement estimé pour ses talents et son humeur enjouée. Le directeur avait, à plusieurs reprises, adressé les compliments les plus flateurs à notre compatriote pour sa bonne méthode et le soin qu'il prenait à bien faire prononcer la douce langue des amours, comme il disait tout bas en souriant.

— Ma méthode, comme vous le voyez, disait le Bordelais, consiste à ne pas me servir de livres. A quoi bon les livres! à fatiguer l'esprit des élèves par des théories souvent inutiles, et à perdre un temps précieux que la pratique peut toujours employer fructueusement.

— C'est parfait! répliquait le directeur. Mais le Dante? Je voudrais que de temps à autre vous leur fissiez lire le Dante. Le Dante, voyez-vous c'est toujours le Dante.

— Oui répondait le Bordelais, c'est toujours le Dante, et ce sera toujours le Dante; mais ce n'est pas toujours amusant. J'ai lu autrefois une traduction de l'*Enfer*, ça ne vaut pas le diable. J'aime mieux les chansons de Béranger, ajoutait-il en riant.

— Comment! c'est dans une traduction que vous avez lu le Dante?

— Ah diable! se dit à part notre Gascon, j'avais oublié mon rôle. Puis, se reprenant : J'ai lu l'*Enfer* dans une autre langue parce que j'ai voulu voir combien ce beau livre perdait à être traduit. Quant aux œuvres de Bérangeri, je les préfère à certains égards, mais pour des élèves de première année seulement.

Le directeur trouva cette explication satisfaisante.

Tout marchait pour le mieux dans le meilleur des pensionnats possibles, et notre compatriote, séduit par les douceurs d'une vie sûre et tranquille, ne songeait qu'à se maintenir à son poste, quand un incident inattendu vint mettre un terme à tant de félicités. Un Italien, un véritable Italien, venait d'arriver dans la pension pour y placer un de ses enfants. Enchanté de la présence de cet étranger, le directeur de l'école voulut jouir d'un triomphe dans la personne de ses élèves de la classe d'italien. Il les fit venir. Les élèves se présentèrent avec assurance et parlèrent entre eux avec une facilité merveilleuse pour des élèves de quelques mois. Mais au lieu de les applaudir, l'Italien partit d'un long éclat de rire, et assura qu'il n'y avait pas dans tout ce qu'il venait d'entendre un seul mot d'italien.

On chercha le malencontreux professeur ; il avait disparu. Le malheureux leur avait appris le patois gascon !

Du reste, cette pauvre langue française n'est pas mieux traitée par certains Américains qui se mêlent de l'enseigner. Et puisque nous sommes en train de raconter les faits qui, mieux que tous les raisonnements, prouvent la vérité, racontons encore celui-ci.

Un révérend directeur d'un collége de garçons se présente, sans être connu, chez un professeur de français jouissant d'une réputation méritée.

— Je viens, Monsieur, lui dit en anglais le révérend, vous prier de m'enseigner le français.

—Très-volontiers, Monsieur, mais veuillez vous asseoir.

— Permettez que je ne m'asseoie pas ; pour s'asseoir, il faut perdre du temps, et je n'ai pas une minute à perdre. Je pars ce soir même.

— Pour revenir bientôt sans doute.

— Non, Monsieur, pour ne plus revenir.

— Mais alors comment voulez-vous prendre vos leçons de français ainsi à distance ?

— Je n'en désire qu'une.

— Une leçon ! Et c'est en une seule leçon que vous avez la prétention d'apprendre le français?

— Une seule leçon me suffira, je pense. Mon but est d'apprendre à prononcer l'alphabet ; une fois la prononciation de l'alphabet obtenue, j'apprendrai le reste aisément tout seul, au moyen des livres qui donnent la prononciation figurée.

Le professeur secoua la tête en signe d'incrédulité ; mais pour ne pas déplaire au révérend, il voulut bien consentir à lui donner la leçon qu'il demandait.

— Jacques, dit le professeur en appelant son domestique, apportez-nous le tableau et la craie.

Le tableau des démonstrations en place, la leçon commença. L'honorable ministre passa près de deux heures à se désarticuler la mâchoire pour ne pas dire *aye* au lieu de *é*, *airr* au lieu de *r*, et *iou* au lieu *u*. Puis, en véritable Yankee, il calcula exactement le prix de la leçon d'après le prix d'un terme (trois mois), en fit la monnaie et l'offrit au professeur. Pour toute réponse, ce dernier appela de nouveau son domestique.

— Jacques, lui dit-il, prenez cet argent ; monsieur

vous l'offre pour la peine que vous avez eue d'apporter le tableau. Quant à moi, dit-il en s'adressant au révérend, je n'ai pas pour habitude, comme les cochers de fiacre de mon pays, d'être payé à l'heure ou à la course. J'ai fait cela dans le seul but de vous être agréable et pour la plus grande gloire de notre alphabet.

Le révérend se retira très-étonné du désintéressement du professeur.

Quinze jours après cette entrevue grammaticale, le révérend, se trouvant suffisamment instruit dans la langue de Racine, rentrait dans son collége et prenait lui-même la direction de la classe de français.

Nous pourrions, si cela était nécessaire, citer les noms de ces deux messieurs.

Il résulte de l'insuffisance des professeurs, sur le concours desquels on ne saurait généralement compter, des livres excellents pour l'enseignement élémentaire. L'Amérique est, je crois, le pays qui a fourni les meilleurs abrégés de toutes les branches de l'instruction et de toutes les sciences. Il est vrai que ces livres ne sont pour la plupart que le résumé habilement fait des livres de même nature imprimés en Allemagne, en France et en Angleterre. Mais les Américains ne se montrent nullement scrupuleux de prendre le bien où ils le trouvent.

Pour compléter l'instruction du peuple autant que pour l'amuser, des *lecturers* donnent des lectures publiques sur tous les sujets possibles. Ils traitent tour à tour de l'histoire, de la littérature, de la philosophie, de la physique, de la chimie, de la zoologie, de l'astronomie, de la géologie, de la lexicologie, de la magie, des esprits frappeurs, de la Bible, de l'Evangile, des livres sacrés de l'Inde, du paganisme, du catholicisme, du boudhisme, du bramanisme ; ils parlent sur l'art, sur le vrai, sur le beau, sur l'aimable, sur le sublime, etc., etc. Les lectures, fort en honneur partout aux Etats-Uunis, sont d'un excellent revenu pour les *learned professors*, qui en font, avant tout, un objet de spéculation.

Ces séances littéraires et scientifiques sont annoncées par tous les journaux à grand renfort de réclames, et, sur tous les murs de la ville, par des affiches gigantesques et multicolores. Mais il faut le reconnaître, ces lectures publiques, qui pourraient être si profitables au peuple, toujours disposé à s'instruire, ne répondent pas en général à l'idée qu'on s'en pourrait faire.

L'originalité y fait complétement défaut, et on retrouve partout des lambeaux des livres les plus connus que le *lecturer* se garde bien de jamais nommer.

Excepté MM. Thackerey, F. Moagher et Everett, un Anglais, un Irlandais et un Bostonien, on aurait peut-être de la peine à citer des hommes vraiment instruits parmi les innombrables *lecturers* de profession.

Les sujets qui plaisent le plus au public américain sont les sujets gais, après les sujets merveilleux. Je me souviens qu'à New-York, dans la même soirée, un artiste musicien d'un talent d'exécutant des plus distingués n'était parvenu à réunir, dans un concert, que cinquante personnes payantes, pendant qu'un *lecturer* avait fait dix-huit cents dollars de bénéfice net en parlant des esprits frappeurs.

Quand le *lecturer* trouve pour annoncer sa séance un

nom excentrique qui promet force lazzis et quolibets, il peut considérer le succès comme certain.

Quoi qu'il en soit de la médiocrité des lectures publiques en général, elles sont toujours pour le peuple, qui les aime, un délassement souvent noble et toujours inoffensif.

L'éducation des femmes est peut-être plus soignée en Amérique que celle des hommes. Les femmes, n'ayant pas comme les hommes les affaires qui réclament de bonne heure tout leur temps, ont tout le loisir désirable pour s'instruire. Elles vont à l'école, comme nous avons eu occasion de le dire déjà, jusqu'à l'âge de dix-huit et vingt ans.

Les langues vivantes sont surtout l'objet de leurs études. Avec le français, qui est devenu pour ainsi dire obligatoire, beaucoup de jeunes personnes prennent des leçons d'allemand et d'italien. Mais si l'on s'en rapportait au programme des études fastueusement écrit en regard des prospectus de tous les pensionnats, ces demoiselles devraient toutes mériter les titres de bachelier ès lettres et de docteur ès sciences.

Rien n'est négligé sur ces programmes : tous les arts d'agrément y figurent avec l'histoire de tous les peuples, avec la géographie, les mathématiques, la botanique, la physique, la chimie, l'histoire naturelle et l'astronomie. En réalité, elles sortent généralement de pension n'ayant de toutes ces connaissances que les éléments les plus vulgaires. Mais du moins elles possèdent ces éléments, que trop de jeunes Américains n'ont pas.

Quelques dames françaises ont fondé à New-York des

maisons d'éducation dont la réputation est plus ou moins bien justifiée par le mérite personnel des directrices. A côté des institutions de Mme Canda, de Mme Chegaray et des dames Coutan, nous citerons particulièrement le pensionnat de Mme Hix. Mme Hix est une femme du monde dans toute l'acception du mot. A des connaissances spéciales approfondies, au charme d'une conversation exquise dans le français le plus pur, elle joint une sollicitude maternelle pour les jeunes filles qui lui sont confiées. Nous avons passé des soirées heureuses, bien rares en Amérique, chez cette excellente dame, qui, de plus, est une musicienne hors ligne et une cantatrice d'infiniment de goût. Mme Hix est secondée depuis quelque temps par M. Hix, son fils, qui, après avoir été successivement professeur au collége de Cambridge, puis secrétaire auprès de M. Soulé, de la Nouvelle-Orléans, s'est définitivement associé aux travaux de sa mère.

De semblables maisons d'éducation, si elles se multipliaient, finiraient sans doute par rendre aux professeurs instruits l'estime qu'on leur refuse trop souvent en Amérique. Il semble que Lucien ait deviné le triste sort d'un grand nombre de professeurs aux États-Unis quand il s'écrie, dans ses *Dialogues des morts* : « Après avoir accablé de calamités ceux qu'ils veulent perdre, les dieux, dans leur inexorable colère, leur réservent pour coup de grâce le fléau de la pédagogie ! »

Les jésuites n'ont pas manqué, comme bien l'on pense, de fonder des colléges en Amérique pour étendre leur influence.

Nulle part, peut-être, leur tâche n'est plus difficile à

remplir qu'aux États-Unis. On les connaît parfaitement de l'autre côté de l'Océan et on se méfie d'eux. Mais ils savent arriver au but par plus d'une route détournée. Là-bas, comme partout ailleurs, ils usent avec adresse de leur grand moyen de propagande, s'associent des coadjuteurs laïques dont personne ne se défie, et qui restent ignorés, et décuplent leur puissance.

Quelques-uns servent la compagnie par entraînement religieux, mais la plupart le font uniquement pour s'assurer des protecteurs et se faire une position.

De temps à autre, les journaux américains, inquiets de l'envahissement progressif des jésuites, lancent contre eux de terribles bordées. Les jésuites baissent la tête sans souffler mot, et laissent passer l'orage. Ils en ont bravé bien d'autres. Supprimés par un bref de Clément XIV, et expulsés de tous les pays du monde, ils ont fini par les reconquérir tous.

Aujourd'hui ils cherchent à s'implanter solidement sur le sol de l'Amérique, au sein même des réfugiés dont ils ont persécuté les pères. Ils y arriveront peut-être, mais peu à peu. L'éducation de la jeunesse leur offre le moyen le plus sûr d'atteindre leur but. Ce moyen n'est pas neuf, mais il reste toujours excellent devant l'incurie générale.

Pascal a eu beau lancer contre eux un livre immortel qui les peint en traits de génie par la morale révoltée, c'est toujours au nom de la morale qu'ils vivent. C'est au nom de la morale qu'ils sont entrés dans la fameuse conspiration des poudres en Angleterre ; c'est au nom de la morale qu'ils ont fait partie de la Ligue ; c'est au nom de la morale qu'ils ont méconnu l'autorité du pape, après avoir, au nom de la morale, juré d'observer aveuglément ses ordres ; c'est au nom de la morale enfin qu'ils ont trempé dans toutes les abominations, dans tous les massacres, dans tous les excès qui ont eu la religion pour prétexte ; c'est plus que jamais au nom de la morale qu'ils s'efforcent d'attirer la jeunesse à eux sous l'attrayant appât de l'instruction.

Espérons que les jésuites, comme des éleveurs intéressés, ne nourriront pas en Amérique l'esprit de leurs élèves pour l'immoler ensuite à leur profit.

XVII

LES BALS EN AMÉRIQUE.

En France, en général, les femmes se marient pour deux motifs principaux et un motif accessoire, qu'elles classent dans leur esprit de la manière suivante : d'abord, pour avoir un cachemire et des diamants ; ensuite, pour se donner plus de liberté et jouir des plaisirs de la société ; enfin, comme accessoire, pour avoir un mari. En Amérique, l'accessoire est le principal et même le seul objet du mariage, car les demoiselles n'ont certainement pas moins de liberté que les femmes : c'est même ordinairement le contraire ; elles portent des cachemires et des diamants avant le mariage aussi bien qu'après, et quant aux plaisirs de la société, parmi lesquels la danse occupe partout la première place, l'usage les réserve presque exclusivement aux jeunes filles. Ce sont elles la plupart du temps qui donnent des bals chez leur mère, et qui font les invitations en leur propre nom. Dans ces bals, cela va sans dire, ce sont elles et les *bachelors* (les célibataires) qui accaparent tous les plaisirs. Il arrive fort souvent que la demoiselle qui donne le bal n'invite que des demoiselles et des hommes non mariés, l'homme marié étant généralement très-dédaigné des jeunes miss, qui n'en parlent qu'avec une petite moue très-piquante et très-charmante.

Mais quand il arrive à quelqu'une d'entre elles d'étendre leur politesse jusqu'aux femmes mariées et jusqu'aux maris, la gent corvéable et mariée n'est appelée à la fête qu'à titre de *grande utilité*, c'est-à-dire que pour figurer comme tapisserie vivante et compléter l'ornementation mobilière de la fête.

Au reste, dans tous les bals particuliers, sans exception, ce ne sont guère que les jeunes filles et les jeunes gens qui prennent part à la danse, et l'on voit les plus passionnées et les plus intrépides danseuses couper court à leur plaisir favori aussitôt que l'amour conjugal a pris dans leur cœur la place de la *flirtation*, qui n'en est que le gracieux prélude.

Le mariage opère souvent en Amérique des conversions étonnantes. Les Américains, si intéressés en toutes choses, sont peut-être les hommes les plus désintéressés en amour, et les femmes comme les hommes n'obéissent d'ordinaire qu'aux seuls entraînements du cœur. L'absence de tous préjugés de caste, jointe à la facilité relativement grande que tout homme actif et industriel a de gagner largement sa vie et même de faire fortune, sont les causes qui, jusqu'à présent, ont écarté du mariage l'intérêt de fortune, intérêt qui, en Europe, domine habituellement tous les autres.

Il n'est pas rare de voir aux Etats-Unis des jeunes filles que le démon possède, si elles ne sont elles-mêmes le démon sous sa plus ravissante incarnation, se faire ermites, non pas en vieillissant, ce qui diminuerait de beaucoup leur mérite, mais simplement en se mariant. Nous pourrions citer les noms de jeunes filles, à New-York, à Boston, à Philadelphie, à Baltimore et un peu partout ailleurs, qui, après s'être montrées des lionnes à tous crins, sont devenues par le mariage des modèles de femmes rangées, simples et économes. Nous dirions, si nous ne craignions de paraître indiscret, le nom d'une des beautés fameuses de New-York qui, — après avoir mené, étant demoiselle, une vie des plus excentriques; après avoir fait en hiver de folles promenades en traîneau, la nuit, sur les routes de glaces, sans autres témoins que les soleils lointains du firmament; après avoir assisté hors de la maison maternelle à de gais soupers au vin de Champagne en joyeuse compagnie dont elle était l'amphitryon; après avoir régné chez elle par son luxe autant que par sa beauté, et, sans sortir de New-York, avoir reçu ses amis en Espagne avec le costume espagnol, en Grèce avec le costume grec, en France avec le costume pompadour, en Turquie, au harem, avec le costume de sultane, — termina cette vie d'agitation en épousant un jeune négociant sans fortune et en se trouvant heureuse de conduire elle-même son modeste ménage.

C'est là assurément un trait de mœurs fort méritoire,

et il serait peut-être difficile d'en citer un semblable en
Europe, où, comme nous l'avons dit, le mariage est si
souvent une affaire de spéculation.

Quoi qu'il en soit, le dévouement chez la femme mariée n'est pas incompatible avec la danse, et il est fâcheux
que les jeunes mariées privent les bals en Amérique de
leur gracieux concours.

Chaque famille, dans le nord de l'Amérique, ne donne
guère qu'un seul bal chaque année ; mais ce bal est toujours l'occasion d'un luxe extrême, à ce point qu'il tombe
parfois dans le ridicule. Ce n'est pas pour s'amuser et
amuser ses amis qu'on les réunit ainsi chez soi : c'est par
ostentation le plus souvent, pour montrer le luxe de sa
maison et faire voir qu'on peut se passer la fantaisie de
gaspiller quelques milliers de dollars en une soirée. Le
salon principal, où l'orchestre se tient, est d'ordinaire
orné à l'excès de fleurs naturelles, parmi lesquelles domi-
nent les camellias, qui sont, de toutes les fleurs, les plus
chères.

Il n'est pas rare de voir dans un bal des camellias figurer pour une valeur de dix ou douze mille francs, et quelquefois davantage. Un buffet permanent, desservi par de
nombreux domestiques, et où les invités trouvent en abondance les mets les plus recherchés et les plus variés, joints
aux vins les plus fins, est ouvert depuis minuit, et reste
ainsi toute la nuit à la disposition des consommateurs.
Quant à la toilette des dames, demoiselles ou femmes mariées, elle ne saurait être plus luxueuse, et, disons-le, de
meilleur goût. Tout ce que nos incomparables fabriques
de Lyon fournissent de soieries les plus riches et les plus

nouvelles se mêle aux dentelles les plus ouvragées, aux bijoux les plus resplendissants.

Peu de temps avant mon départ des Etats-Unis, Mme R..., de Philadelphie, venait de donner son bal annuel, qui a le privilége d'exciter l'enthousiasme et la curiosité de tous les habitants de l'Union. C'est une grande affaire que ce bal, et les journaux en font chaque fois les comptes rendus les plus détaillés. On vient par toutes les voies, par mer et par terre, de plus de cent lieues à la ronde, pour assister au bal de Mme R... qui depuis longtemps reste la lionne des Etats-Unis.

Dans le dernier bal offert par cette aimable dame, qui fait de sa fortune un noble emploi et sait encourager les artistes de mérite, plus de mille personnes avaient été invitées, et presque personne ne fit défaut. Il y avait des dames assises jusque sur les degrés des escaliers de tous les étages de la maison, comme des guirlandes de fleurs animées. Toutes les danseuses ne purent certainement pas prendre part à la danse ce soir-là, et l'on se suivait en procession pour aller jusque dans le grand salon jouir du splendide coup d'œil qu'il présentait. On évaluait de vingt à vingt-cinq mille francs l'argent qu'avaient dû coûter les camellias qui tapissaient la salle de danse. D'élégants petits écriteaux placés de distance en distance avertissaient les gentlemen de respecter les fleurs et de ne les point cueillir. Les gentlemen, qui, par galanterie, dégarnissent les salons de leur tenture embaumée pour en orner les danseuses, méritaient cet avertissement. Mme R... a justement pensé que la galanterie bien entendue des invités devait s'exercer d'abord sur la maîtresse de la maison, et qu'il ne convenait pas de faire des politesses à ses dépens.

Dans les bals précédents, il arrivait qu'à force de galanterie de la part de ces messieurs, il ne restait plus vers la fin de la soirée, des vingt ou vingt-cinq mille francs de camellias nécessaires à l'ornementation de la fête, que quelques tiges sans fleurs et que quelques feuilles dédaignées. Pour donner une idée du luxe déployé à l'occasion du dernier bal offert par Mme R..., nous nous bornerons à constater un fait qui parle suffisamment par lui-même. Cette dame ayant voulu meubler sa maison à nouveau pour rendre la réception plus brillante, et ayant fait venir de Paris tout ce qui était nécessaire à cet effet, avait payé de droit d'entrée seulement, sans compter le fret ni aucun des autres frais d'emménagement et de transport, douze mille dollars (plus de soixante mille francs).

Mais si les maisons particulières se bornent généralement à n'offrir qu'un bal par année, on danse beaucoup et très-souvent dans tous les hôtels et dans tous les *boarding houses*. Les propriétaires des hôtels et des *boarding houses* font eux seuls souvent tous les frais de ces soirées dansantes dans le but d'amuser leurs pensionnaires et d'augmenter leur clientèle ; mais d'autres fois ce sont les pensionnaires eux-mêmes qui se cotisent pour donner à frais communs un bal auquel ils invitent leurs connaissances de l'hôtel et du dehors.

On danse en toute saison dans les hôtels en Amériqne, et j'ai vu à la campagne, au mois d'août, par trente-cinq degrés Réaumur, ces messieurs et ces dames sauter avec le plus grand enthousiasme la nuit et même le jour.

Il n'y a, je crois, nulle part aux Etats-Unis de bals

publics dans le genre du bal Mabile, du bal du Château-des-Fleurs, du bal du Château-Rouge et de tous les autres bals si nombreux à Paris et dans les environs. Le puritanisme américain reculerait d'épouvante à la vue des danses qui s'y pratiquent, si atténuées qu'elles soient par la présence du sergent de ville. Le *cancan* est encore inconnu des rigides habitants de l'Union (rigides au moins en apparence), et s'ils le pratiquent jamais, ce sera secrètement, chez eux, les portes bien fermées, ou bien encore dans certaines écoles de danse.

Ces écoles ne sont en réalité que des bals payants. On y est admis sur présentation pour une soirée, ou on s'y abonne au mois. C'est là qu'il faut aller chercher les *Frisettes*, les *Reine-Pomaré*, les *Mogador*, les *Rose-Pompon* et les *Coqueliquette* du nouveau monde. Ces dames, payées par l'entrepreneur de l'établissement, sont chargées de donner des leçons de danse aux gentlemen. Elles s'en acquittent avec tout l'abandon que réclament de si honorables fonctions, et dans les toilettes les plus élégantes.

Le puritanisme qui s'effarouche souvent de tout, ne s'effarouche parfois de rien ; il faut savoir le prendre, ce bon puritanisme, et quand on évite le scandale, eh ! mon Dieu ! il n'est pas plus bégueule qu'un autre, et se laisse parfaitement aller aux petites fredaines cachées, que le ciel pardonne à demi, comme on sait.

Mais s'il n'y a pas de bals publics en permanence, cela n'empêche personne de danser. Les gens qu'on pourrait appeler le peuple en Amérique, s'il y avait des personnes en dehors du peuple, ces gens qu'on désignerait mieux par la qualification de petits marchands et d'ouvriers,

dansent très-souvent chez eux, à la campagne, sur les bateaux à vapeur, dans les excursions et dans certains clubs.
Avec les danses, en usage un peu partout aujourd'hui, et
qui sont la valse, la polka, la polka-mazurka, la redowa,
la schottisch, le quadrille, etc., les classes moyennes joignent, aux Etats-Unis, la gigue, qu'ils préfèrent à toutes
les autres danses. La gigue a le pouvoir de les passionner.

Le talent du gigueur consiste à tenir le torse et les bras
dans la plus grande immobilité possible, pendant que les
jambes et les pieds tracent les figures les plus rapides et
les plus variées. Un bon gigueur danse ainsi pendant une
demi-heure et plus, et ne cesse que lorsque la fatigue a
opprimé sa poitrine et raidi les muscles de ses membres.

La gigue se danse en solo par les hommes, et recrée
l'œil de la manière la plus agréable quand elle est bien
exécutée en pantalon collant par un homme leste et souple.

Outre la gigue, les Virginiens exécutent, réunis en
grand nombre, une danse lourde, toute remplie de figures
ridicules, et qui dure autant que les éternels *cotillons* de
nos salons parisiens.

Cette danse débute par une longue promenade au pas
et en rond dans laquelle le cavalier donne le bras à sa
danseuse, ce qui peut paraître piquant en Amériqne, où,
comme noūs l'avons déjà fait observer, les hommes ne
donnent le bras qu'à leur femme ou à leur fiancée.

Après cette promenade il s'engage une sorte de chassé
croisé général, suivi de plusieurs autres figures qu'on
croirait empruntées à la bourrée d'Auvergne. Puis à ces
figures succèdent d'autres promenades au pas. Quelquefois ce sont les hommes qui entre eux se donnent le bras,

ce qui doit, il me semble, médiocrement les charmer.
Enfin, cette longue pantomime se termine par un galop
général qui rend les Américains ivres de joie, presque furieux de bonheur. Ils enlèvent leur danseuse plutôt qu'ils
ne la conduisent, au risque de trébucher et de rouler dans
la poussière avec leur précieux fardeau et de se faire écra-
ser sous la masse des danseurs enthousiasmés que rien ne
saurait arrêter dans leur course. Et certes, ce n'est pas
toujours la voix entraînante de l'orchestre, comme on
dit, qui les excite ainsi ; assez souvent l'orchestre se compose uniquement d'un violon.

Mais telle est l'économie de plaisir qui s'accumule dans
l'esprit et le cœur des Américains, toujours occupés d'affaires, que quand ils trouvent l'occasion de s'amuser, ils
le font comme les gens qui dînent par extra au restaurant
à trente sous par tête à s'en rendre malades.

Il n'y a pas aux Etats-Unis, comme dans toutes les colonies espagnoles, comme à la Havane, par exemple, des
danses nationales et vraiment typiques, gracieuses et expressives. Les danses espagnoles offusquent la *morale
publique* des Américains, qui ne comprennent pas que
l'un des priviléges de l'art, en ennoblissant toutes choses
jusqu'à l'idéal, est de poétiser l'expression des sentiments
et de la passion. Pour le plus grand nombre des Américains, j'en suis sûr, le Laocoon, ce chef-d'œuvre de l'an-
tiquité, ce beau type de la souffrance noble, n'apparaîtrait
que comme un vieillard trop peu vêtu par ses serpents ;
et quant à ses fils, ils ne les considéreraient guère que
comme des jeunes gens inconvenants et tout à fait inexcu-
sables, qui auraient dû mettre des pantalons et un habit.

Pour en revenir aux danses en Amérique, nous dirons que les seules qui présentent un caractère complet d'originalité sont les danses des nègres dans les États du Sud. Dans les habitations, les jours de fête, ou après le travail, les nègres esclaves allument un grand feu et dansent, à la lueur de ce foyer, les *bamboulas* les plus singulières, les plus dramatiques et parfois les plus comiques, malgré certain fond de tristesse qui résulte du caractère de leurs instruments de musique et de leur musique en elle-même, remplie d'intervalles étranges, formant des mélodies langoureuses dessinées sur un rhythme persistant et fortement accentué. Nous ne saurions mieux comparer certaines des danses de nègres, toutes pantomimiques, qu'à la danse fameuse du *bison*, dans laquelle cet animal fait la cour à une génisse en galopant autour d'elle.

Les nègres, et surtout les négresses, si cambrées, si déhanchées, se tordent en se faisant vis-à-vis comme des énergumènes. L'assistance enthousiasmée mêle sa voix au son des instruments.

Il serait impossible d'essayer de donner une idée, même affaiblie, de la versification de leurs chansons plus que légères. Pourtant les jeunes créoles assistent à ces danses, écoutent ces chansons sans le moindre scrupule. Ce qui les blesserait et les révolterait dans la bouche d'un blanc, les égaye et les fait rire dans la bouche d'un nègre. Il est vrai que les nègres ne sont pas des hommes pour les habitants du sud de l'Amérique, et nous aurons bientôt occasion, dans une étude succincte des mœurs de la Louisiane, de revenir sur ce sujet si intéressant à tant de titres.

XVIII.

LE CHRISTMAS. — LE PREMIER JOUR DE L'AN.
LES VALENTINES EN AMÉRIQUE.

Le jour de *Christmas*, c'est-à-dire le jour de Noël, est l'occasion dans tous les États-Unis de fêtes de famille telles qu'on les pratique dans plusieurs villes du nord de la France et dans toute l'Allemagne. On plante l'*arbre de Noël*, qui consiste en une large branche de cyprès, garnie partout de jouets d'enfants, de bijoux plus ou moins précieux, de boîtes de bonbons, de joyaux en tout genre, que le propriétaire de l'arbre de Noël offre aux invités en guise de cadeaux d'étrennes. Cette fête est surtout, on le comprend, la fête des enfants. Après qu'on a suffisamment admiré dans son ensemble l'arbre merveilleux, on permet aux enfants et aux jeunes personnes d'en cueillir les fruits précieux, plus tentants à leurs yeux que les plus belles pommes de l'arbre de la science, qu'ils ne tiennent nullement à cueillir en général.

L'usage des fêtes du Christmas commence un peu à se perdre et se confond avec la fête du premier jour de l'an. Il règne ce jour-là un grand laisser-aller partout en Amérique, et les dames se montrent d'une hospitalité très-cordiale à l'égard des visiteurs qui ne se bornent pas à envoyer leur carte.

Le premier jour de l'an, on ne voit pas de dames dans les rues ; elles restent toutes chez elles pour recevoir les visites, depuis huit heures du matin jusqu'à minuit, et quelquefois plus tard. Elles se tiennent dans le salon, en grande toilette de bal, à côté des jeunes filles également en grande toilette. Un buffet, élégamment dressé et amplement garni de volaille froide, de jambon, de pâtés, de tartes aux fruits et de gâteaux de toutes sortes, est mis, avec des vins fins et des liqueurs, à la disposition de tous les visiteurs. Il est d'usage qu'on ne doive pas refuser, sur l'invitation de la maîtresse de la maison, d'accepter quelque chose, ne fût-ce qu'un verre de vin de Madère avec un biscuit. Les verres de madère, pris ainsi en détail toute la journée, finissent, vers le soir, par fournir à l'estomac un total de boisson très-considérable, que des teintes empourprées trahissent souvent sur les visages des gentlemen les plus respectables. Mais ces dames sont si aimables, qu'il est impossible de leur rien refuser.

Il m'est arrivé à New-York, il y a eu deux ans au mois de janvier dernier, une petite aventure assez drolatique, et qui prouve l'esprit de fraternité qui règne le premier jour de l'an au sein même des familles américaines, si réservées d'ordinaire.

Devant aller rendre visite à une dame américaine que j'avais eu l'occasion de voir une seule fois, je me trompai de porte et me trouvai étranger au milieu d'une douzaine de dames et de demoiselles. Elles me reçurent fort bien, et pendant quelque temps je ne m'aperçus pas de mon erreur. Ces dames m'offrirent à boire, et je bus ; puis nous causâmes un peu de toute chose. Cependant, ne voyant pas arriver dans le salon la dame à laquelle je venais particulièrement rendre visite, je demandai à une demoiselle si cette dame allait bientôt venir, et je la nommai.

—Cette dame! me dit-elle en riant, comme font toutes les demoiselles américaines à propos de tout ; mais elle ne viendra pas, cette dame, et nous ne la connaissons pas.

— Comment! repris-je étonné et confus, vous ne connaissez pas cette dame? Mais vous n'êtes donc pas de sa famille ? mais je ne suis donc pas ici chez elle?

— Pas du tout, reprirent toutes les demoiselles en éclatant de rire ; elle demeure la porte à côté.

Alors, me dirigeant vers la dame que son âge permettait de supposer la maîtresse de la maison :

— Mille pardons, Madame, lui dis-je, de cette erreur involontaire, que je ne me sens pourtant pas la force de regretter entièrement, puisqu'elle m'a procuré le plaisir de vous voir. Serais-je assez heureux, Madame, pour vous faire agréer mes excuses ?

— Vos excuses sont superflues, Monsieur, et nous avons pensé tout de suite que votre visite chez nous n'était que le résultat d'une méprise, comme cela peut arriver à cette heure de la nuit et dans la précipitation à terminer des visites en retard.

— Permettez-moi, Madame, ajoutai-je, de vous présenter ma carte en me retirant.

Et je remis ma carte à cette charmante lady. Il se trouva que j'étais indirectement connu d'elle comme artiste ; au lieu de me laisser continuer mes visites, elle me retint à souper, et nous fîmes de la musique une partie de la nuit.

Des aventures à peu près semblables sont arrivées à des

personnes de ma connaissance, et toutes ont été non-seulement excusées de leur erreur, mais reçues par les dames, seules maîtresses chez elles ce jour-là, avec la plus grande amabilité. Ah! s'il n'y avait que des Américaines en Amérique, le nouveau monde serait le plus gracieux séjour! mais, sous certains rapports du moins, les Américains gâtent un peu l'Amérique.

Les VALENTINES sont des lettres anonymes qu'on a, dans le courant du mois d'avril, aux États-Unis, l'habitude d'envoyer à ses connaissances. Aux jeunes filles, leurs amoureux envoient des lettres extraordinairement grandes dorées sur tranche, enjolivées d'un tas de petits amours et de cœurs enflammés, et enfermées dans des boîtes de luxe garnies de rubans de toutes les couleurs et d'enjolivements de toute sorte. Il y a certaines de ces boîtes qui coûtent jusqu'à vingt dollars et même plus. Quant au contenu de ces lettres, on le devine : ce sont les mots les plus doux du vocabulaire de l'amour, des protestations, des serments pour la vie, et quelquefois un timide reproche d'ingratitude. Les auteurs de ces lettres ne les signent pas, mais ils sont toujours reconnus; ils le savent parfaitement, et c'est là précisément pour eux le plus grand charme des Valentines amoureuses.

Les demoiselles répondent souvent à ces lettres anonymes illustrées par d'autres lettres anonymes beaucoup plus simples, et sur lesquelles habituellement elles dessinent ou font dessiner une scène comique pour se moquer du galant, quand elles veulent lui faire savoir qu'elles l'ont reconnu.

Un jeune homme étranger attaché à une ambassade et

porteur de moustaches à la don Quichotte reçut, en réponse à la plus tendre des Valentines, cette autre Valentine d'une jeune Américaine. Sur une feuille de papier était dessiné un élégant cavalier qui, en voulant déclarer sa flamme à une jeune fille, fit un mouvement si brusque de la tête, qu'une des pointes acérées de sa moustache cirée pénétra dans l'œil de la jeune fille.

— Ah! s'écrie la demoiselle, Cupidon m'a percé... l'œil.

On vend chez tous les papetiers de grossières images coloriées représentant des scènes grotesques avec des légendes explicatives. On se borne souvent à s'envoyer ces images en guise de Valentine. Un pharmacien reçoit l'image d'un de ses confrères, l'instrument que vous savez à la main et poursuivant un malade. Un cordonnier se voit apporter un affreux savetier doué d'un horrible visage praliné, comme dit Théophile Gautier, avec un nez qui trognonne, comme dit Victor Hugo, et des yeux qui vendangent, comme dit Balzac. Enfin, les partisans de la liberté des femmes reçoivent le portrait d'une bloomériste vieille, sèche, impérieuse, une cravache à la main et à califourchon sur les épaules d'un homme. Il y a des Valentines pour tous les ridicules et pour toutes les professions.

On donnait autrefois, et peut-être encore aujourd'hui, dans quelques parties de l'Angleterre, le nom de *Valentins* aux prétendus que chaque jeune fille avait coutume de se choisir à l'époque de la fête des *Brandons*. Il était accordé aux Valentins, pour un certain temps, le doux privilége d'écrire des lettres d'amour à leur prétendue. Voilà sans doute l'origine des *Valentines* en Amérique, dont la coutume s'est beaucoup modifiée, comme on le voit.

XIX.

LES VOLEURS ET LES CRIMINELS EN AMÉRIQUE.

L'étude que nous avons entreprise sur les usages et les mœurs des habitants de l'Amérique serait incomplète si nous ne consacrions un chapitre spécial au monde des voleurs et des criminels. Ces messieurs, il faut le reconnaître, ont leur utilité en Amérique comme partout ailleurs, et nous leur devons même quelque reconnaissance.

Et d'abord, les honnêtes gens leur doivent ce qu'ils ont de plus cher, leur réputation. Sans les fripons, en effet, à quoi se réduirait l'honorabilité des gens probes ? Cette honorabilité aurait-elle seulement jamais pu être constatée, si on n'avait aussi constaté les défauts contraires à l'honneur ? La vertu, c'est évident, n'existe et n'est vertu que parce que le vice contraste avec elle.

Supprimez les coquins, et vous porterez un coup mortel au plus grand nombre des institutions sociales dans tous les pays civilisés.

Sans le précieux concours des vauriens de toutes sortes, que deviendraient les légistes, les moralistes, les philosophes, les ministres de toutes les religions, les huissiers, les avocats, les commissaires, les gendarmes, la police entière, les geôliers, les douaniers, les gardes champêtres, etc., etc. ? Ce serait, en vérité, le bouleversement de la société entière, tel que ne l'ont jamais rêvé les progressistes les plus avancés.

Que deviendraient pareillement, sans eux, la littérature, le théâtre, la peinture, la sculpture, le drame musical, qui ne vivent que de contrastes? Que deviendrait l'histoire, surtout, si on n'y racontait tous les crimes imaginables pour la rendre intéressante ?

Mais c'en est assez pour prouver l'heureuse influence des voleurs et des brigands au point de vue de la société, de la morale et des beaux-arts.

L'Amérique semble avoir compris, comme tout le reste du monde, l'utilité des *robbers* et autres *pick-pockets*. On serait même tenté de croire qu'elle les encourage parfois, tant la justice est douce à leur égard et tant la police se montre discrète à leur endroit.

Pour sauvegarder autant que possible la liberté des citoyens, si respectée aux États-Unis, et prévenir les abus de la prison préventive, les lois admettent des cautions en argent fournies par les accusés comme garantie de leur comparution devant les tribunaux. L'esprit de cette mesure est assurément très-libéral, mais, dans certains cas, il n'est pas sans inconvénients.

En effet, il devient souvent facile à un voleur ou à un malfaiteur quelconque dont on a accepté le cautionnement de se soustraire par la fuite au châtiment de la justice. Dans ce cas, le cautionnement perdant son véritable caractère, devient par le fait l'impunité du délit estimée par la justice et achetée par le coupable.

Il est vrai que le cautionnement n'est jamais accepté pour le crime d'assassinat ; mais ce cas excepté, le cautionnement est toujours recevable.

D'un autre côté, le barreau américain manque parfois

de la dignité qu'on serait en droit d'attendre toujours des représentants de la justice.

Nous n'en voulons citer qu'un exemple.

Dernièrement une question délicate se trouve soulevée dans un tribunal à New-York, à propos d'un procès difficile. Après les plaidoiries de l'avocat d'une des parties adverses, et les répliques du juge, l'avocat à bout d'arguments, ne trouve rien de mieux pour en finir que d'offrir au juge de parier avec lui qu'il se trompe sur la question en litige. La somme du pari était assez ronde et pouvait tenter l'interprète de la loi. Il réfléchit un instant et accepte le pari séance tenante. L'avocat se nomme M. Betts, et le juge était M. O'Conner.

Il y aurait une série de physiologies fort intéressantes à faire de toutes les espèces de fripons américains. Ces fripons ont leur physionomie particulière, leurs *trucs*, leur *faire*, qui évidemment appartiennent à une école différente de l'école européenne. On ne vole pas partout de la même façon. Nous avons nos voleurs, les Américains ont les leurs.

Les Américains ont les *rowdies*, — les *short*, — les *boys*, — les *gamblers*, — les *buglers*, — les *swindlers*, — les *loafers*, — les *blacklegs*, — les *runners*, — les *peter-funks*, etc.

J'en passe et des plus coquins.

Nous n'entreprendrons pas de décrire les prouesses de tous ces messieurs, mais il nous serait impossible de ne pas rendre ici un juste hommage au talent des *runners* et des *peter-funks*. Ces deux catégories peuvent à juste droit passer pour classiques. Nous leur devons le vol dit à l'américaine, un peu passé de mode aujourd'hui, mais

qui a eu un moment, ne l'oublions pas, les honneurs de
la vogue.

Il y a deux espèces de *runners*. Les premiers ont pour
spécialité l'exploitation des émigrants, qui la plupart dé-
barquent ne connaissant personne et ne parlant pas la
langue du pays. Avant même son débarquement, l'émigrant est souvent assiégé par des bandes de *runners*, dont
le quartier général s'étend à New-York, depuis *Greenwich
street*, jusqu'à l'entrée de la rivière de l'Est. Les *runners*,
avec une habileté digne d'un meilleur emploi, se divisent
les voles auprès des émigrants. Quand ceux-ci mettent pied
à terre, ils risquent de tomber dans des piéges de tous
genres, et sont poursuivis d'obsessions, de mensonges,
d'escroqueries de toute nature, de faux billets de banque,
de faux *tickets* (cartes d'administration) pour les chemins
de fers et les steamboats.

Les *runners* de la seconde catégorie exploitent particulièrement les maisons incendiées. Ils suivent les pompes,
et, quand ils le peuvent, les traînent avec les pompiers
jusque sur le lieu du désastre. On appelle communément
cette espèce de voleurs *runners of the fire engines* (coureurs
de pompes à incendie.)

Dans chaque *ward* de la cité, c'est-à-dire dans chaque
arrondissement, les *runners of the fire engines* se tiennent
pour ainsi dire embrigadés, l'oreille tendue, le jarret ferme,
épiant les incendies comme une proie. Sous prétexte d'é-
teindre les maisons incendiées, il s'y introduisent et y
pillent ce qu'ils peuvent y trouver de précieux.

Quand les incendies ne *donnent pas* naturellement
assez, ces excellents *runners* y suppléent en mettant

eux-mêmes le feu aux maisons. La loi punit de mort les incendiaires en Amérique, mais il est presque impossible de les atteindre. Il faut, suivant le texte de la loi, pour qu'un incendiaire soit convaincu de son crime, qu'il ait été vu par un certain nombre de témoins, mettant le feu une torche à la main.

Les *peter-funks*, qu'on désigne aussi sous le nom de *mockauctionneers* (faux encanteurs), exploitent la crédulité des passants par l'appât de marchandises au rabais. Ils vendent des montres de cuivre pour des montres d'or, et affichent toutes sortes de marchandises mensongères. Les Américains, qui sont à la fois très-rusés et très-naïfs, se laissent séduire comme les étrangers et entrent chez les faux encanteurs. Là ils sont doublement volés et par le marchand et par d'adroits filous qui dévalisent leurs poches. Si les victimes veulent réclamer, les *peter-funks* font semblant d'être insultés par les plaignants, et ils les assomment sous prétexte d'*assault and battery* du fait des volés.

Le bon ordre qui règne en Amérique n'est certes pas le résultat de l'observance rigoureuse des lois. Il serait plus exact de l'attribuer au contraire à la tolérance qui se manifeste partout. Ainsi, par exemple, la législation défend les maisons de jeu, et les *gambling houses* sont ouvertes à tout venant. Tant que cela ne fait pas scandale, la police ferme les yeux.

Les loteries non plus ne sont pas autorisées, mais on en ait sous le nom assez adroit de *gift entreprise*.

Enfin la législature d'Albany, pasionnée pour l'eau claire a dernièrement, à l'exemple de plusieurs autres Etats de l'Union, défendu la vente en détail des vins et des liqueurs;

mais cette loi, contraire au vœu de la population, n'a pas été mise cinq minutes en vigueur.

Nous avons dit, dans l'un des chapitres précédents, que l'attorney ou ministère public ne poursuivait jamais d'office les abus de confiance. Profitant de cette disposition de la loi, certaines banques aux États-Unis ont usé, pour augmenter leur bénéfice, d'un moyen très-adroit, mais fort coupable, qui n'a été dévoilé que tout dernièrement.

Les banques, dont les chartes sont délivrées pour un capital déterminé qui repose quelquefois sur la valeur très-exagérée, quand elle n'est pas complétement illusoire, de certains immeubles, après avoir escompté pour des sommes équivalentes à deux et trois fois le capital qu'elles représentent, se montrent tout à coup gênées dans leurs opérations et se laissent décréditer. Puis un beau jour elles refusent leur propre papier sans motiver ce refus.

L'alarme est aussitôt donnée par les télégraphes électriques sur toutes les places importantes de commerce, où les banques en question passent pour *brokees* (cassées). Des agents secrets achètent à trente, quarante, cinquante pour cent, quelquefois moins, les billets de ces banques de leurs détenteurs, heureux en pareil cas de ne pas tout perdre. Quand l'opération des agents est terminée, les banques qui passaient pour *brokees* se montrent très-étonnées, et font savoir par la voie des journaux que l'état de leurs finances n'a jamais été plus prospère, qu'il n'y a eu de leur part qu'une simple suspension d'affaires motivée par une raison quelconque. Elles réalisent ainsi, en quelques heures, des bénéfices considérables, sans que personne ait le droit de se plaindre. En effet, elles ne s'étaient point déclarées officiellement en faillite, et c'est tant pis pour les peureux trop pressés de convertir avec perte des valeurs excellentes.

Voici un autre cas d'abus de confiance non réprimé par les lois américaines, et qui eût certainement été puni de plusieurs années de prison en Europe.

Un négociant de New-York, jouissant d'une réputation parfaitement honorable, se présente un jour chez le propriétaire d'un grand nombre d'actions de chemins de fer dont il voulait se défaire. Le négociant offre de les acheter, et le marché se conclut. Aussitôt l'acheteur des actions signe un check sur une banque où il avait de l'argent déposé, et le remet en payement contre livraison des coupons d'actions. Sans méfiance aucune, connaissant l'honorabilité intacte jusqu'alors du négociant, le propriétaire livre les coupons, accepte le check, et donne un reçu pour la valeur totale.

Muni de ce reçu, le négociant se dirige sans perdre un instant jusqu'à la banque où il avait réellement de l'argent déposé, et le retire aussitôt.

Une heure plus tard arrive le détenteur du check pour se faire payer ; mais on lui dit que le signataire du billet venait de retirer l'argent qu'il avait à la banque, et qu'en conséquence on ne pouvait accepter ni payer ce check. La friponnerie est aussitôt découverte, et plainte est portée en escroquerie. Saisi de l'affaire le tribunal rejette le cas d'escroquerie, attendu que l'inculpé, quand il offrit le check accepté, avait véritablement en banque l'argent nécessaire au payement intégral de ce check, et le déclare innocent.

Veut-on un dernier exemple de la ruse des Américains, et de l'habileté avec laquelle ile savent mettre le bon droit de leur côté?

Un marchand, sur le point de faire faillite, va trouver son principal créancier et lui fait part de sa position désespérée.

Le créancier, un des plus riches négociants de New-York, était nonchalamment assis à son bureau, un canif à la main, avec lequel il se grattait les ongles, tout en pensant à ses affaires de la journée. Il laissa parler son débiteur sans changer de position et sans l'interrompre un instant.

— Avez-vous déjà parlé du mauvais état de vos affaires à quelqu'un? lui dit-il d'un ton tranquille, et sans paraître nullement contrarié de la fâcheuse nouvelle que venait de lui apprendre son débiteur,

— Non; il m'a semblé plus convenable de vous en faire part, à vous d'abord, qui êtes mon plus fort créancier.

— Très-bien, répliqua le créancier du même ton de voix indifférent. Et que comptez-vous faire maintenant?

— Ma position est désespérée; je ne puis tenir plus longtemps, et si mes créanciers ne m'accordent du temps, je me verrai forcé de déposer mon bilan.

— Ce serait fâcheux pour vous.

— Ce serait le désespoir, et je ne m'en consolerais jamais!

— Oh! l'on se console de tout, et surtout d'avoir fait faillite... Mais, dites-moi, combien pensez-vous pouvoir offrir à vos créanciers si vos affaires ne s'arrangent pas ?

— Dix pour cent, tout au plus.

— Combien me devez-vous ?

— Dix mille dollars.

— Ce serait donc mille dollars seulement que j'aurais à toucher pour ma part ?

— Mille dollars, pas davantage.

— Et encore, cela ne serait peut-être pas bien sûr. Si vous voulez, nous nous associerons.

— Comment dites-vous ? reprit le pauvre petit marchand, craignant de n'avoir pas bien entendu, tellement l'offre du grand capitaliste lui paraissait heureuse.

— Je dis, répéta le riche négociant qui continuait de se gratter les ongles machinalement, je dis que, si vous le voulez, nous nous associerons.

Ivre de joie, le petit marchand accepta d'enthousiasme la proposition d'un homme dont le nom seul équivalait à de l'argent comptant, et dès le lendemain l'acte d'association était passé entre eux.

Le surlendemain, quand le petit marchand entra comme d'habitude dans sa boutique, il y trouva, à sa grande surprise, son très-honorable associé installé dans un fauteuil, les jambes allongées et croisées l'une sur l'autre, et en train, comme l'avant-veille, de se gratter les ongles avec son canif.

Le petit marchand se montra on ne peut plus flatté de la visite de son impatient associé, lui donna une poignée de main à lui briser les articulations, lui sourit agréablement et parut attendre debout les ordres qu'il voudrait bien lui donner.

Il attendit ainsi quelques instants, pendant lesquels le capitaliste, continuant de se gratter les ongles avec son canif, sembla même avoir oublié la présence de son associé.

Un peu contrarié, celui-ci s'apprêtait à renouveler sa question, quand celui-là, devinant ses intentions, se leva brusquement, posa son canif sur le comptoir, et lui demanda d'un ton poli, mais bref, ce qu'il y avait pour son service.

— Mais, répondit le petit marchand extrèmement intrigué du ton singulier de son associé, je me rends comme d'habitude à mon magasin, qui est maintenant le nôtre, et comme je vous y vois, je suppose que vous avez à me consulter sur quelque affaire ; n'êtes-vous pas mon associé ?

— Je l'étais hier, mon cher monsieur, mais je ne le suis plus aujourd'hui. J'ai vendu notre magasin.

— Comment ! Et sans me consulter ?

— Sans doute. En vertu de l'acte d'association par nous signé, j'avais, vous le savez, le droit de vendre et d'acheter sans votre participation, et j'ai vendu le magasin tout entier pour la somme juste de dix mille dollars que vous me deviez, et dont voici quittance. Vous ne me devez plus rien à cette heure, et quant à vos créanciers, ils s'arrangeront avec vous comme ils pourront.

— Mais c'est une indignité, cela !

— C'est de l'adresse, mon cher monsieur, de l'adresse, et voilà tout.

— Nous plaiderons, Monsieur.

— Vous perdrez votre procès, et, de plus, vous passerez pour un maladroit en affaires, ce qui assurément dans le commerce est la pire de toutes les réputations.

L'Amérique est le pays des anomalies par excellence.

Ainsi les Américains ne sont assurément pas méchants en général, et pourtant il se commet en Amérique les crimes les plus inconcevables et les plus atroces, de sang-froid, sans haine, sans intérêt, uniquement pour l'horrible besoin de commettre des crimes et de faire du mal.

Il y a aux Etats-Unis des hommes sans nom, qui se feraient un véritable scrupule de voler un centime à qui que ce fût, et qui, *pour rire*, attaquent la nuit des hommes qu'ils ne connaissent pas, leur coupent les oreilles, leur crèvent les yeux et leur percent le cœur. Ce sont des assassins amateurs.

Une fois, ces messieurs arrêtèrent un mulâtre à Brooklin.

— Où allez-vous ainsi, vilain nègre ? lui dirent-ils.

— Je ne suis pas un nègre, mais un respectable ministre de couleur qui se rend paisiblement chez lui, auprès de sa femme et de ses enfants.

— Eh bien ! s'il en est ainsi, ta femme et tes enfants auront de la peine à te reconnaître, car tu y arriveras sans nez.

Et ils lui coupèrent le nez.

Une autre fois, presque sous mes fenêtres, dans Prince street, à New-York, un médecin qui se rendait la nuit auprès d'un malade en danger de mort, fut arrêté par quelques-uns de ces féroces *farceurs*. Il pleuvait à torrent, et, sans égard pour le dévouement de ce médecin, dont la vie en ce moment était doublement précieuse, ils le terrassèrent à coups de poing, le saignèrent au bras pour se moquer de ses fonctions de médecin, et finirent par lui couper la jugulaire.

La police, qui arrive trop souvent quand on n'a plus besoin d'elle, recueillit ce malheureux baigné dans son sang, mais muni de sa montre et de tout son argent, que les assassins avaient respecté, ne faisant de l'assassinat qu'un plaisir entièrement désintéressé.

A côté de ces crimes inconcevables, les assassinats qui ont un but de vengeance ou d'intérêt sont comparativement très-rares. Cela tient, on ne saurait en douter, à la grande liberté de mœurs et à la facilité du travail qui, en Amérique, ne permet guère la fermentation des passions violentes. Il est incomparablement plus facile à l'Américain de vivre avec quelque industrie que ce soit, plus facile de se marier et d'élever ses enfants que cela ne l'est aux populations des anciens pays civilisés. Les distinctions sociales ne viennent pas non plus, comme en Europe, blesser son amour-propre, humilier sa raison, révolter souvent sa justice en égarant son cœur.

En revanche, l'abrutissement né de la dissolution et de l'ivresse compte un grand nombre de victimes. Chez certaines natures, la précocité du crime est invraisemblable, et il n'est pour ainsi dire pas de jour, dans aucune des grandes villes de l'Union, qu'on n'arrête pour vol, batterie ou ivresse, quelques garçons de douze à quinze ans.

Durant mon séjour aux États-Unis, un enfant de six ans nommé John Caffrey a été tué dans une école de garçons de Wards' Island par deux autres enfants âgés l'un et l'autre d'environ sept ans. Un témoin, un autre jeune enfant, a raconté qu'il avait vu les deux petits meurtriers s'approcher du lit de Caffrey, couché comme eux dans le dortoir de la pension. L'un d'eux, le petit Crumley, prit un bâton et en frappa plusieurs fois Caffrey sur la tête pour l'étourdir, et ensuite sur les jambes ; après quoi ils le tirèrent du lit et le poussèrent hors du dortoir. Le pauvre enfant, horriblement battu, ayant perdu connaissance, resta étendu par terre dans le corridor jusqu'au lendemain matin.

Alors seulement des femmes de la maison le trouvèrent la tête fendue et ayant cessé de vivre.

Le jury d'enquête, après avoir entendu le rapport du médecin de Wards' Island, prononça le verdict suivant :
« Le défunt John Caffrey est mort de convulsions : ces » convulsions ont été amenées par le traitement cruel que » les deux garçons nommés James Crumley et Charles » Collons ont fait souffrir à Caffrey. »

Je connaissais à New-York un policeman (sergent de ville) à qui j'avais eu occasion d'être utile. Un jour, ce policeman vint me trouver.

— Aimez-vous à voir pendre ? me dit-il.

— Comment pendre ! pendre quoi ?

— Pendre des hommes, parbleu !

— J'avoue, cher monsieur, que je n'ai pas pour ce genre de spectacle un goût bien vif ; je trouve que, comme la tragédie, la pendaison manque de gaieté.

— C'est fâcheux, me dit le policeman d'un air convaincu ; c'est même très-fâcheux.

— Et pourquoi donc est-il si fâcheux que je n'aime pas à voir pendre ?

— Oh ! parce que les exécutions sont rares à New-York, et que demain, par extraordinaire, on pend deux hommes à la fois dans la prison des Tombes, où j'aurais pu vous introduire par faveur ; mais puisque vous n'aimez pas à voir pendre, c'est différent ; je croyais vous faire plaisir. N'en parlons plus.

— Eh bien ! ne fût-ce que pour répondre à votre gracieuse invitation, je ferai un effort sur moi-même et je vous accompagnerai.

— Très-bien. Vous savez sans doute le nom des condamnés?

— Non ; qui sont-ils?

— Un catholique et un protestant : Saül et Howlett, convaincus d'avoir assassiné le garde de navire Baxter.

Je pris rendez-vous avec mon complaisant policeman, et nous allâmes le lendemain, à l'heure de l'exécution, à la prison des Tombes.

De forts détachements de police s'efforçaient à grand'-peine d'en garder les portes. Toutes les croisées et tous les toits des maisons environnantes étaient envahis par une foule avide de fortes émotions. De là, en effet, on pouvait tant bien que mal apercevoir ce qui se passait dans l'intérieur de la prison. On cite un homme qui, ayant vainement essayé de prendre place à une croisée d'où on pouvait voir l'exécution, commit ostensiblement un vol pour se faire incarcérer, et pouvoir ainsi être témoin de l'horrible spectacle qui se préparait. On estimait à douze ou quinze mille personnes la foule des curieux qui en-combraient les Tombes.

Dans l'intérieur de la prison, trois cents personnes environ avaient été admises comme moi par *faveur*.

A midi précis, les deux condamnés sortirent de leur cellule, assistés, l'un de deux prêtres catholiques, l'autre d'un ministre protestant.

Tous deux étaient pâles et abattus, mais assez calmes pourtant. Saül, ayant aperçu un de ses amis juché sur un toit, s'efforça de lui sourire en lui criant : « Mauvaise affaire ! » On leur ajusta la corde autour du cou, et, après que les dernières cérémonies de la religion et que les dernières formalités de la justice eurent été accomplies, on coiffa ces malheureux d'un bonnet noir, dont on leur couvrit le visage. Un instant après, les deux hommes se trouvèrent suspendus en se balançant légèrement. Howlett, dont la colonne vertébrale avait été brisée par la secousse, ne fit aucun mouvement. Il n'en fut pas de même de Saül, qui s'agita deux ou trois minutes dans d'horribles convulsions.

Une demi-heure après, les cadavres furent descendus, et le jury du shérif s'assembla, comme il est d'usage, pour constater la mort.

— Eh bien ! me dit mon ami le policeman en me donnant une tape sur le dos, cela vous a-t-il fait plaisir ?

— Pas trop.

— Pourquoi donc ? est-ce que vous ne vous êtes pas trouvé bien placé ?

— Trop bien, au contraire ; mais décidément je n'aime pas la pendaison.

— Ça se comprend ; vous êtes Français, et, comme tel, habitué à la guillotine, que vous préférez naturellement à la corde : quand on est habitué à une chose, c'est le diable pour s'en déshabituer. Mais il ne faut pas être exclusif, et quand vous aurez vu pendre plusieurs fois encore, vous rendrez justice, je l'espère, à la pendaison, qui, à côté de la guillotine, a bien aussi son mérite.

J'essayai de sourire aux lugubres encouragements de mon ami le policeman, et je me hâtai d'aller respirer le grand air, dont j'avais le plus grand besoin.

Puisque nous sommes dans les sombres histoires, racontons encore d'après les journaux américains, l'exécution d'un homme jugé, condamné et exécuté, en vertu de la loi de Lynch, c'est-à-dire par le peuple tout entier. Pour peu que cela continue, ils n'y aura plus besoin de cours de justice en Amérique : l'ubiquiste juge Lynch se chargera de leur besogne.

L'exemple donné par San-Francisco a trouvé des imitateurs dans plusieurs États de l'Union, notamment dans le Missouri, où le peuple se fait juge et bourreau.

Un jour une vingtaine d'enfants qui fréquentaient une école de village, dans le Missouri, se trouvèrent empoisonnés ainsi que leur maître.

On fit des recherches, et l'on découvrit que l'on avait introduit du poison dans une fontaine qui fournissait de l'eau à l'école.

Un nommé James Ray, dont la réputation était des

plus mauvaises, fut accusé de ce crime par la voix publique.

Il avait eu pour mobile, disait-on, de se venger de plusieurs des parents de ces pauvres enfants, qui, dans un procès civil, avaient déclaré qu'ils n'ajouteraient foi à aucune déposition que pourrait faire ce Ray, fût-ce même sous le sceau du serment. On ajoutait que, quelques jours avant l'empoisonnement des eaux de la fontaine, il avait retiré ses enfants de l'école, prétendant avoir besoin de leurs services.

Ray fut arrêté, et l'on procéda sur-le-champ à son jugement d'après le code de Lynch.

Un messager à cheval parcourut à grande vitesse les villages environnant, annonçant que James Ray serait pendu le même jour devant l'école.

Vers onze heures, il se forma un rassemblement de fermiers accompagnés de leurs fils, en tout une centaine environ. On apercevait, à travers une fenêtre de l'école, deux prédicateurs baptistes, priant et chantant, en compagnie d'un homme de haute taille, aux formes athlétiques, dont les bras étaient liés : c'était l'accusé.

Au bout de quelques minutes, la foule s'éloigna et se réunit autour d'un homme placé sur une hauteur, et qui évidemment se préparait à parler à l'assemblée.

On reconnut en lui un certain Thomas Greer, qui avait prêché plus d'une fois dans une église de baptistes.

On pouvait supposer qu'il allait se servir de l'influence que lui donnait le caractère sacré dont il était revêtu pour apaiser les passions de la foule et pour l'exhorter au respect des lois. Il n'y songeait guère le digne homme.

—Messieurs et *covictiones*, s'écria-t-il, que tous ceux qu'a atteints dans leurs familles le crime commis se détachent de l'assemblée et se groupent autour de moi. Je marquerai d'une croix noire le nom de ceux qui n'obéiront pas. Quant aux autres spectateurs, qu'ils s'éloignent, je ne veux pas de leur concours.

Quinze individus obéirent à cette sommation. Il continua ainsi :

— Hommes, convient-il de rendre la liberté à ce misérable? Que ceux qui sont de cet avis lèvent la main.

Pas une main ne se leva.

— Alors, Messieurs, reprit-il, que ceux qui sont d'avis de le pendre disent oui.

— Oui, oui, oui ! crièrent successivement chacun de ces quinze nouveaux francs-juges, juges et partie à la fois.

Greer annonça à la foule, qui se composait alors de 250 personnes, que le condamné serait pendu dans une heure.

Tous les regards se tournèrent vers ce malheureux, afin de voir quel effet produisait sur lui cet arrêt de mort. Mais il s'y attendait sans doute, car son calme ne se démentit pas.

Il employa cette heure à conférer avec un ministre de l'Evangile et à se préparer à la mort. Pendant ce temps, il ne regarda pas plus de deux fois à l'horloge.

Lorsqu'on lui eut annoncé que le moment était venu, il s'approcha de son cheval d'un pas ferme, le monta, et se dirigea, escorté de ses quinze juges, vers la potence, ou plutôt vers un vieux chêne, à une branche duquel on avait fixé une corde. La distance était d'environ 700 mètres. Il descendit de cheval et monta sur un banc élevé, placé sous la corde fatale ; puis il demanda qu'on fît la lecture de sa confession.

Greer obtempéra à ce désir ; mais cette confession n'était qu'une déclaration diffuse de son innocence, accompagnée d'une espèce d'autobiographie.

Quand la lecture fut terminée, il demanda combien de temps on lui donnait pour prononcer un discours.

— Trente minutes, lui répondit-on.

C'était un homme tout à fait illettré ; mais il s'exprima avec fermeté, et sans qu'on pût surprendre le moindre tremblement dans sa voix. Voici ses paroles :

— Messieurs et honorables citoyens du comté de Morgan, je suis au moment de mourir innocent ; mais je mourrai en brave. Je ne verserai pas une larme devant vous. Je suis innocent : le Tout-Puissant le sait. Je laisse une excellente femme et quatre jeunes filles. Il faut que je les quitte, ces pauvres chéries ; mais je n'ai pas de honte de mourir. J'espère que mes concitoyens prendront soin de ma famille.

Il continua ainsi quelque temps, jusqu'à ce qu'on l'avertit que les trente minutes étaient écoulées. Il en demanda dix autres, qu'on lui accorda également. Il en profita pour faire le tour du cercle, serrant la main aux uns, embrassant les autres, et pardonnant à tous. Puis il remonta sur le banc et ajusta lui-même la corde autour de son cou, en demandant qu'on allongeât un peu cette corde.

— J'ai vu de ces sortes de choses, dit-il ; et si vous ne me donnez pas plus de corde, je resterai pendu cinq minutes avant de mourir.

On lui répondit que la corde était assez longue.

— Messieurs, reprit-il, encore quelques secondes et je ne serai plus. Je suis innocent ; prenez soin de ma famille !...

En disant ces mots il se précipita dans l'espace ; mais au bout d'une demi-minute, on s'aperçut que sa prévision allait se vérifier et qu'il souffrait longtemps. On le releva, on allongea la corde, on ajusta mieux le nœud coulant ; puis, comme disent les Anglais, on le lança dans l'éternité. Il mourut presque aussitôt.

Cette scène avait été horrible. Ajoutons toutefois que le crime de Ray n'est l'objet d'un doute pour personne. Son courage et son sang-froid étaient dignes d'une meilleure cause.

XX.

PHYSIONOMIE GÉNÉRALE DES ÉTATS DU SUD.

Les États du Sud présentent, en général, sous le rapport des usages et des mœurs, une physionomie très-différente de celle des États du Nord.

Il y a plusieurs raisons pour que cette différence existe.

Premièrement, une grande portion des pays qui forment aujourd'hui les États du Sud ont été, dans le principe, comme tout le monde sait, des colonies espagnoles ou françaises. Or, les mœurs des Français et des Espagnols diffèrent essentiellement des mœurs des Anglais, qui ont nécessairement imprimé le cachet de leur civilisation à toutes les parties nord qu'ils ont colonisées.

Deuxièmement, il résulte du maintien de l'esclavage dans ces contrées certaines habitudes inhérentes à tous les pays à esclaves, et qu'on remarque dans l'île de Cuba aussi bien qu'au Brésil et dans le sud de l'Union.

Troisièmement enfin, il y a entre le sud et le nord la différence si grande du climat, dont on ne saurait méconnaître l'influence morale, et qui commande des coutumes diverses.

On peut diviser en trois races parfaitement caractérisées les hommes qui peuplent aujourd'hui le vaste territoire de la république américaine.

Ces trois races sont : le *Westman* (l'homme de l'Ouest), le Yankee proprement dit, et le Virginien, ou l'homme du Sud.

Chacune de ces trois races a son esprit particulier, sa manière d'être que tendent à conserver les lois propres à régir chaque État, entièrement indépendant, comme on sait, du gouvernement général de l'Union.

Le *Westman* a des façons peu engageantes au premier abord. Il est rude, indépendant quelquefois jusqu'à l'incivilité. Mais aussi il est franc, généreux, désintéressé, éminemment hospitalier.

Sa manière d'être est la conséquence logique de son éducation première et du milieu dans lequel il se trouve encore aujourd'hui. C'est dans l'Ouest que se sont toujours rassemblés en plus grand nombre les déshérités de toute la terre qui sont venus demander à l'Amérique le pain et la liberté, cette double nourriture du corps et de l'âme. Mais, pour conquérir ces biens précieux, il a fallu lutter et l'emporter sur une nature heureuse et fertile sans doute, mais sauvage d'abord, et rebelle aux travaux de l'agriculture.

Les premiers travaux accomplis sur cette terre nouvelle par les hardis colons qui la peuplèrent sont une des belles pages de l'histoire de la civilisation moderne. Ils sont la preuve de la force et du courage que l'homme puise dans la liberté.

Les colons de l'Ouest avaient tout à faire pour leur installation et leur bien-être dans la patrie de leur adoption. Ils avaient à se frayer des routes à travers des forêts séculaires presque impénétrables, à défricher ces forêts, à en cultiver les terrains, à bâtir des villes ; ils avaient, ce qui n'était pas le moins pénible, à repousser les Indiens, qui soutenaient vaillamment leur droit de possession et n'abandonnaient que pied à pied le pays aimé de leurs ancêtres.

Toujours en butte aux attaques des Sauvages et les attaquant eux-mêmes pour agrandir leur territoire, les habitants de l'Ouest formèrent comme une société à part de soldats laboureurs. Constamment armés, ils allaient partout, et jusqu'à l'église, le mousquet sur l'épaule, le pistolet au poing, le poignard à la ceinture. Véritables enfants de la nature, ils n'avaient pour se guider que les lois innées de la conscience et les raisons de l'intérêt.

Là, chacun se faisait justice soi-même, ce qui est assurément toujours un tort; mais aussi chacun se montrait envers les autres tolérant et serviable. L'égoïsme et l'intolérance abandonnent les hommes dans les entreprises périlleuses où le bien de chacun dépend de la réussite de tous. Ils deviennent alors compatissants et bons. C'est peut-être encore de l'égoïsme au fond. Mais il ne faut jamais trop sonder le cœur des hommes quand on veut y trouver le bien ; il faut savoir se contenter de la forme et de la superficie des bonnes qualités.

Pour donner une idée de la rudesse de manières des habitants de l'Ouest, on les a surnommés *half horse, half alligator*, c'est-à-dire moitié cheval, moitié crocodile.

Le *Westman* est en général peu soigneux de sa personne. Les habits les plus commodes et les plus résistants sont ceux qu'il préfère. Contrairement au *Yankee*, il dédaigne l'habit noir et s'habille, comme les fermiers, de draps épais. Il porte de grosses bottes à solides semelles, et à la manière dont il attache à son cou le ruban qui lui sert de cravate, il est évident qu'il n'a jamais lu l'*Art de mettre sa cravate*, par l'auteur des *Souvenirs intimes du temps de l'Empire*, M. Emile Marco de Saint-Hilaire. Il va partout le chapeau jeté en arrière et le conserve sur sa tête des journées entières chez lui. Jamais il ne l'ôte pour saluer personne.

L'homme de l'Ouest est passionné pour le tabac, mais il ne le prise jamais; il fume toujours, à moins qu'il ne chique. Quelquefois il chique et il fume en même temps.

Si vous fumez en passant dans la rue et que son cigare soit éteint, l'homme de l'Ouest vous arrêtera sans façon, non pas pour vous demander la permission d'allumer son cigare, mais pour vous prendre le cigare de la bouche et se servir de votre feu sans plus de cérémonie. L'affaire terminée, il vous rend votre cigare sans vous regarder et sans vous remercier, et continue son chemin. Mais il ne serait pas du tout hors de ses habitudes que, jugeant son tabac meilleur que le vôtre, il ne jetât votre cigare et vous offrît trois ou quatre des siens, et cela, le plus naturellement du monde et sans exiger de vous aucun remercîment.

Le *Yankee* forme avec le *Westman* un contraste frappant. Il a conservé de ses ascendants un certain vernis d'aristocratie et la rigidité des mœurs puritaines.

Chassés de la Grande-Bretagne par les persécutions de Jacques Ier, les puritains abandonnèrent leur patrie pour venir en Amérique jouir de la liberté de conscience. Pour prouver qu'ils n'étaient pas des brigands, comme on voulait le faire croire, ils soumirent leur vie privée aussi bien que leur vie publique aux règles les plus sévères. Ils exagérèrent même parfois l'austérité de tous les principes au point de tomber dans le ridicule. La nouvelle Angleterre ne fut guère dans les premiers temps qu'une sorte de monastère intolérable.

Les membres de cette société prirent, avec la dissimulation et la méfiance de caractère, un esprit guindé, froid, réfléchi, calculateur, sans spontanéité. Tels ils étaient et tels ils sont réstés à peu de chose près, malgré le contact qu'ils n'ont cessé d'avoir avec un grand nombre d'étrangers. Ce n'est point à dire qu'ils soient absolument sans qualités, loin de là, mais ils font le bien parce qu'il est utile, convenable, adroit même de le faire, et ils cèdent rarement à un entraînement généreux. Ces hommes sont des chiffres; ils en ont la régularité, la logique, mais aussi toute la sécheresse. Leurs actions, leurs sentiments, leur vie tout entière sont soumis au calcul des quatre règles : additionner, multiplier, diviser et soustraire.

Les Yankees ont à juste titre la réputation d'être les plus habiles négociants de l'Amérique, et peut-être sont-ils les meilleurs négociants du monde entier. Ils passent pour être d'excellents marins, pour être des mécaniciens ingénieux, et, comme spéculateurs, leur hardiesse tient de la témérité. Ce sont eux pour la plupart qui, en Amérique, ont ouvert les communications à travers des fleuves aussi larges que des mers, qui ont établi des comptoirs partout, formé des compagnies pour toutes sortes d'exploitations, fondé des fabriques et posé les rails qui serpentent sur le vaste sol de l'Union.

Mais, malgré tout ce que l'Amérique doit au génie industriel et extraordinairement actif des Yankees, toujours sur la brèche de la spéculation, leur caractère froid, sans enthousiasme aucun, les a jusqu'à présent tenus éloignés de l'arène politique. Aussi est-ce une chose notable que, dans la liste déjà longue des présidents des Etats-Unis, on ne voie figurer que les noms de deux Yankees, MM. John Adams, et son fils, Quincy Adams. Et encore faut-il remarquer que ces messieurs n'ont fait chacun qu'un seul terme de quatre ans, tandis que la grande majorité des autres présidents ont été réélus, comme l'autorise la constitution. C'est là assurément une preuve incontestable du peu de popularité dont jouissent les Yankees comme hommes politiques. Ils se sont, du reste, montrés jusqu'ici ennemis des tentatives de progrès. Cela peut être de la sagesse chez eux, qui jouissent de la plus libérale des constitutions, mais certains Américains attribuent cet esprit conservateur aux idées monarchiques, qui ne seraient pas encore entièrement éteintes dans leur esprit.

Toujours austère, du moins en apparence, le Yankee s'abstient avec un soin affecté de tout plaisir public. Il ne va pas au spectacle ou il y va très-peu. Pour cacher les apparences et déguiser la chose sous le nom, d'adroits spéculateurs (des Yankees, sans doute) ont ouvert des salles de spectacle sous le nom de *musées* et à l'usage des puritains. Ces messieurs font semblant d'aller examiner quelques vieux animaux empaillés exposés à côté de la salle de spectacle, et ils profitent avec adresse d'un moment favorable pour se soustraire aux serpents et aux crocodiles, et aller jouir incognito du plaisir de la comédie.

Il y a des spectacles-musées à Boston, à New-York et dans quelques autres villes importantes de l'Amérique du Nord où se trouvent en grand nombre des Yankees puritains.

Le Yankee refuse de se mêler publiquement à tous les jeux. La seule exception qu'il fasse, peut-être, est en faveur du jeu de quilles. Oh ! par exemple, en ce qui touche le jeu de quilles, rien ne saurait l'empêcher d'en goûter les charmes. Ce n'est pas un simple plaisir chez lui, c'est une passion véritable. Les Yankees jouent avec des boules énormes, grosses comme des bombes, et qu'ils font rouler à une grande distance. Dans les campagnes, sur les routes, dans les jardins, dans les hôtels, partout on joue aux quilles.

De nombreux accidents sont arrivés par le fait de joueurs maladroits qui abattaient les jambes d'innocents spectateurs, croyant atteindre les quilles. Cette méprise devait doublement vexer les propriétaires des jambes maltraitées. Aussi une ordonnance de police a-t-elle, à certaine époque, défendu ce jeu dangereux qu'on désignait le plus souvent par le *jeu des Neuf*, à cause des neuf quilles dont il se composait. Les Yankees, inconsolables de cet arrêté sévère, n'ont pas tardé à trouver un excellent moyen d'éluder la loi. Ils ont supprimé une quille du jeu, qui devenait par le fait un nouveau jeu, le *jeu des Huit*, exempt de toute interdiction. Il y a du jésuite casuiste parfois chez le Yankee, qui pourtant déteste le jésuite.

Les Yankees, grands buveurs d'eau, sont aussi les plus fidèles observateurs du repos dominical. Ils croiraient manquer aux devoirs les plus sacrés s'ils ne bâillaient sur leur Bible toute la journée du dimanche. Ce sont eux qui ont institué partout, aux États-Unis, les *bible-houses*, où l'on distribue gratis des Bibles à tous ceux qui en font la demande.

Pour donner une idée du caractère très-peu folâtre des Yankees pur sang, nous rappellerons ce fait caractéristique :

M. Quincy Adams, président de la république et Yan-

kee, comme nous l'avons dit plus haut, ébloui sans doute
par le faste des grandeurs, eut un moment de vertige qui
égara son cœur. Il fit un pas funeste dans la voie péril-
leuse des plaisirs mondains. En sybarite corrompu et
amolli, il fit placer dans une des salles de la maison
blanche... le dirai-je? il fit placer un billard. Les puritains, ses compatriotes, vivement alarmés d'un pareil dé-
bordement, crurent de leur devoir d'infliger un blâme
officiel au président assez voluptueux pour se permettre
des carambolages.

Le Virginien, autrement dit l'homme du Sud, est très-
certainement de tous les Américains le plus sympathique.

Il a toutes les qualités extérieures et beaucoup des
qualités foncières qui manquent au Yankee. Dans bien
des cas il est l'antipode de ce dernier. Ainsi le Yankee est
actif jusqu'à l'excès; le Virginien se complaît dans le
doux *far niente*. Le Yankee est sobre de ses paroles et
avare de ses écus ; le Virginien est causeur et dépensier
jusqu'à la prodigalité. Le Yankee est toujours propre dans
sa mise, quoique très-souvent râpé ; le Virginien n'est
pas toujours propre, mais il aime les bijoux et les beaux
habits. Le Yankee n'est que rusé, le Virginien est spirituel. Le Yankee se montre l'ennemi de tous les plaisirs,
comme nous venons de le dire ; le Virginien ne vit que
pour les fêtes, le spectacle, le jeu et la galanterie. Le
Yankee habite des maisons rangées comme les chiffres
d'un dividende et silencieuses comme des tombeaux ; la
maison du Virginien est le plus souvent en désordre, et
il s'y fait toujours plus ou moins de bruit.

Si l'homme de l'Ouest avait plus d'urbanité, plus de raffinement dans les manières ; s'il était plus soigneux de sa personne, si, en un mot, il ne cachait pas sous une enveloppe grossière les excellentes qualités morales qui le distinguent, il serait, je crois, l'Américain par excellence. Nul plus que lui n'a le sentiment de sa propre dignité et d'estime pour les autres hommes. Il aime l'égalité parce qu'il est juste et bon. Mais ses façons d'agir sont encore trop peu policées pour laisser apercevoir ses mérites, qu'il faut en quelque sorte deviner.

Le Virginien l'emporte sur les autres Américains par la plus précieuse des qualités : par l'enthousiasme. L'enthousiasme est le foyer sacré qui fait naître et réchauffe tous les beaux sentiments chez l'homme ; sans enthousiasme, il n'y a ni grands talents ni grandes vertus. Aussi voyons-nous l'enthousiaste Virginie fournir un grand nombre d'hommes illustres par leur talents et leur vertu politique. Il suffit de citer Washington, Jefferson, Monroe, Madison, Patrick Henry, Lee, Caw, etc.

Malheureusement une plaie toujours vive et saignante dégrade les Etats du Sud, si riches et si fertiles.

On a deviné que nous voulons parler de l'esclavage.

Tout a été dit sur ce droit criminel d'un homme qui dispose à son gré de la vie, des biens, de la liberté de son semblable ; d'un droit qui s'étend jusqu'aux enfants de l'esclave, jusqu'à ses petits-enfants, jusqu'à ses descendants à perpétuité. Cela est monstrueux ; cela répugne à tous les sentiments avouables ; cela est contraire à la justice, à la raison, à la religion. La cupidité seule voudrait justifier l'esclavage parce que la cupidité est un vice odieux à qui ne répugne aucun moyen ; mais la cupidité ne saurait longtemps triompher des plus nobles sentiments et particulièrement de l'amour sacré de l'humanité, qui est dans le cœur de tous les hommes. L'esclavage, la plus dégradante expression du pouvoir absolu, disparaîtra bientôt complément de la terre, on n'en saurait douter.

L'abolition de l'esclavage aux États-Unis est l'aspiration généreuse de toutes les personnes équitables qui ne voient pas sans une sorte de stupéfaction des esclaves sur la terre du progrès et de la liberté par excellence. Je sais qu'il y a de grands obstacles à la réalisation de l'affranchissement des noirs. Mais de tous ces obtacles, le plus grand est assurément l'intérêt des possesseurs d'esclaves, qui se trouveraient dépouillés d'une partie de leur fortune par l'affranchissement des nègres.

Déjà, l'on s'en souvient, plusieurs tentatives de révolte ont mis en danger la vie des blancs dans les États du Sud. La fameuse conspiration de 1820, dont le but était le massacre de tous les propriétaires d'esclaves, n'échoua, comme on sait, que par la dénonciation d'un des conspirateurs mêmes, qui, épouvanté des conséquences immédiates du soulèvement, avoua tout à son maître.

Depuis cette époque, et tout dernièrement encore, on a découvert de nouveaux complots sur le point de se réaliser.

Malgré ces terribles avertissements, les habitants du Sud continuent à vivre dans une apparente sécurité, et ne songent nullement à prendre des mesures pour l'extinction de l'esclavage.

Quant au gouvernement de la république, il n'a ni le

droit ni la volonté de se mêler de cette question, particulière à certains États. Dans son discours d'inauguration, le président des Etats-Unis, M. Pierce, a proclamé hautement les droits du Sud à ce sujet.

« Je crois, a-t-il dit, que l'institution *involontaire* de la
» servitude telle qu'elle existe dans différents États de
» cette confédération est reconnue par la constitution. Je
» crois qu'elle est, au même titre que tout autre droit,
» garantie par la constitution, et que les États où elle
» existe ont le droit de prendre les moyens de maintenir
» les mesures constitutionnelles. Je soutiens que les lois
» de 1850, appelées communément le compromis, sont
» constitutionnelles et doivent être sans hésitation exé-
» cutées.

» Je crois que les autorités constituées de cette répu-
» blique sont tenues de considérer les droits du Sud à
» cet égard comme elles considéreraient tout autre droit
» légal et constitutionnel ; que les lois pour soutenir ces
» droits doivent être respectées et obéies, *non pas avec*
» *une répugnance encouragée par d'abstraites théories*
» *quant à leur convenance dans un autre état de société,*
» *mais vigoureusement et selon les décisions des tribu-*
» *naux auxquels il appartient d'en connaître.* »

Comme chef de l'Etat, comme gardien fidèle de la constitution qu'il a juré de faire respecter, le dernier président de la république des Etats-Unis a pu tenir ce langage ; mais si le droit est en faveur de l'esclavage dans le Sud, la raison et le sentiment universel se prononcent contre lui.

Maintenant il est du devoir de notre impartialité de faire connaître la véritable situation des nègres esclaves.

On a beaucoup exagéré la cruauté des maîtres envers les esclaves. De plus, on a prêté complaisamment à ceux-ci des sentiments élevés qu'ils n'ont guère pour la plupart. Les écrits des négrophiles sont assurément fort louables dans leur but, mais il y a toujours un tort à exagérer les droits d'une bonne cause.

Disons-le en l'honneur du progrès de la civilisation, le temps n'est plus où les blancs avaient droit de vie et de mort sur les nègres, et les frappaient pour le plaisir de les voir souffrir. Ces époques barbares sont passées, et nous pouvons assurer que, sauf de très-rares exceptions, les noirs sont traités avec douceur. Dans tous les cas les maîtres sont responsables devant les tribunaux des châtiments excessifs qu'ils pourraient infliger à leurs esclaves.

Les noirs, dans tout le sud des Etats-Unis, jouissent d'un certain comfortable relatif. Ils sont bien nourris, suffisamment vêtus, suivant la saison, et ils travaillent certainement moins que la grande majorité des ouvriers, des commis, des employés de toutes sortes, des artistes et des écrivains qui demandent l'existence à leur labeur.

Examinons d'abord la vie des nègres sur le sort desquels on s'apitoie le plus généralement. Ces nègres sont les planteurs, qui, dans les habitations, cultivent le café, le coton, le riz et la canne à sucre.

Dans presque tout le sud des Etats-Unis, les nègres travaillent à la tâche, ce qui permet aux hommes actifs d'avoir du temps à eux.

Cette tâche est calculée suivant la force, l'âge, le sexe

de chacun, et basée sur une moyenne de huit heures de travail par jour.

Avant l'âge de dix ans, les nègres esclaves, plus heureux que les enfants du même âge dans nos manufactures et que presque tous les apprentis, ne sont soumis à aucun travail rigoureux et constant. On leur fait faire des commissions parfois, mais on ne les charge jamais de fardeaux trop lourds pour leurs forces. Ils passent tout le temps à courir dans les champs, à chasser ou à pêcher; ou bien ils restent à la maison pour surveiller, en l'absence de leur mère, les enfants plus jeunes qu'eux.

Les nègres, dans les plantations, jouissent de ce qu'on appelle le samedi du nègre, c'est-à-dire qu'ils ne font ce jour-là qu'une demi-journée de travail. Quant au dimanche, il leur appartient tout entier sans aucune restriction. On ne les force point à assister aux offices religieux, et beaucoup même partent le samedi soir pour aller en steamboat à quinze et vingt lieues à la ronde passer la journée chez des amis, esclaves comme eux, et qui les reçoivent et les traitent chez leur maître.

Les nègres sont, du reste, rarement sans argent. Pour peu qu'ils ne se montrent pas trop paresseux, ils ont dans leur esclavage le temps d'en gagner. Il est très-positif qu'un noir qui aurait l'ardent désir de se libérer trouverait en peu d'années, à l'aide de son travail et avec les protections des sociétés d'abolitionistes, les moyens de se racheter. Disons, pour être juste, qu'un nègre qui se rachète est ordinairement vendu par son maître un tiers en moins que sa valeur d'estimation.

Les propriétaires d'esclaves dans les plantations ne

refusent jamais d'accorder à ceux-ci un certain espace de terrain que l'esclave a le droit de cultiver pour son compte, la tâche imposée par le maître une fois remplie. Dans ce terrain, le nègre cultive des légumes, il élève de la volaille, engraisse des porcs, et souvent même il nourrit une vache. Ces légumes, cette volaille, ces porcs et le lait de la vache sont presque toujours vendus au propriétaire même de l'habitation, qui paye généreusement ces produits.

La nourriture des noirs, dans toutes les plantations, n'est certainement pas inférieure à celle du plus grand nombre de nos ouvriers et petits fonctionnaires d'Europe. Je la trouve préférable à celle des marins subalternes à bord de presque tous les navires. La nourriture de l'esclave consiste, pour chaque individu, en une mesure quotidienne de maïs ou de riz, en une ration copieuse de mélasse, en légume frais auxquels on ajoute, soit un morceau de jambon, soit un morceau de corn-beef, soit une portion de poisson salé ; enfin, pour dessert, ils cueillent eux-mêmes les fruits délicieux que le Sud donne en si grande abondance, sans compter le café, qu'ils aiment beaucoup, et dont ils boivent à discrétion.

Si le noir tombe malade, il est traité avec un soin qu'on serait injuste de n'attribuer qu'à l'intérêt du maître. Chaque habitation a son infirmerie munie d'une pharmacie suffisante. Rien n'est refusé pour le rétablissement de la santé des esclaves, ni les soins particuliers, ni les médicaments, ni la bonne nourriture dans le moment de leur convalescence.

Le séjour de l'infirmerie est pour le nègre, si essentiel-

lement paresseux en général, un véritable lieu de délices.
Être couché et ne rien faire sont pour lui le suprême
honheur, avec le plaisir de danser et de faire de la musique. On cite des noirs qui ont simulé des maux de dents
et se sont bravement fait arracher les molaires les plus
saines pour jouir à l'infirmerie du repos accordé en pareil
cas (un jour de congé!). D'autres mangent de la terre ou
des herbes malfaisantes, et se donnent ainsi la fièvre pour
avoir le droit de ne rien faire tant que dure l'indisposition.

Les nègres des habitations, si peu vêtus dans l'exercice
de leur travail, font le dimanche une toilette complète.
Rien de plus drolatique que les nègres et les négresses
dans ce qu'ils appellent leurs beaux atours. On se croirait
en les voyant, à la descente de la Courtille un jour de
mardi gras à Paris. N'importe, ils se trouvent beaux
comme cela. Avec des chapeaux de Robert-Macaire, des
habits d'étoffe de coton taillés en queue de morue, des
pantalons et des gilets indescriptibles, les hommes esclaves portent souvent des montres auxquelles sont atta-
chées d'énormes breloques qui leur pendent jusqu'à mi-
cuisse. Quant aux négresses, leur toilette est des plus dis-
parates, et elles se couvrent tellement de faux bijoux et de
toutes sortes de verroteries qu'on les prendrait pour des
fonds de boutiques ambulantes. Ainsi rayonnantes, elles
subjuguent le cœur de leurs *beaux*. Demandez au crapaud,
a dit Voltaire, ce que c'est que la beauté, il vous répondra
que c'est sa *crapaude*.

Au reste, le cœur des noirs est très-prompt à s'enflammer, mais il se désenflamme avec la même facilité. Les

noirs, dans les habitations, se marient, se démarient et se remarient le plus aisément du monde. On leur laisse à cet égard la plus grande liberté. C'est assurément un tort, et un tort des plus graves. Dans quelques habitations, le mariage des noirs n'existe pour ainsi dire pas, et fait place à la promiscuité la plus dégradante. Quelques propriétaires d'esclaves se montrent plus moraux et font bénir l'union des noirs; mais il est toujours facile à ceux-ci d'obtenir leur séparation pour contracter de nouvelles unions. Avant tout, d'après les propriétaires d'esclaves, il est urgent que les noirs vivent entre eux en bonne intelligence, et que les arbres ne soient pas stériles, ainsi que le recommandent les saintes Écritures.

Comme on le voit, le noir est quelquefois abaissé au niveau de la brute par la coupable sordidité du maître.

Après le travail de la journée, mais surtout le samedi soir et le dimanche, les noirs se livrent, à la campagne, aux plaisirs de la musique et de la danse.

La sensibilité des nègres pour la musique est extrême. Sous le charme du son des instruments, ils oublient toutes leurs misères et semblent s'oublier eux-mêmes. Dans les villes, quand une bande de musique défile dans les rues, on ne voit que nègres escortant les musiciens avec les démonstrations de la joie la plus vive. Il arrive quelquefois qu'ils font des commissions pressées ou se rendent au travail quand ils rencontrent les bandes de musique; ils les suivent néanmoins. La peur même des coups de fouet ne les arrête pas dans ce cas. La musique est pour eux un aimant irrésistible. On a vu des noirs, certains d'être battus en rentrant chez leur maître, perdre des

journées entières à écouter de la musique. Les noirs sont
du reste très-aptes à devenir d'excellents musiciens. A la
Havane, à Rio-de-Janeiro, l'on remarque d'excellents orchestres entièrement formés de musiciens noirs et mulâ-
tres. Les Havanais chantent une romance composée, paroles et musique, par un esclave noir qui s'est suicidé par
amour pour sa jeune maîtresse. Il y a dans cette œuvre
naïve une élévation de sentiment, une douleur si profonde,
un amour si tendre et si respectueux, qu'en l'écoutant il
est impossible de retenir ses larmes. L'homme se fait chien
pour se prosterner plus humblement, et mourir aux pieds
de sa maîtresse après lui avoir dit : « Je t'aime ! »

La musique des nègres, si dédaignée, si ridiculisée par
les blancs en Amérique, n'est pourtant pas sans poésie et
sans charme. Basées sur des rhythmes d'une originalité
entraînante, les mélodies qui la composent sont l'heureuse
expression d'une inspiration sauvage mais sympathique et
pleine d'une douce mélancolie. L'instrument favori des
esclaves du sud des Etats-Unis est une sorte de guitare
qu'on appelle *banjo*. Le son du *banjo* est grave, doux et
triste, et on ne peut mieux approprié à la musique des
noirs. Notre ami Gottschalk vient de publier sous le titre
de *Banjo* un morceau de piano que nous avons eu le plaisir de l'entendre exécuter plusieurs fois en Amérique, et
qui fera mieux comprendre ce genre de musique que tout
ce que nous pourrions en dire ici. Il est impossible de
pousser plus loin l'imitation. On se croirait, en écoutant
le *Banjo*, transporté sur les bords du Mississipi, à l'ombre
des bananiers, dans la riante et plantureuse Louisiane.
C'est une bien charmante page de musique que le *Banjo*,

et une bonne fortune pour les pianistes qui commencent
à trouver borné le cercle des *fantaisies brillantes* sur des
thèmes d'opéras.

Laissons la musique des noirs, qui nous aura servi à
constater ce que trop souvent on a voulu dénier absolument à ces pauvres réprouvés, la sensibilité poétique, et
continuons à les suivre dans leur manière de vivre en esclavage.

« Comme l'expérience nous rend enfants, a dit mistress
» Trollope, et comme nous sommes ignorants sur la plu-
» part des sujets sur lesquels nous ne pouvons nous ins-
» truire que par ouï-dire ! Je quittai l'Angleterre avec des
» sentiments si opposés à l'esclavage, que ce ne fut pas
» sans une émotion pénible que je me trouvai entourée
» d'esclaves. A l'aspect de tous les noirs, hommes, femmes
» ou enfants qui passaient près de moi, mon imagination
» créait un petit roman bien triste dont ils étaient les héros.
» Depuis que je suis plus instruite sur ce sujet et que je
» connais mieux la situation réelle des esclaves en Amé-
» rique, j'ai souvent ri de ma sensibilité. »

C'est qu'en réalité, si l'institution de l'esclavage est doublement odieuse dans le pays de toutes les libertés, il faut
bien reconnaître que la position matérielle des esclaves est
meilleure qu'on ne pourrait le supposer. Si les maîtres ont
le droit criminel de frapper des hommes que le destin a
fait leurs esclaves, il est loyal de dire qu'ils usent généralement de ce droit avec modération. Mais quand le nègre
est châtié, il lui est toujours facile ou de changer de maître
ou d'aller porter plainte devant des comités spéciaux qui
le protégent. Si le maître d'un esclave se montre cruel en-

vers lui, il est puni de l'amende et de la prison. La vie de l'esclave est aussi protégée que la vie de l'homme libre. Voici un fait à l'appui qui le prouve, entre dix faits que nous pourrions citer.

Un nègre, il y a de cela deux ans, s'était échappé d'une habitation située aux environs de Charleston. On avait fait pour le retrouver les plus actives démarches, mais sans résultat satisfaisant. Il était devenu évident que le fuyard avait pénétré jusque dans la forêt, où il vivait en *marron*, c'est-à-dire de fruits sauvages, de chasse et d'eau. Une récompense fut promise à celui qui ramènerait le fugitif à son maître. Deux hommes eurent l'idée infernale de *chasser* le nègre comme on chasse un loup ou un ours, avec l'aide d'une meute de chiens.

La chasse fut longue et la battue de la forêt avait été presque complète, quand les hurlements des chiens avertirent les chasseurs d'homme de la présence de leur victime. Les animaux venaient de découvrir le gîte où le malheureux esclave se tenait blotti, et ils aboyaient avec fureur autour de lui. Loin de les calmer, les chasseurs qui les dirigeaient les excitèrent au contraire, et il s'établit bientôt un combat horrible et désespéré entre le noir sans armes et les chiens qui le dévoraient. Cette scène abominable, sur laquelle nous ne voulons pas nous arrêter plus longtemps, se termina par la mort de l'esclave, qui expira au milieu des plus cruelles souffrances. On le trouva mordu par tout le corps, et sa figure en lambeaux, horrible à voir, était méconnaissable. La population, indignée, n'attendit pas l'action des tribunaux. Elle jugea elle-même les coupables, en vertu de la loi de Lynch, et, à l'unanimité, après avoir entendu leur défense, ils furent déclarés coupables de meurtre et condamnés comme tels à être pendus à l'endroit même où le nègre avait péri.

L'un des condamnés était le fils d'un riche agriculteur. Le coupable comptait sur les influences pour le sauver; mais ni les influences ni l'argent ne purent le soustraire au juste châtiment qui lui était réservé. Tous deux furent pendus et conduits à la potence par la population indignée.

On peut lire les péripéties de ce double drame dans les journaux de l'époque, imprimés à Charleston.

Une autre fois, dans cette même ville de Charleston, une femme fut condamnée à dix mille dollars d'amende (plus de 50,000 francs) et à une année de prison pour avoir, dans un moment de colère, appliqué un coup de bâton sur la tête d'une négresse, son esclave. Ce coup, donné sans préméditation, avait eu des conséquences funestes, et l'esclave en était morte. Le jury, en écartant les circonstances aggravantes de la préméditation, voulut néanmoins punir rigoureusement un acte de brutalité et faire un exemple.

Mais si les lois, ou plutôt le sentiment public protégent les noirs contre les cruautés et les injustices des blancs, ceux-ci se montrent impitoyables envers tout noir qui ose lever la main sur son maître. Des esclaves ont été brûlés vifs comme au beau temps de l'inquisition pour avoir assassiné ou seulement tenté d'assassiner leur maître. Le supplice de la pendaison ne suffit pas en pareil cas, et il faut, pour punir un attentat semblable, avec la mort, infliger la torture et brûler à petit feu. On comprend la sévérité des juges à punir tout attentat contre la vie ; on comprend que la punition soit plus rigoureuse quand le coupable est noir dans un pays souillé par l'esclavage, mais rien ne saurait justifier les horreurs de l'auto-da-fé. Il ne reste de ces exécutions révoltantes qu'un sentiment de profonde pitié pour le coupable, au lieu du salutaire exemple qu'on en attendait. L'expiation l'emporte en ce cas sur le crime commis. La crainte des supplices peut tout au plus arrêter un moment l'essor des mauvaises passions, mais elle ne change pas la nature de l'homme. Une éducation bien dirigée, une justice modérée et l'exemple de l'amour de l'humanité sont plus efficaces à inspirer les bons sentiments en développant la raison. Les maîtres qui passent dans le sud des Etats-Unis pour être les plus doux pour leurs esclaves sont les créoles. Les plus sévères sont les Anglais et les Yankees. Les Français, les Italiens et les Espagnols ne sont généralement pas méchants, mais ils donnent trop souvent l'exemple du relâchement des mœurs en entretenant avec leurs esclaves des liaisons coupables.

Les nègres pour le service de la campagne valent, suivant leur âge et leur force, de huit cents dollars jusqu'à douze cents. Les femmes se payent moins cher.

Passons maintenant, des nègres employés dans les plantations, aux esclaves qui habitent les villes.

Les nègres esclaves dans les villes du sud des Etats-Unis se divisent en deux grandes catégories : les domestiques et les ouvriers. On pourrait y ajouter une troisième catégorie, moins nombreuse, formée des esclaves marchands.

Les domestiques noirs sont très-certainement les plus paresseux, les plus sales, les plus détestables de tous les domestiques des deux mondes et de toutes les couleurs. Il n'est pas un seul serviteur en France, en Angleterre ou en Allemagne, qui ne fasse à lui seul la besogne ordinaire de quatre noirs. Leurs mouvements sont comptés, et si vous leur dites de se dépêcher, ils s'arrêtent au contraire, retournent la tête lentement, vous regardent, sourient d'un air bête, et reprennent leur pas ordinaire. Vous pouvez vous irriter, jurer, les battre même : vous n'obtiendrez jamais des nègres qu'ils se dépêchent de faire leur besogne.

Dans les maisons bien tenues, les domestiques, en grand nombre, ont chacun son travail spécial. Ils se renferment strictement dans leurs attributions, et pour rien au monde vous ne les en feriez sortir, même accidentellement. Je suppose que le nègre préposé à ouvrir la porte d'entrée pour recevoir les visiteurs s'absente un moment : personne ne se dérangera pour le remplacer en cas de besoin. Vous auriez beau frapper à enfoncer la porte, par un nègre dans la maison ne bougera s'il n'en reçoit l'ordre formel de son maître. Et cela, non pas certes pas scrupule, et pour ne pas empiéter sur les fonctions de leur camarade, mais par paresse uniquement.

Non-seulement les nègres sont généralement paresseux, mais de plus ils sont gourmands et passablement voleurs. Ils se montrent peu reconnaissants et à défaut de courage, ils sont cruels.

Malgré leurs défauts, les domestiques noirs sont généralement bien traités, et ce qu'on supporte d'eux, on ne le supporterait certainement pas de domestiques à gages. Chose étrange, il existe souvent entre les esclaves et leur maître une intimité qu'on ne trouverait nulle part en Europe entre maîtres et domestiques. On serait dans l'erreur la plus grande et la plus risible si, n'ayant jamais lu que les ouvrages de certains poëtes et romanciers, on se représentait les nègres tremblants à la voix de leur maître et soumis à leur moindre caprice. Quand on appelle les nègres, ils ne répondent jamais tout de suite, et si les ordres qu'on leur donne ne sont pas de leur goût, ils font la grimace, murmurent et discutent. A bout de patience, on leur donne quelquefois un horion, mais le plus souvent on se borne à les en menacer.

Pourtant, si un esclave se montre par trop impertinent, s'il commet une faute grave quelconque, on l'envoie fustiger dans une maison spéciale de correction. Un *bon* pour un certain nombre de coups de fouet est remis au coupable, et il est obligé d'en aller recevoir le prix, comme une lettre de change de l'enfer payable au porteur. Le bourreau examine le *bon*, comme ferait un caissier avant de payer une traite, en prend copie sur le registre de la maison, et procède ensuite à l'exécution de la sentence. Après trois coups de fouet, les chairs sont entamées, et les victimes poussent des cris à fendre l'âme. Les créoles, sans être méchants, restent insensibles à ces cris ; il leur semble tout naturel qu'on batte ainsi les noirs.

Le noirs, d'ailleurs, ne sont pas considérés comme des hommes dans les pays à esclaves. Leurs souffrances n'inspirent d'autre pitié que les souffrances d'un animal. On parle devant eux d'eux-mêmes comme s'ils n'y étaient pas. En un mot, l'esclave est une chose et non pas une personne.

Par une dérision cruelle, on appelle vulgairement la maison de correction où l'on fouette les noirs *the sugar house* (la maison de sucre). Comme un nègre perd de sa valeur en raison directe du nombre des châtiments qu'il reçoit dans *the sugar house*, les propriétaires d'esclaves ne les y envoient qu'à la dernière extrémité. Quoi qu'il en soit, il est indigne que des hommes, de leur propre autorité, puissent faire frapper d'autres hommes. Nous reconnaissons, parce que cela est vrai, que de fait les abus sont rares, mais le droit subsiste, et c'est ce droit monstrueux que nous flétrissons au nom de l'humanité.

Les esclaves ouvriers sont de tous les noirs les plus considérés. Ils s'estiment eux-mêmes au-dessus des autres, parce qu'ils gagnent plus d'argent et jouissent dans leur esclavage d'une sorte de liberté. Ils se louent de leur maître pour une somme déterminée, par semaine, et travaillent pour leur propre compte. Par ce moyen ils sont libres d'aller où ils veulent, et de travailler à leurs heures et comme bon leur semble. La classe ouvrière est l'aristocratie de ce pauvre monde perdu. Ce sont les ouvriers qui sont les richards parmi ces misérables créatures, et le beau sexe noir les tient en grand honneur partout. On trouve d'excellents ouvriers noirs dans tous les corps d'état, et il en est qui rapportent à leur maître jusqu'à cinq et six francs par jour de bénéfice net. Aussi un bon ouvrier se vend-il jusqu'à sept et huit mille francs.

Les nègres marchands agissent d'ordinaire comme les ouvriers. Ils se louent de leur maître pour telle ou telle somme par semaine, et spéculent librement ensuite. Ils ont toujours de l'argent à eux, mais ils ne savent pas l'économiser. Ils ne sont pas prodigues, mais ils dépensent leur argent sottement et n'ont pas d'ordre de conduite. Dans dix ans, il n'y aurait plus un seul esclave nulle part au monde si les esclaves eux-mêmes le voulaient. Sans révolte, sans secousse aucune et sous la protection des blancs, ils pourraient tous se racheter avec le fruit de leurs économies.

D'un autre côté, rien n'empêcherait la formation de caisses spéciales obligatoires de retenue pour la libération des esclaves. Un tant pour cent sur le produit du travail des noirs serait versé tous les mois à cette caisse par les soins même de chaque propriétaire d'esclaves, comme le gouvernement le fait en France pour assurer la pension des militaires et de certains employés. Par ce moyen bien simple, trop simple peut-être pour qu'on y ait songé, les noirs se trouveraient libérés et pourraient aussi libérer leurs enfants sans léser d'aucune manière les intérêts de leurs maîtres.

Dans tous les cas, il y aurait beaucoup de bien à attendre de pareilles caisses d'épargne, et il est étrange qu'il n'en existe nulle part de semblables pour les noirs. Il est vrai que les créoles ont tout intérêt à ne pas rompre la chaîne qui rive le fils au père et le petit-fils au fils; mais c'est aux abolitionistes à prendre les mesures efficaces, et celle que nous proposons nous paraît la plus simple et la plus convenable.

Les plus injustes préjugés pèsent sur la race noire dans tous les Etats-Unis, et plus particulièrement dans les

Etats à esclaves, cela se comprend de reste. Dans le Sud, un blanc ne peut, dans aucun cas, se marier à une femme de couleur, fût-elle blanche comme une Géorgienne. Avoir eu un nègre parmi ses aïeux est un péché originel que ne peut effacer ni la vertu ni le talent. Dédaignées de toutes les blanches, beaucoup moins blanches souvent que les femmes de couleur, ces dernières ne sont reçues nulle part dans la société, eussent-elles en partage une fortune rothschildienne. Mais aussi, comme elles savent se venger du dédain de ces dames! Généralement belles, et les plus séduisantes de toutes les femmes du monde peut-être, les filles de couleur deviennent, par l'orgueil des blanches, leurs rivales naturelles. Non-seulement elles s'emparent trop souvent du cœur de leur mari, mais avec leur cœur elles prennent aussi leur fortune. Rien n'est trop beau pour ces *filles de marbre jaune*, qui cachent la couleur de leur peau sous les diamants, l'or et la soie, dont elles savent si bien dépouiller leur noble rivale. Et de quoi se plaindrait-on? Serait-on en droit de les accuser du désordre de leur vie, quand cette vie leur est imposée par des lois tyranniques et d'injustes préjugés?

Le préjugé de la couleur est si vivace qu'il s'étend jusque chez les noirs, dont quelques-uns s'efforcent de se blanchir la peau en se droguant et même en se brûlant l'épiderme. La brûlure change la couleur de la peau, qui, en se boursoufflant, prend la teinte morte de la craie. On a vu des négresses trop coquettes se brûler le visage et les mains pour devenir à moitié blanches.

Un jour je fus témoin d'une scène fort comique. Deux

noirs se querellaient pour je ne sais quel motif. — Les noirs d'ailleurs se querellent toujours. — Après s'être prodigué, dans un *crescendo* des plus animés, toutes sortes d'épithètes injurieuses ; après s'être traités de singe, de voleur, de paresseux, de chien mort, de banane pourrie, l'un d'eux dit à l'autre avec l'expression du plus profond dédain :

— Va-t'en, nègre !

Une loi des États du Sud punit quiconque apprend à lire à un esclave. C'est assurément fort adroit, et depuis longtemps nous savons qu'un des meilleurs moyens d'exploiter les hommes en les dominant est de les tenir dans l'ignorance. Mais cette loi impie, mal en harmonie avec la nature du gouvernement de l'Union et avec l'état des esprits en Amérique, est, pour ainsi dire, tombée en désuétude. Il y a aujourd'hui à la Nouvelle-Orléans, à Charleston et dans beaucoup d'autres villes des États du Sud, des écoles spéciales pour les noirs esclaves, auxquels leurs maîtres font donner les éléments de l'instruction.

On a beaucoup exagéré le sort qu'on réserve dans le Sud aux abolitionistes quand on a dit qu'on les pendait. On ne les pend pas, mais on les chasse après les avoir *emplumés.*

Voici comment on emplume les abolitionistes trop zélés.

Après s'être assuré de leur personne, on les déshabille et on enduit leur corps d'une couche assez épaisse de mélasse. Cette opération préalable terminée, on les roule dans une couette percée, et en un instant le patient est changé en oiseau. On le porte alors en grande pompe et on le promène dans les rues au son des instruments charivariques. Quelquefois on l'enferme dans une ba-raque, où on le fait voir pour deux sous.

Les nègres ne sont pas les derniers à rire de la piteuse mine de leurs malheureux libérateurs, qu'ils traitent de vilains oiseaux.

Quand on a suffisamment joui du spectacle, on déplume notre homme ; on retire la mélasse qui recouvre son corps, on le baigne, on lui rend ses habits et on l'envoie prêcher ailleurs ses doctrines philanthropiques.

Les créoles détestent naturellement par intérêt les abo-litionistes ; aussi sont-ils heureux quand ils peuvent en prendre un en défaut. Dernièrement, un homme, posses-seur d'une cinquantaine d'esclaves, mourut dans la Flo-ride en donnant la liberté à tous ses noirs. Cet homme n'avait d'autre héritier qu'un neveu, ardent abolitioniste, et dont ses conférences sur l'esclavage avait rendu le nom fameux. Jugeant, d'après les actes de son neveu, que son legs d'esclaves ne pourrait lui convenir, il préféra, plu-tôt que de les vendre, leur donner à tous leur liberté. Il était d'ailleurs persuadé que cette résolution généreuse, bien que tardive, rendrait sa mémoire chère à son digne neveu. Il mourut dans cette confiance et entouré de la bénédiction de tous ses noirs.

Mais, ô fatal effet de la fortune ! les cinquante nègres, qui formaient ensemble un capital d'environ trois cent mille francs, troublèrent l'esprit de l'abolitioniste et ten-tèrent sa cupidité. Le négrophile de la veille devint le négrophobe du lendemain. Nous avons eu parfois de ces métamorphoses en politique. La mort de son oncle avait dessillé ses yeux, et il reconnut subitement tous les avantages de l'esclavage au point de vue multiple de la morale, du droit, de la religion, de l'ordre social, de la famille, et surtout de la propriété. Bien résolu à faire valoir des droits qu'il croyait légitimes, il attaqua devant les tribunaux la validité du testament de son oncle, et réclama comme sa propriété les cinquante esclaves. Le tribunal, très-heureusement, rejeta cette prétention, déclara les noirs libres, et condamna l'ex-abolitioniste aux dépens du procès.

Mais il ne faut pas donner à ce fait isolé plus de valeur qu'il ne mérite. C'est une justice à rendre aux abolitionistes en Amérique, qu'ils travaillent avec la plus louable ardeur à l'émancipation de la race noire.

Il y a dans tous les États-unis des sociétés d'abolitionistes qui favorisent la fuite des noirs jusqu'au Canada, où ils sont libres de droit en y arrivant. Il n'est sorte de sacrifices que ne s'imposent ces hommes honorables pour délivrer les malheureux esclaves. Mais, comme tous les philanthropes, ils sont spécialistes. Les abolitionistes ne sympathisent qu'aux seules souffrances des nègres ; le malheur des blancs les touche fort peu ; leur cœur est teint en noir.

La sensibilité spéciale de certains négrophiles pour des souffrances spéciales nous remet en mémoire la conversation d'un philanthrope spécial avec un pauvre ouvrier sans travail qui venait réclamer du secours.

— Mille pardons de vous déranger si matin. Êtes-vous monsieur X... le philanthrope ? demanda le pauvre diable en ouvrant discrètement la porte du cabinet de l'homme bienfaisant.

— Moi-même, mon ami, répondit M. X... d'une voix artificiellement douce et qui ne partait pas d'un cœur véritablement sensible. Qu'y a-t-il pour votre service?

— Vous pouvez me sauver la vie, Monsieur ; et, ce qui est plus précieux encore pour moi, vous pouvez sauver la vie de ma femme et de mes enfants qui manquent de pain.

— Très-bien, mon ami, très-bien. Asseyez-vous donc. Nous allons envisager cette affaire dans un instant. Je mets la dernière main à ma toilette, et je suis après cela entièrement à vous.

— J'attendrai, Monsieur.

— Quel temps fait-il donc aujourd'hui dehors? Beau temps, j'espère. Je dois me rendre avant midi assez loin d'ici pour présider un comité particulier pour les paraly-tiques sans fortune. Nous avons des sociétés de bienfai-sance pour tous les genres de souffrance, excepté pour les paralytiques, qui nous avaient échappé jusqu'à présent.... Je voudrais qu'il fît beau temps pour faire le chemin à pied. La promenade a ce double avantage de donner de l'appétit et de faciliter la digestion.

— Pauvre femme ! pauvres enfants ! se dit le malheu-reux ouvrier ; comme c'est long !

— Mais, à propos, mon ami, reprit le philanthrope, d'où sortez-vous maintenant? De Toulon, je présume?

— Non, Monsieur ; je ne suis même jamais allé à Toulon.

— Vous sortez de Brest, alors?

— Pas davantage. J'ai été à Brest il y a quelques an-nées, mais je n'y suis resté que peu de temps.

— Ah! vous êtes déjà allé à Brest? c'est parfait. Ainsi, puisque cette fois vous ne venez ni de Toulon ni de Brest, c'est donc du bagne de Rochefort que vous sortez?

— Du bagne, Monsieur! s'écria d'une voie émue et indignée le pauvre mais honnête ouvrier; le malheur a pu m'atteindre, mais, Dieu merci, je n'ai jamais manqué à mes devoirs, et dans la misère qui m'accable, j'ai su conserver un nom respectable et respecté.

— Comment! vous n'êtes pas allé au bagne, répondit le philanthrope d'un air étonné, et paraissant contrarié.

— Non, sans doute, Monsieur, mille fois non.

— En ce cas, cher monsieur, vous me voyez au désespoir de vous avoir fait attendre inutilement, mais je me suis fait une règle de ne secourir que les forçats libérés. Si seulement vous aviez fait quelques années de prison... mais rien, dites-vous. Voyez ailleurs. Plus tard, si, entraîné fatalement, vous succombez et que les galères soient le châtiment infligé à vos méfaits, venez me trouver alors, et je me ferai un véritable plaisir de vous aider à rentrer dans la société. Comme les médecins je guéris quelquefois le mal, mais je ne le préviens jamais; ce n'est pas ma spécialité.

Les habitants du Sud n'ont pas manqué de tourner en ridicule la compassion exclusive des abolitionistes pour les souffrances des noirs. Voici à ce sujet une fable assez piquante écrite par M. Camille, de la Nouvelle-Orléans:

L'ENFANT ET SON POULET.

Un enfant s'était pris d'amour pour un poulet;
   C'était cependant le plus laid

Qu'on pût voir fort loin à la ronde ;
Mais il était tout noir, le seul de sa couleur,
        Et nous savons de par le monde
Dix mille affections sans un motif meilleur.
Un jour que notre enfant jouait à la fenêtre,
            Il vit paraître
Un serviteur, armé du mortel instrument
        Fatal au peuple voletant.
        (Chacun de vous ici devine
Que je prétends parler du couteau de cuisine).
« — Oh ! s'écria l'enfant du ton du désespoir,
Le méchant va tuer mon pauvre poulet noir !
Comme il lui fera mal!... le méchant!... Pauvre bête...»
        La mère, à ses pleurs inquiète,
Lui dit : « — Non, mon doux ange, il n'y touchera pas ;
Calme toi, mon amour ; » puis, me parlant tout bas :
« Sa sensibilité m'a souvent alarmée!...

Cependant, rassuré sur son oiseau chéri,
Tranquille et souriant, il écouta le cri
        De la volatile égorgée.
« — Ne pensez-vous donc pas , lui dis-je, mon enfant,
        Que ce poulet-ci souffre autant?
— Oh ! ça m'est bien égal, répondit le doux ange.
Il faut bien qu'on en tue, il faut bien qu'on en mange ;
Leurs vilains poulets blancs peuvent souffrir, vraiment.
        « Mon poulet noir, c'est différent. »

        Hélas ! combien l'on peut en voir
Qui, tout en déplorant des maux imaginaires,
        Peuvent ouïr sans s'émouvoir
        Les cris des réelles misères...
        Eh ! ce n'est pas leur poulet noir !

Mais on n'excuse pas un mal en en dévoilant un autre.

Si les *blancs* sont à plaindre, les *noirs* n'en sont pas plus heureux pour cela.

Un mot maintenant sur la traite des noirs.

Il résulte d'une déclaration du vice-marshal des États-Unis, chargé de la haute police maritime dans l'État de New-York, que, pendant les douze derniers mois, il a dû sortir du port de New-York au moins quinze navires destinés à la traite des nègres.

Les entrepreneurs de ces opérations y ont mis une telle sagacité, que la police américaine n'a pu obtenir que deux condamnations, celle du *Falmouth* et celle du *Julia-Morgan*, tous deux évidemment armés pour la traite.

Du reste, on se rend aisément compte des facilités que les armements destinés à la traite ont pour échapper à la vigilance des autorités quand on sait l'énormité des profits que donnent ces opérations. Voici sur ce sujet quelques chiffres qui ne manquent pas d'intérêt :

Les navires le plus généralement employés pour la traite sont des goëlettes d'un tonnage moyen ne coûtant pas au delà de 5 à 7,000 dollars (de 25 à 30,000 fr.), destinés à ne faire qu'un voyage et à être coulés ou jetés à la côte aussitôt après avoir déchargé leur cargaison de chair humaine.

Les spéculateurs dans cet article ont établi leur calcul de telle sorte qu'il suffit que, sur quatre navires employés à ce trafic, il y en ait un qui arrive à bon port pour réaliser un beau profit.

En effet, pris sur la côte d'Afrique, le nègre coûte de 10 à 40 dollars (de 50 à 200 fr.); rendu sur le marché américain, il se revend facilement de 300 à 800 dollars (de 1,500 à 4,000 fr.)

Ainsi, une cargaison de 500 nègres, coûtant, à raison de 30 dollars par tête, 15,000 dollars, donne au spéculateur un produit de 170 à 180,000 dollars, tous frais payés.

En voilà suffisamment sur les malheureux noirs. Passons à d'autres sujets.

Ce qui tout d'abord frappe les étrangers qui visitent la Nouvelle-Orléans, c'est, avec les habitudes toutes particulières des esclaves, la grande beauté des femmes créoles et l'esprit querelleur des hommes.

Les femmes créoles ont une beauté et une grâce toutes particulières. Avec une peau de lis, des yeux noirs hardiment dessinés et voluptueusement ombragés de cils longs et épais, une chevelure abondante, des pieds à tenir dans la main, une taille élégante et souple, des dents de king-charles, une bouche un peu grande, mais intelligente et sensuelle, la créole est surtout charmante par ses gestes gracieux et nonchalants, par son organe doux et lent. Un fluide sympathique se dégage de la créole comme le parfum des fleurs. Elles est plus femme que les autres femmes, dans son corps, dans tous ses gestes et dans son esprit. Naturellement bonne pour tous, elle a pour ses enfants, entre toutes les mères, l'intelligence de l'amour maternel. Il y a de l'art dans sa nature si amplement douée. Mais si elle peut tout deviner, elle ne veut rien apprendre. Sa paresse est au niveau de son intelligence. La créole mourrait de faim si d'autres ne prenaient soin de son existence. Elle ne connaît aucun des soucis de la vie matérielle, et croit que pour vivre il suffit de naître. La Providence, qui donne la pâture aux petits des oiseaux, ne saurait, dans son opinion, se montrer moins généreuse envers une belle et bonne fille comme elle, qui vaut tous les oiseaux du monde.

L'unique souci de la créole est, avec le soin de ses enfants, la conservation de sa peau. Rigoureusement enfermée dans ses appartements, elle ne sort que le soir, quand la brise de mer vient rafraîchir la terre brûlée par le soleil. Dans la journée, quand elle ne donne pas ses soins à ses enfants, elle se soigne elle-même. Vous la trouvez le plus souvent le visage, les mains et les bras enduits de *cold-cream*. Sous cette couche grasse, la peau se tient flexible et l'air ne la pénètre pas.

Les moins coquettes se saupoudrent le visage, la poitrine et les bras avec de la poudre de riz. Elles répètent cette opération plusieurs fois par jour. On les prendrait pour des Pierrots dans l'exercice de leurs fonctions. Une créole privée de poudre de riz serait la plus malheureuse des femmes. Rien n'est plus nécessaire aux femmes en général que le superflu ; pour les Américaines du Sud, la poudre de riz est un superflu de première nécessité.

Quand la créole doit sortir de chez elle, elle passe légèrement sur les parties de son corps saupoudrées une fine étoffe de batiste. Cette batiste enlève le plus gros de la poudre, mais il en reste assez dans les interstices de la peau pour prévenir la transpiration et donner au teint cette couleur mate particulière aux violonistes sans talent, aux poëtes inconnus et aux femmes passionnées.

Dans des corps de sultane, les créoles ont des cœurs de sœurs de charité. Tout le Sud, on le sait, est une contrée malsaine. On appelle la Nouvelle-Orléans le tombeau de l'Amérique. Au moment des grandes chaleurs, ce pays est désolé par la fièvre jaune. Le dévouement des créoles à soulager les souffrances des malheureux malades est au niveau de tout éloge. Les femmes dites de couleur surtout méritent à cet égard la reconnaissance des amis de l'humanité. Tout est désintéressé chez ces natures dévouées, qui font le bien pour le seul bonheur de le faire. Les étrangers trouvent en elles les soins d'une mère et les consolations d'un ange. On ne veut pas mourir alors pour les pouvoir aimer.

Si les femmes savaient toute l'influence qu'elles ont sur les hommes, elles seraient trop orgueilleuses et ne prendraient pas tant de peine à déguiser leurs qualités. Très-heureusement pour eux, elles s'amoindrissent souvent en voulant se rehausser. Elles ont horreur du vrai, et mettent de la crinoline à leur esprit et à leur cœur aussi bien qu'à leurs ajustements ; ce qui nous sauve quelquefois.

Du reste, personne mieux qu'une créole ne s'entend à soigner un malade. Si les médecins, d'après un célèbre praticien, ne sont que d'intelligents garde-malades, les femmes du Sud sont toutes docteurs.

Il est vrai que le spectacle de ces malheureuses villes du Sud au moment de la fièvre jaune attendrirait le cœur d'un usurier. Il n'est pas rare de voir des familles entières de six à huit personnes s'éteindre en quelques jours. Il y a trois ans, on manquait d'hommes, à la Nouvelle Orléans et à Olfork, pour enterrer les morts. Les parents des décédés les faisaient inscrire, et on les venait chercher à tour de rôle. Les épisodes les plus épouvantables ont signalé cette année malheureuse entre toutes. Les journaux ont été un moment suspendus faute du personnel nécessaire. On fuyait la ville comme on fuirait la mort même. Il ne restait que les pauvres et les cœurs courageux et dévoués. Des actes de lâcheté ont été commis. On a vu des prêtres de différentes religions, plus soucieux du salut de leur corps que du salut de leur âme, fermer leurs temples pour fuir la peste. Des fonctionnaires publics ont également abandonné leur poste. On cite des scènes déchirantes. Un homme est resté seul pour enterrer sa femme et ses deux enfants que les fossoyeurs n'avaient pas le temps d'enterrer. Le fléau n'a disparu qu'avec les premières gelées. Il en est ainsi tous les ans : l'hiver seul chasse la fièvre jaune.

Il faut certainement beaucoup de courage de la part des étrangers pour aller se fixer dans certaines parties du sud des Etats-Unis. Ils y trouvent du reste une vie facile et agréable. Tous les genres d'industrie y fleurissent et les salaires sont très-satisfaisants. Les pièces d'argent circulent dans le Sud comme les pièces de cuivre dans le Nord.

Nous avons signalé comme un des traits caractéristiques des habitants du Sud leur esprit querelleur. Cet esprit est plus particulièrement l'esprit des Louisianais.

Les duels de la Louisiane sont célèbres. Ces messieurs se battent à la carabine dans des forêts où ils se chassent, comme faisaient les anciens Corses, ou bien munis de poignards et avec des pistolets à dix coups. Quand chaque adversaire a tiré ses dix coups, si aucun des combattants n'a été blessé, ils courent l'un sur l'autre et se poignardent. On ne se bat plus guère à coups de revolver dans les rues de la Nouvelle-Orléans. Cela arrive pourtant plusieurs fois chaque année. En revanche on se brûle sans façon la cervelle dans les *bar-rooms*, remplis de vauriens toujours disposés à vous chercher dispute. Abusant de la loi sauvage qui, sous prétexte de défense personnelle, autorise tout individu à tuer l'homme qui le frappe ou essaye de le frapper, des coquins de la pire espèce provoquent les étrangers, qui souvent ignorent cette loi ; ils les excitent et les tuent à la première menace de leur part. Ils appellent cela *écumer* l'étranger.

Quelquefois pourtant ce sont les étrangers qui les écument.

Un Français nouvellement débarqué à la Nouvelle-Orléans entre dans un *bar-room* pour s'y rafraîchir :

— Garçon ! un verre de bière.

Le garçon sert le verre de bière demandé. Mais au moment où le Français va prendre le verre sur le comptoir, un inconnu, par un mouvement leste, s'en empare, et, sans dire un seul mot, boit la bière qui ne lui est pas destinée.

— Je n'ai pas l'honneur de vous connaître, lui dit le Français très-surpris de cette liberté grande.

— Je ne vous connais pas non plus, lui dit l'inconnu.

— Mais alors, vous me cherchez dispute.

— Je serais désolé de laisser dans votre esprit le moindre doute à ce sujet, et puisqu'il faut tout vous dire, vous me déplaisez. Est-ce clair et limpide ?

— Prenez garde, Monsieur, lui dit notre compatriote d'un ton calme et presque protecteur ; je suis un homme qui vit de son travail ; je n'aime à insulter personne, mais je ne supporte pas qu'on m'insulte. Pour cette fois, je vous pardonne... Garçon ! un second verre de bière !

Le querelleur, qui n'avait répondu à ces paroles que par un ricanement plus insultant encore, attendit que le second verre de bière fût versé. Comme la première fois, il s'en empara, en but une gorgée et jeta le reste.

Notre compatriote, irrité au dernier point, fit mine de se précipiter sur lui.

— Arrêtez, lui dit en le retenant par son habit un individu témoin de la scène; arrêtez ou vous êtes perdu; s'il ne vous assassine à l'instant même, il vous tuera en duel : c'est le plus grand duelliste de la Louisiane. A la carabine comme au pistolet, au poignard comme au sabre, à l'épée comme à la lance et à l'espadon, il a tué trente-quatre personnes, et il en a blessé plus de soixante.

— Ce que vous me dites apaise ma colère.

— C'est effrayant, n'est-ce pas ?

— Au contraire, cela me rassure complétement.

Après ces paroles promptement échangées, notre compatriote s'approcha de son ennemi effronté, qui l'examinait d'un air narquois :

— Ecoutez, Monsieur, je suis dans un jour de bonne humeur que je ne voudrais pas troubler. Vous avez bu deux verres de bière, c'est assez ; à mon tour maintenant. J'espère que ma condescendance vous inspirera des regrets et une conduite plus digne.

— Garçon ! un troisième verre de bière !

Le commis de taverne versa en tremblant le troisième verre de bière, qui devait infailliblement amener une catastrophe.

En effet, à peine la boisson fut-elle sur le comptoir,

20.

que l'irascible spadassin, qui voulait un duel, prit le verre et en jeta le contenu.

Plus prompt que le tigre qui s'élance sur sa proie, le Français se jeta d'un bond sur son adversaire, et lui porta avec le poing et les pieds des coups épouvantables dans la poitrine et sur le visage. Le querelleur n'eut même pas le temps de se défendre ; il chancela quelques instants et tomba évanoui, le visage horriblement maltraité. Quand il fut à terre, le Français cessa de le frapper, et tirant tranquillement de sa poche un carnet, l'ouvrit, prit une carte d'adresse à son nom et la colla sur la poitrine du vaincu, puis, s'adressant aux personnes présentes :

— S'il est quelqu'un qui se dise l'ami de cet homme, je le préviens que je suis tous les jours chez moi depuis huit heures jusqu'à onze heures du matin.

— Garçon ! un quatrième verre de bière !

Cette fois, personne ne vint lui disputer le rafraîchissement dont il avait doublement besoin après cet exploit. Il but, paya toute la consommation, et se retira laissant l'assemblée stupéfaite.

En relevant le blessé qui avait deux côtes brisées et un œil hors de son orbite, on lut sur la carte laissée par le Français : *Lucien Petit (de Paris), professeur de boxe, de chausson, d'escrime, de canne et de bâton. Leçons en ville à des prix modérés.*

Un mois et demi après cette scène, notre compatriote entend frapper à sa porte. Sans attendre la permission d'entrer, un homme se précipite au dedans. Son visage porte l'empreinte de blessures récentes.

— Me reconnaissez-vous? dit-il au maître d'armes d'une voix suffoquée par la colère.

— Parfaitement, lui répondit notre compatriote. Qu'y a-t-il pour votre service?

— Je viens vous chercher pour vous tuer. Je reconnais que je vous ai insulté, et à ce titre je vous donne le choix des armes. Mais dépêchez-vous, j'ai le plus grand besoin de vous voir mort. Je sais qui vous êtes, et ce sera pour moi un double plaisir de vous casser la tête ou de vous percer la poitrine. Mais dépêchons-nous, le temps s'écoule, et je trouve que vous vivez trop longtemps.

— Ecoutez, parlons peu et parlons bien; surtout, ne nous mettons pas en colère. Si vous m'en croyez, nous en resterons là de notre sotte discussion. Vous m'avez bu ma bière; je vous ai rossé, rien de mieux. Je ne tiens pas plus à vous ôter la vie aujourd'hui que je ne tenais il y a un mois et demi à vous casser les côtes. Rien ne vous dégoûte d'une chose comme d'en faire son métier. Mais, sur mon honneur, si vous me faites me déranger pour aller sur le terrain, je vous jure que vous y resterez.

— Ah! tu crois cela, vilain donneur de coups de poing! Eh bien! c'est ce que nous allons voir. En attendant, lis cette liste de trente-quatre morts et de soixante-dix-huit blessés. Tous gens estimables et que j'aime parce qu'ils m'ont compris, et dis-moi si un homme tel que moi, qui a su se tailler une pareille besogne, peut avoir peur d'un *Petit!*

— Ainsi, vous voulez absolument vous battre?

— Mauvais plaisant! dit le spadassin.

Puis, reprenant, après un moment de silence :

— Vous savez, il n'est pas nécessaire de faire une grande toilette... Mettez vos habits les plus fanés... Je suis économe, moi.

— Trêve de railleries, et partons, dit le maître d'armes. Je choisis l'épée.

—.Vos témoins ? dit le créole.

— Mes témoins seront les vôtres. Partons.

— Partons.

Le créole tirait parfaitement l'épée, mais il n'avait pas en ce moment le sang-froid que réclament les armes. Après quelques passes, notre compatriote blessa légèrement son adversaire au bras. A la vue de son sang, le créole devint furieux.

— Croyez-moi, dit le professeur d'escrime, vous êtes blessé, l'honneur est satisfait, restons-en là.

— A mort ! dit le créole, à mort !

— Qu'il en soit donc ainsi, reprit le Français en lui traversant la poitrine d'un furieux coup d'épée.

— Canaille ! lui dit le créole d'un œil hagard et en tombant mortellement blessé ; tu me le payeras !

Lucien Petit venait de mettre le comble à sa réputation en tuant, après l'avoir rossé, le bourreau des crânes.

Tous les duels sont loin d'être aussi dramatiques, et il en est même de fort comiques.

Un estimable négociant de la Nouvelle-Orléans eut un jour maille à partir avec un autre négociant non moins estimable. C'était après dîner ; les esprits étaient échauffés par des libations abondantes ; on résolut de se battre. Le duel fut fixé pour le lendemain.

Le lendemain, le provocateur avait réfléchi et regrettait de se battre pour une semblable niaiserie. Après avoir passé en revue différents moyens de concilier son honneur, qui lui disait de tirer l'épée, avec le sentiment de sa conservation, qui lui disait de n'en rien faire, il s'arrêta à un expédient qui donnait raison à tous deux.

Il alla trouver son adversaire et lui dit :

— Monsieur, un duel entre nous est devenu nécessaire...

— Il est indispensable.

— Je tiendrais essentiellement à ce qu'il eût lieu tout de suite...

— Et moi aussi.

— Mais un devoir impérieux que vous comprendrez m'oblige à ajourner notre rencontre. Je suis marié, Monsieur...

— Que voulez-vous, Monsieur, je le suis aussi.

— Je ne m'en plains pas, c'est inutile ; mais ma femme, d'une santé délicate et dans une position dont l'intérêt évident va tous les jours croissant, me commande des ménagements. Je ne puis, dans une position semblable, l'exposer à des émotions dont les suites pourraient être funestes. Verriez-vous un empêchement, Monsieur, à remettre notre rendez-vous à un moment assez rapproché du reste, où je pourrais me battre sans l'inconvénient que je vous signale ?

— Certainement non, Monsieur. Comme père de famille, je ne puis qu'applaudir à la délicatesse de vos sentiments et à la prudence de votre esprit.

Le négociant s'inclina et se retira.

Quatre mois plus tard, ce mari prévoyant avait un fils qu'il embrassa pour ne le revoir plus peut-être. En envoyant une lettre de faire part de naissance, le négociant se mit à la disposition de son adversaire.

— Il n'y a qu'un inconvénient, lui dit celui-ci, il y a quatre mois j'étais libre, je ne le suis plus aujourd'hui. Nos positions sont interverties, Monsieur, et, à mon tour, je ne puis me battre en ce moment, sans risquer auprès de ma femme ce que vous avez craint de risquer auprès de la vôtre.

— Comment! votre dame aussi serait...

— Oui, Monsieur, et c'est à mon tour à vous demander la faveur que je n'ai pas cru devoir vous refuser il y a quelque temps.

— Et que par toutes sortes de motifs je suis heureux de vous accorder aujourd'hui, monsieur et cher ennemi.

Mais ce duel singulier, si bizarrement retardé, vint à la connaissance des femmes des deux adversaires. Ces dames, mues par un sentiment commun, et sachant le motif qui jusque-là avait empêché leurs maris de se battre, résolurent de prolonger indéfiniment la situation. Ces messieurs, menacés d'un accroissement de famille qui n'avait de bornes que leur réconciliation mutuelle, s'empressèrent de faire la paix.

On joue considérablement dans tous les États du Sud de l'Amérique. Partout, à terre, comme dans les steamboats qui courent le Mississipi, le jeu est la passion dominante des créoles et des étrangers, que le mauvais exemple entraîne.

Pour donner une idée de cette malheureuse passion, nous citerons les deux faits suivants :

Un jour, un riche planteur, parti de la Nouvelle-Orléans sur un bateau à vapeur, perdit en route trente mille piastres qu'il avait avec lui. Excité au dernier point par la perte de cet argent, il voulut jouer encore pour se rattraper, et perdit successivement sa montre et tous ses bijoux. Ce planteur avait son domestique, un excellent noir qu'il aimait beaucoup et qui avait toute sa confiance.

— John, lui dit-il, va dans ma cabine, fouille mes malles, cherche partout, et trouve-moi de quoi jouer encore.

John obéit, fit l'inventaire de tout ce que possédait son maître, mais ne trouva rien qui pût servir d'enjeu.

— J'ai cherché ; monsieur n'a plus aucune valeur avec lui.

Le planteur le regarda d'un air étrange.

— Tu te trompes... approche... monte sur la table de jeu... Monsieur, dit-il à son partner, je vous joue mon domestique.

— Tout entier, lui répondit l'heureux joueur, ou en deux fois ?

— Tout entier, en une seule partie, contre mille piastres ; il en vaut deux mille comme un schelling ; c'est le plus excellent homme que je connaisse.

— Comment ! monsieur veut me risquer comme cela ? dit le nègre d'un air moitié suppliant et moitié effrayé.

— Tais-toi, tais-toi. Est-ce convenu, dit-il en s'adressant à son partner ?

— C'est convenu.

— Jouez.

Après quelques coups heureux, la veine tourna de nouveau contre le planteur, et le nègre posé une dernière fois comme enjeu, finit par être gagné par son nouveau maître, qui l'emmena chez lui.

Un négociant de la Caroline du Sud fit plus encore: il joua sa femme et la perdit. Après ce coup malheureux, il remit à son très-fortuné partner le billet suivant :

« *A Madame****.*

» Chère amie,

» Egaré par la passion du jeu, j'ai tout risqué et j'ai tout » perdu, tout, jusqu'à vous-même.

» Par cette présente obligation, je m'engage à divorcer, » et à quitter les Etats-Unis en renonçant à mes droits » matrimoniaux en faveur du porteur de ce présent mandat, » qui est un jeune et galant gentleman. De plus, il » vous connaît et vous aime.

» Vous ferez, j'espère, honneur à ma signature, jus- » qu'ici respectée, et n'ajouterez pas à mes malheurs le » désespoir de voir mes engagements protestés. Je pars » dans cette confiance. Adieu, vous ne me verrez plus. » Vivez heureuse. »

La femme du trop intègre négociant s'indigna d'abord, comme c'était son devoir, puis, après quelques jours de réflexion, elle crut devoir se conformer aux dernières volontés de son ex-mari. Quel héroïsme d'abnégation! il est vrai que le détenteur du billet à ordre était un jeune et galant gentleman. N'importe! il est beau de se dévouer ainsi pour son mari.

Cette histoire est parfaitement authentique et très-connue en Amérique. Nous pourrions, si nous ne nous étions imposé la discrétion, citer ici le nom des deux joueurs. Ajoutons que le charmant enjeu de cette excentrique partie n'avait pas vingt ans et qu'elle était remplie d'agréments.

Mais c'en est assez, comme disait M. Birmann après avoir prêché pendant quatre heures de suite.

Il est temps que nous terminions cette série d'observations.

Nous aurions pourtant encore bien des sujets à traiter que nous n'avons fait qu'effleurer en passant. Mais il faut savoir ne pas tout dire. La coquetterie de l'écrivain, comme celle de la femme, est de laisser deviner.

Reste à savoir, en ce qui nous concerne, si nous n'aurions pas dû nous taire plus tôt.

FIN.

TABLE DES MATIÈRES.

		Pages.
I.	— L'étranger en Amérique	1
II.	— Les affaires aux États-Unis	11
III.	— Les Amusements en Amérique	29
IV.	— L'Esprit de liberté en Amérique	53
V.	— L'Amour en Amérique	67
VI.	— La blague en Amérique	88
VII.	— Les Beaux-Arts en Amérique	105
VIII.	— Les Mécaniques et les Machines en Amérique	125
IX.	— La Navigation en Amérique	152
X.	— Les Religions en Amérique	166
XI.	— Les Associations en Amérique	191
XII.	— Les Journaux en Amérique	204
XIII.	— La Médecine en Amérique	218
XIV.	— Le 4 juillet en Amérique	229
XV.	— Le comfortable en Amérique	235

364 TABLE DES MATIÈRES.

XVI. — L'éducation publique en Amérique. . . . 266

XVII. — Les Bals en Amérique. 280

XVIII. — Le Christmas. — Le premier jour de l'an. —
Les Valentines en Amérique. 290

XIX. — Les Voleurs et les Criminels en Amérique. . 295

XX. — Physionomie générale des États du Sud. . 314

SAINT-DENIS. — TYPOGRAPHIE DE DROUARD.

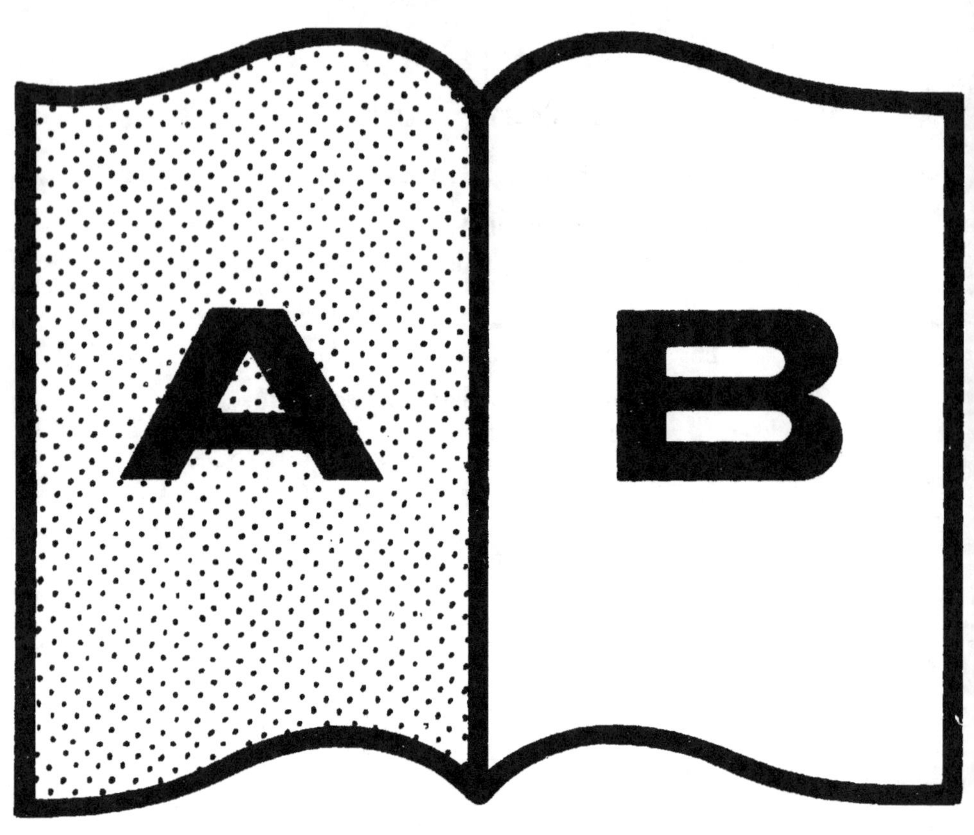

Contraste insuffisant

NF Z 43-120-14

www.ingramcontent.com/pod-product-compliance
Lightning Source LLC
LaVergne TN
LVHW050345060726
842524LV00002B/256